Hermenéutica

Interpretación eficaz hoy

T0058261

Hermenéutica

Interpretación eficaz hoy

editorial clie

Rob Haskell

EDITORIAL CLIE
C/ Ferrocarril, 8
08232 VILADECAVALLS (Barcelona) ESPAÑA
E-mail: libros@clie.es
Internet: http:// www.clie.es

HERMENÉUTICA
Interpretación eficaz hoy
Rob Haskell

Copyright © 2009 Rob Haskell
Copyright © 2009 por CLIE

Cualquier forma de reproducción, distribución, comunicación pública o transformación de esta obra solo puede ser realizada con la autorización de sus titulares, salvo excepción prevista por la ley.
Diríjase a CEDRO (Centro Español de Derechos Reprográficos, http://www.cedro.org) si necesita fotocopiar o escanear algún fragmento de esta obra.

ISBN: 978-84-8267-568-8

Clasifíquese:
0073 HERMENÉUTICA:
Estudio general de la hermenéutica
CTC: 01-02-0073-19
Referencia: 224737

DEDICATORIA:
Para los pastores de la JUPAB, Cono Sur, Lima.

Índice

Introducción

E ste libro es para el pastor o líder que está trabajando en su iglesia y no ha podido invertir en una educación teológica formal. A esa persona la quiero animar a que no tenga que esperar hasta que pueda ir al seminario para entender los temas principales de interpretación. Más que esto, es urgente entrar en estos temas ahora, porque la falta de buena interpretación bíblica es un problema monumental hoy día y es la fuente de divisiones, conflictos y falta de poder espiritual. También abre la puerta a herejías que debilitan a la Iglesia e impiden nuestra misión. Es especialmente a usted, pastor o líder sin educación teológica formal, a quien ofrezco este libro. Está escrito, espero, en lenguaje accesible pero también explica las ideas principales de interpretación. Estas le armarán para tener un buen entendimiento de las escrituras y desarrollar buenas prácticas.

Esta es también una hermenéutica práctica. Pero, dirá alguno, ¿no es hermenéutica uno de esos temas intelectuales muy elevados que apenas tocan el aspecto práctico de la vida cristiana?

¿No es decir "hermenéutica práctica" algo como decir "pensamiento abstracto práctico", que es una contradicción? En realidad, todos tenemos una práctica de hermenéutica. Cuando leemos, estudiamos y predicamos la palabra de Dios ya estamos cultivando varios hábitos y copiando varios modelos de interpretación que están implicados en esas prácticas. Entonces, la hermenéutica práctica comienza allí analizando lo que hacemos ahora y pregunta: ¿Es esto bueno o no? ¿Qué implica? ¿Podríamos hacerlo mejor? Aunque sí discutiremos ideas y a veces ideas grandes, siempre volveremos a ejemplos prácticos en la vida de la Iglesia, en nuestra lectura diaria de la Biblia y en apologética y ética cristiana. Este enfoque práctico sirve al propósito no solo de instruir con ejemplos (que es una de las maneras más efectivas), sino también de mostrar por qué este material es tan importante. No estamos aprendiendo hermenéutica solo para saber otra cosa más en una larga lista de cosas que uno debe saber. Tampoco estamos estudiando el tema para poder tener una teología correcta y allí descansar en nuestros laureles. Estamos analizando nuestra hermenéutica actual porque nuestra comprensión de las escrituras es la base tanto de nuestra doctrina como de nuestra práctica cristiana. Casi no hay un tema más importante para la Iglesia.

Rob Haskell

1

❀ Autoridad bíblica

¿Por qué la Biblia?

L a primera pregunta de interpretación bíblica es: ¿por qué hemos de confiar en la Biblia? Otra manera de decirlo es: ¿por qué vale la pena realizar el esfuerzo necesario para entenderla? ¿Cómo sabemos que lo que tiene que decir es, primero, importante y segundo, verdadero?

Muchos responden a esta pregunta con algo así: "La Biblia es fiable porque es la palabra de Dios". Esto es verdad. Pero debemos admitir que es una respuesta que presupone fe. Es decir, yo creo que la Biblia es la palabra de Dios y otros cristianos también lo creen. Pero si somos honestos, debemos admitir que no creemos que la Biblia sea la palabra de Dios porque alguien dijo: "La Biblia es la palabra de Dios. Debes creerla". Generalmente uno acepta la autoridad de la Biblia como parte del evangelio, como parte de conversión. Sí he oído de algunas personas que se convirtieron a Jesucristo porque vieron en la Biblia algo milagroso o algo tan increíble que llegaron a la conclusión de que era un mensaje divino. Pero para la mayoría de cristianos no es así. La mayoría de cristianos aceptamos la fiabilidad de la Biblia porque viene, digamos, "con el paquete" de conversión.

Aceptamos que el mensaje del cristianismo es la verdad acerca del mundo por una variedad de razones. Hay muchas puertas por donde uno entra a la casa: un amigo, un sermón, un libro, experiencias de la vida, un argumento penetrante o quizás todas estas cosas juntas, y todas bajo la dirección del espíritu de Dios. Pero una vez que aceptamos a Jesús y ponemos nuestra fe en Dios estamos en esa casa, la casa del cristianismo. Y hay muchas cosas en esa casa que aceptamos sin entenderlas bien, basándonos en la verdad que hemos encontrado en el evangelio. El resto de nuestra vida es explorar los cuartos de esa casa —y es, en realidad, una mansión enorme. Entonces este primer capítulo será profundizar. Queremos explorar el cuarto de la casa cristiana en la que se trata la autoridad de la Biblia. Así podremos entender mejor por qué nosotros los cristianos mantenemos que la Biblia es la palabra de Dios; por qué afirmamos que debemos confiar en ella y obedecerla.

Hay otra buena razón para investigar más a fondo este tema: personas no cristianas tienen preguntas acerca de la fe y acerca de la Biblia. Nosotros queremos que esas personas reciban buenas respuestas a sus preguntas. Pero a veces cuando una persona que está fuera de la fe nos pregunta por qué es fiable la Biblia, por qué deberían confiar en ella, por qué deberían arriesgarlo todo en el mensaje de esas páginas, no tenemos una buena respuesta. Decimos: "La Biblia es la palabra de Dios". Y cuando ellos responden: "¿Cómo sabes que es la palabra de Dios?", respondemos con: "Porque la Biblia misma lo dice". Pero esto no es una explicación sino una mera afirmación. Que la Biblia misma proclame ser la palabra de Dios es un argumento circular. "Es verdad porque dice que es verdad" no es un buen argumento. Entonces esta es una segunda razón por la que deberíamos entender bien este asunto de la fiabilidad de la Biblia. No solo para que nosotros los cristianos "conozcamos mejor nuestra casa", sino también para que podamos explicar a los que no son cristianos por qué es tan importante este libro para nosotros.

Fiabilidad de la Biblia

A veces estamos tan enfocados en discernir verdades doctrinales en las páginas de la Biblia que nos olvidamos de que es importante porque se trata de algo que ha sucedido en el trastorno de eventos humanos. La Biblia es un documento histórico.

La palabra "evangelio" quiere decir "buenas noticias" y las buenas noticias que proclamaba Jesús eran que Dios, el rey del universo, estaba regresando a su pueblo para rescatarlo y para inaugurar una nueva era de gracia y poder. Así se introduce el ministerio de Jesús en el evangelio de Marcos:

"Jesús se fue a Galilea a anunciar las buenas nuevas de Dios. 'Se ha cumplido el tiempo —decía—. El reino de Dios está cerca. ¡Arrepiéntanse y crean las buenas nuevas!'" (Marcos 1:14-15).[1]

Las buenas nuevas mencionadas aquí son literalmente "el evangelio" en el idioma original de la Biblia. Lo importante es entender que Jesús estaba anunciando la venida de algo concreto. No era una especie de nuevo sentimiento religioso, o una nueva interpretación de la Biblia, o el anuncio de una nueva verdad. Si investigamos el trasfondo cultural y religioso de los judíos de la época de Jesús, vemos que estos eran tiempos de grandes expectativas; que por generaciones ya los judíos esperaban el retorno de Dios para rescatar a su pueblo. Cuando Jesús anuncia que el reino de Dios está cerca, ellos esperan que algo suceda.

Por eso son importantes los milagros de Jesús. En estas manifestaciones de poder vemos la irrupción del reino de Dios en nuestro mundo. Estos eventos sobrenaturales fueron señales

---

[1] Todas las citas bíblicas vienen de la *Nueva Versión Internacional*.

incontrovertibles de que Dios estaba obrando en Jesús, y confirmaron su proclamación de que Dios estaba por regresar o, lo que es más, que ya había regresado en la persona y obra de Jesucristo.

Los milagros de Jesús eran señales de la venida del reino de Dios. Pero lo importante para nuestra discusión es que estos milagros eran históricos. Es decir, ocurrieron. Nosotros hoy día, ya a una distancia de 2000 años, hemos perdido el asombro que experimentaron las multitudes que participaron en estos eventos. Para nosotros estas ocurrencias son "verdades bíblicas", son fuentes de doctrina, pasajes para predicar o para memorizar. Pero volvamos a esos días antiguos en nuestra imaginación. Observemos a los enfermos, los cojos, los mudos, ciegos y demonizados viviendo sin esperanza en este mundo. Y ¿qué sucede? El poder de Dios irrumpe dentro del progreso natural e insidioso de la desesperanza de sus vidas. *Algo ocurre*. Poder sobrenatural entra en este mundo y transforma la experiencia de estos desesperados. Jesús no es solo un predicador inspirador que les enseña a los desafortunados a tener una nueva actitud hacia sus situaciones, como si lo importante fuera solo lo que pensamos, no lo que experimentamos. Jesús transforma la experiencia, porque cuando Dios entra en el mundo las cosas cambian. Regresemos a esos momentos de asombro, emoción y maravilla cuando el paralítico se levanta y camina, el ciego ve, y la niña muerta solo estaba durmiendo. Será desde el punto de partida de estos momentos que comenzaremos a comprender la profundidad de las buenas nuevas. Son buenas nuevas porque anuncian la venida de algo nuevo a nuestro mundo.

El primer milagro de la historia de Jesús es la encarnación. Aquí Dios se hace hombre y entra en el campo de la historia humana. Y es por esto que para el cristiano el campo de la historia es de la más alta importancia. Para algunos *"historia"* es uno de esos temas pesados que tenemos que estudiar en el colegio y que olvidamos lo más pronto posible al entrar en la "vida real". Este tema lleno de fechas y nombres difíciles de recordar no parece tener conexión alguna con nuestra vida diaria. Pero cuando hablamos de historia en relación a la Biblia estamos hablando de algo completamente diferente. Entonces, por favor: borrar todas esas asociaciones anteriores con el estudio de la historia. Cuando nos convertimos a Jesucristo, la historia también se convierte en algo nuevo. *Porque al afirmar que la Biblia es histórica estamos afirmando que algo maravilloso ha ocurrido.* Esta es la respuesta que le di a un amigo una vez. Él es muy liberal y no cree en milagros y también piensa que la Biblia fue creada por influencias meramente humanas. Especialmente, no piensa que la resurrección de Jesús pueda haber ocurrido. Le dije que la diferencia entre él y yo es que yo creo en la posibilidad de que algo maravilloso puede haber ocurrido en la historia. Y al creer esto, me abro al mensaje de la Biblia, y veo que aparentemente es verdad: algo maravilloso de veras ha ocurrido, sumamente, en la vida, muerte y resurrección de Jesús.

Esta historia nos afecta a todos. Si hablamos de un tal y cual hombre famoso que vivió hace unos siglos e hizo tal y cual gran cosa que no nos afecta a nosotros de ninguna manera, puede ser difícil entender la ventaja de conocer esa información (aunque un buen historiador nos podría mostrar la importancia). Pero cuando entendemos que los eventos de la Biblia fueron eventos históricos estamos hablando de eventos que son de la más alta importancia para todo ser humano. Se trata de las acciones de Dios en nuestro mundo, un mundo en el que es difícil oír su voz y tocar su forma. Por eso importa el hecho de que Jesús realmente vino, Dios en forma humana, y caminó entre nosotros. Importa la *encarnación* de Dios en la persona de Jesucristo. Porque si no es verdad, si Dios no vino, si Jesús no sanó y enseñó, si no resucitó de la muerte —en fin, si la Biblia no es histórica—, el progreso natural de la desesperanza no ha sido interrumpido por la venida de Dios, y estamos aquí en este mundo sin esperanza y sin Dios esperando la muerte igual a los desesperados pobres, mudos, cojos y muertos de antaño a quien Jesús nunca sanó. El apóstol Pablo ya lo resumió hace 2000 años con palabras que para el cristiano son inolvidables: "Si Cristo no ha resucitado, la fe de ustedes es ilusoria" (1ra Cor. 15:7).

Este es un tema que es más fácil de discernir, quizás, en el Nuevo Testamento, pero también es parte del Antiguo. Por eso dice un erudito que: "Los orígenes de Israel... están vinculados a eventos históricos tan seguramente como los del cristianismo".[2] Uno de los conceptos fundamentales del Antiguo Testamento es que Dios ha intervenido en la historia del pueblo de Israel para bendecirlo y por medio del mismo bendecir a todas las naciones. Dios irrumpe en la vida de Abraham, el padre de los judíos, y su esposa Saray, cuando después de una larga vida infecunda les da el milagro de un hijo. El mensaje es claro: el pueblo de Dios solo existe como resultado de la acción sobrenatural de Dios en este mundo. Pero en esas primeras generaciones los judíos no son más que una familia de pastores ambulantes en una tierra que no les pertenece. Luego bajan a Egipto y crecen tanto que el faraón, por temor a su número, los esclaviza. De esta opresión en Egipto surge el evento que realmente forma la nación de Israel: el éxodo. Dios irrumpe otra vez de parte de su pueblo, demostrando su poder, no solo para rescatarlos de la opresión del Faraón, sino también para demostrar al mundo de ese día que Él es soberano sobre los eventos que ocurren en el campo de la historia humana. En el éxodo algo maravilloso ocurrió. Los esclavos fueron liberados por el mismo Dios que, encarnado en la persona de Jesucristo, también liberó a los cautivos en su día por medio de ese mismo poder divino.

---

[2] John Bright, *The Kingdom of God* (*El reino de Dios*) (Philadelphia: Westminster, 1981), 27. Traducción mía.

La Palabra de Dios

La Biblia afirma que Dios ha venido y se ha revelado. Lo que no sabíamos antes de la demostración del poder de Dios, ahora lo sabemos como resultado de su acción. La Biblia se presenta como un testigo fiel a esa revelación de Dios en nuestro mundo. Por eso es nuestra base y nuestra fuente de autoridad. La Biblia no es simplemente una colección de verdades eternas agrupadas en un libro sagrado, que por alguna razón inexplicable se ha convertido en material venerado. Tampoco es un libro sagrado solo porque muchos así lo denominan. Pero muchas veces da la impresión de que esto es exactamente lo que afirman los cristianos. Como si la Biblia hubiera caído un día del cielo y una voz celestial hubiera proclamado: "Este libro es la verdad. Créanlo". La realidad es más compleja y más rica, y nos planta con los pies firmes en la tierra, en la historia humana. Dios no habló a larga distancia cuando se reveló. No habló en privado a las mentes de individuos con pensamientos inaudibles. Dios se dio a conocer en forma humana. La palabra de Dios sí vino del cielo pero no cayó del cielo. La palabra de Dios entró en la experiencia humana por medio de la persona de Jesucristo y compartió la esencia de nuestra existencia para establecer una conexión íntima entre Dios y la humanidad. Por eso para entender la autoridad y santidad de la Biblia, debemos ir detrás de ella y entrar en la historia que se relata en sus páginas. Su autoridad no viene de sí misma sino de las acciones históricas de Dios que describe.

Es interesante el hecho de que en nuestras conversaciones la frase "la palabra de Dios" se usa casi siempre para referirnos a la Biblia. Sin duda es una frase completamente apropiada para hacerlo. Pero en la Biblia misma "la palabra de Dios" no es siempre una autodenominación. Casi siempre se refiere a algo un poco diferente, y ver esto nos ayuda a entender mejor esta dinámica de revelación encarnada.

Primero, en el Nuevo Testamento la palabra de Dios es sumamente Jesucristo mismo. Vemos esto especialmente en el primer capítulo del evangelio de Juan, donde dice:

"En el principio ya existía el Verbo,
y el Verbo estaba con Dios,
y el Verbo era Dios.
Él estaba con Dios en el principio.
Por medio de él todas las cosas fueron creadas;
sin él, nada de lo creado llegó a existir" (Juan 1:1-3).

La palabra griega detrás de "Verbo" es *logos*, una palabra rica y sutil usada en el contexto de la filosofía griega. Quiere decir el principio primordial, lo que conecta o explica todo, pero también se usaba para describir una revelación divina. En el contexto de habla común, quería decir simplemente "palabra".[3] Aunque seguramente usa *logos* para atraer la atención de los eruditos del día, creo que el sentido primordial de *logos* para Juan en este pasaje es el uso simple. Palabra como externalización del pensamiento del individuo. Entonces de acuerdo a Juan la palabra de Dios existía en el principio, antes de la creación. Y esa palabra

---

[3] Es de notar que aunque muchas versiones de la Biblia en español traducen a *logos* como "verbo", esta no es la mejor traducción. Mejor es "palabra." Agradezco esta explicación de la historia de la traducción de Juan Carlos Cevallos en una comunicación privada: "El problema viene del latín en donde 'verbum' significa palabra. Casiodoro Reina tradujo *logos* como "Palabra". Cipriano de Valera mantuvo la misma palabra en su revisión, y así se hizo hasta la revisión "Valera 1858" (por alguna razón se dejó de reconocer a Reina como el autor de la traducción). El español Lorenzo Lucena Pedrosa realizó la revisión de 1862, que se publicó en 1865. Allí se hizo el cambio de 'Palabra' a 'Verbo', sin ningún fundamento lexicográfico. Se dice que esta versión, según la opinión de varios, ya no debía haberse llamado 'Valera 1865', pues hay muchos cambios a lo que hizo Valera y más a lo que hizo Reina. Se dice que esta versión regresó en muchas cosas a la Vulgata, perdiendo aportes importantes de Reina y Valera. Esta versión de 1865 fue la Biblia que sirvió de base para las revisiones de 1909, 1960, 1965 y RVA. La Real Academia Española incluyó como acepción de "verbo", "Segunda persona de la Trinidad", pero se debió a la mala traducción de Lucena y a la influencia posterior de la Reina Valera, pero no hay sustento de ninguna clase para este cambio. Hay varias versiones de la Biblia en castellano que sí usan 'Palabra' (DHH, Jerusalén, Nueva Biblia Española, Latinoamericana, entre otras)."

estaba con Dios y a la misma vez era Dios. Es de interés que Juan está imitando las primeras frases del libro de Génesis donde dice:

"Dios, en el principio,
creó los cielos y la tierra.
La tierra era un caos total,
las tinieblas cubrían el abismo,
y el Espíritu de Dios iba y venía
sobre la superficie de las aguas.
³Y dijo Dios: '¡Que exista la luz!'
Y la luz llegó a existir" (Gen. 1:1-2).

Juan nos está contando la historia detrás del Antiguo Testamento basado en lo que él sabe después de haber conocido a Jesús. Aunque no se dice en Génesis, afirma Juan, este verbo, este principio explicativo, existía ya antes de la creación. Además, el *logos* fue también el instrumento incógnito de creación, pues en el recuento de Génesis Dios crea todo por medio de la pronunciación de su palabra. Con su enseñanza acerca del *logos* Juan ha convertido a los primeros tres versículos de la Biblia en un pasaje trinitario. Dios crea, el Espíritu se mueve sobre la creación, y el *logos* la actualiza.

Pero aunque *logos* tiene ese significado de revelación divina en los primeros versículos de Juan, no nos dice mucho acerca de la revelación aquí. Tenemos un principio, una palabra que explica, que existe, que obra incógnita en la creación del universo. Pero no es todavía una palabra hablada ni oída. No es todavía pensamiento externalizado. Esto viene más adelante en frases que resumen la esencia del cristianismo, frases sin las cuales la vida, muerte y resurrección de Jesús no tendría sentido. Dice Juan, más adelante en este primer capítulo de su evangelio que "el Verbo se hizo hombre y habitó entre nosotros. Y hemos contemplado su gloria, la gloria que corresponde al Hijo unigénito del Padre"(Juan 1:14). Vemos, entonces, que la palabra de Dios fue *dicha* en Jesús. En la encarnación la palabra de Dios *viene* a nosotros. En la encarnación lo que no sabíamos antes es revelado. Pero nosotros muchas veces tenemos la idea de que "la palabra de Dios" (la Biblia) es algo que simplemente existe en las regiones celestiales del intelecto, igual que dos más dos son cuatro, como si la Biblia fuera el portador de principios eternos. Mientras afirmo que la verdad acerca de Dios sí es eterna, inalterable y consistente debo también afirmar que, estrictamente, esta verdad estática y descontextualizada no es la palabra de Dios que nosotros conocemos. Nosotros conocemos y solo podemos conocer la palabra de Dios *dicha*, la palabra de Dios hablada, encarnada, revelada; el *logos* como externalización de la mente de Dios. Solo tenemos acceso al verbo de Dios que viene en trayectoria divina-humana en la persona de Jesucristo y también en los actos que demuestran el poder de Dios en el Antiguo Testamento. Este es el modelo básico de revelación bíblica. *Conocemos a Dios porque lo que Él ha dicho, y lo que Él nos ha dicho lo ha dicho en el ambiente de la historia humana.* Por favor, resáltese bien este principio, porque será la base sobre la cual construiremos nuestra hermenéutica.

La Biblia solo es la palabra de Dios porque está basada en la palabra de Dios en la historia. La Biblia es un testimonio fiel e inspirado en la palabra de Dios. Por cierto, es apropiado usar la frase "la palabra de Dios" para describirla porque al fin y al cabo no hay diferencia de contenido entre el *logos* de Dios Jesucristo y el testimonio acerca del *logos*. Es una diferencia de formato, digamos, no de contenido. Pero es importantísimo entender la trayectoria de revelación para poder comprender el porqué de la autoridad bíblica. Esta autoridad no yace en la mera afirmación de ser "la verdad de Dios", no surge del dictado de verdades a diferentes seres humanos por Dios. No es tampoco una colección de verdades espirituales que cualquier persona podría descubrir con un buen esfuerzo. La Biblia surge del proceso de la revelación de Dios en la historia humana, y sobre todo de la revelación de Dios en la vida, muerte y resurrección de Jesucristo. Esto no nos debería sorprender. Somos cristianos. Esto quiere decir que hemos puesto nuestra fe por completo en la persona de Jesucristo y en el hecho de que Dios se ha revelado en Él.

Otro uso de "la palabra de Dios" en la Biblia, es para referirse al evangelio. O sea, la palabra acerca de la palabra (Jesús). Por ejemplo, Pedro dice en su primera epístola:

"Pues ustedes han nacido de nuevo, no de simiente perecedera, sino de simiente imperecedera, mediante la *palabra de Dios* que vive y permanece. Porque 'todo mortal es como la hierba, y toda su gloria como la flor del campo; la hierba se seca y la flor se cae, pero la *palabra del Señor* permanece para siempre'. Y esta es la palabra del evangelio que se les ha anunciado a ustedes" (1ra Pedro 1:23-25).

Otra vez vemos esta trayectoria de la palabra. La palabra de Dios, dice Pedro citando Isaías 40:6-8, permanece para siempre. Pero esa palabra no se queda en la eternidad, fuera del alcance del ser humano. Viene a nosotros en el mensaje del evangelio —las buenas noticias acerca de Jesús. También podríamos ir al libro de Hechos y notar que "la palabra de Dios" en ese libro es siempre el mensaje acerca de Jesucristo, no una referencia a la escrituras.[4]

Claro, en aquel entonces las escrituras eran solo el Antiguo Testamento y la palabra acerca de Jesús no había sido codificada en los libros del Nuevo Testamento. Entonces, la palabra acerca de Jesús tenía que ser por definición la palabra anunciada y predicada. Luego, al pasar el tiempo, los evangelios y las epístolas sí fueron escritos y esas escrituras se convirtieron, en la ausencia

---

[4] Para todas las incidencias en el libro de Hechos ver: 4:31, 6:2, 6:7, 8:14, 11:1, 13:5, 13:7, 13:46, 17:13, 18:11.

de Jesús y sus discípulos, en la fuente autoritativa de la fe. Pero la Biblia y la proclamación del evangelio siempre van juntas y lo importante es que la palabra de Dios es ambos. O, mejor dicho, ambos testimonios son testimonios a Jesucristo, quien es la revelación y palabra suma de Dios.

Finalmente, quiero mencionar un tercer sentido de la palabra de Dios en el Nuevo Testamento. Lo vemos en Hebreos 4:12:

> "Ciertamente, la *palabra de Dios* es viva y poderosa, y más cortante que cualquier espada de dos filos. Penetra hasta lo más profundo del alma y del espíritu, hasta la médula de los huesos, y juzga los pensamientos y las intenciones del corazón".

Este es un pasaje que se memoriza mucho como algo que la Biblia dice acerca de sí misma. Pero el enfoque específico en este contexto no son las escrituras sino la necesidad de responder a la palabra de Dios que viene a nosotros hoy, ahora, en nuestro contexto. Aquí el autor de Hebreos advierte a sus lectores del peligro de ignorar el mensaje de Dios. Resaltando la historia de Israel les recuerda que aunque muchos oyeron las buenas noticias en el Antiguo Testamento, no todos respondieron con fe (4:1-3). Luego les avisa, citando Salmo 95:7-8 que si oyen hoy la voz de Dios no endurezcan sus corazones (4:7). Hay un día especial para oír la palabra de Dios, y ese día es hoy. Esa palabra a la que se refiere el autor de Hebreos es dicha a lo profundo de nuestro ser.

No podemos separar, entonces, el concepto de la palabra de Dios como verdad que existe en el mundo inmaterial —eterna, inmutable— del impacto que esa palabra tiene sobre nosotros en el momento. Otra vez vemos que la palabra de Dios es algo que viene a nosotros y nos toca en el lugar más profundo del ser. Jesús, el mensaje acerca de Jesús (el evangelio), y la palabra escrita (la Biblia) —todo esto es algo con filo. Es algo que nos enfrenta y nos transforma, o nos endurece y nos condena.

Creo que a veces cometemos el error de pensar en "la palabra de Dios" como algo contenido en un libro, algo que podemos manejar, llevar con nosotros, abrir y cerrar cuando nos convenga, interpretar como nos resulte más cómodo. Pero cuidado: la palabra de Dios es más que palabras de tinta. La palabra de Dios no se queda dentro de las tapas de ese libro sagrado. No podemos encerrarla allí porque la palabra de Dios es también la voz de Dios para nosotros. Es la voz de Dios en este momento y en esta situación. A veces hablamos de la palabra de Dios como espada, como si fuera un arma ofensiva; algo que usamos en la batalla contra el diablo (esto viene, quizás, de Efesios 5:17). Pero en este pasaje en Hebreos la idea es que la palabra de Dios es una espada afilada en las manos de Dios. Es su herramienta preferida para discernir los compromisos de nuestros corazones, para traer a la luz de día nuestros deseos más profundos. Es un escalpelo muy filoso especialmente diseñado para cirugía cardíaca.

Entonces, ¿qué respuesta tenemos para los que preguntan acerca de la Biblia? ¿Por qué la creemos y veneramos? Es porque nos cuenta la historia de la revelación de Dios en Jesucristo, dentro del ámbito de la historia humana. Creemos que en ese momento y en esa persona Dios se reveló al mundo, y esa revelación fue tan poderosa que su mensaje ha reverberado a través de la historia. Como dijo el famoso teólogo alemán Karl Barth, es evidente por las ondas en el agua de la historia, que alguien ha tirado una piedra muy pesada en la parte más profunda.[5] O, para usar otra imagen, ese terremoto todavía nos sacude. Y nos sacude porque la Biblia, testimonio inspirado a la revelación de Jesucristo, todavía da testimonio a esa revelación; todavía es esa revelación. La proclamación de esas buenas noticias también ha creado la comunidad histórica de la Iglesia, en la cual se continúa la predicación de la palabra acerca de Jesús, el evangelio. Y así surgió también la Biblia como un récord, un testimonio y

---

[5] Karl Barth, *The Word of God and the Word of Man* (*La palabra de Dios y la palabra del hombre*) (New York: Harper and Row, 1957), 63.

una interpretación de esa revelación. Jesucristo es la revelación de Dios en la historia humana. La Biblia es el récord inspirado de esa revelación. Otra manera de decirlo es que *la Biblia es el testimonio fiel e inspirado de la revelación de Dios en la historia humana*. Esta respuesta tiene un sentido más profundo que si solo decimos que "la Biblia es verdad porque así lo dice" y nos dirige a las fuentes de autoridad de nuestra fe: Jesucristo encarnado, crucificado y resucitado.

¿Hay revelación divina hoy?

Si bien espero que hayamos podido esclarecer un poco la primera pregunta acerca de la autoridad de la Biblia, la respuesta se nos presenta con una nueva inquietud. Si afirmamos que la palabra de Dios está basada en la revelación de Dios en la historia humana, surge la pregunta: ¿es posible que Dios con una nueva irrupción en la historia humana nos diga algo hoy que no se ha dicho en la Biblia? ¿Es posible que haya otras revelaciones de Dios? Esta es una pregunta importante que surge de la trayectoria de revelación y no podemos proceder sin resolverla.

Canon abierto o cerrado

En primer lugar nos preguntamos si está cerrado el canon de las escrituras. El "canon" es el término que se usa para designar la lista de libros que se consideran inspirados, los libros que se incluyen en la Biblia. ¿Está completa esta lista o podemos esperar otra revelación divina, inspirada y atestiguada por Dios que nos dé nueva información acerca de su plan de salvación y su voluntad? Aunque hay algunos grupos religiosos que hoy día proclaman tener nuevas revelaciones que quieren añadir a la Biblia, esto no es en realidad tan controversial entre cristianos. La mayoría de líderes y eruditos de la Iglesia, siglo tras siglo y hoy día también, en muchos y diferentes contextos han afirmado que el canon de las escrituras está cerrado. La colección de libros está completa.

Primero, el canon está cerrado porque ya tenemos en las escrituras una revelación completa de Dios en la persona de Jesucristo. Él es, como ya hemos visto, el verbo de Dios, Dios con nosotros en forma humana. En Juan 14, Jesús discute con sus discípulos el hecho de que pronto volverá a su Padre y no estará con ellos en forma humana. Surge un intercambio importante porque Felipe, pensando quizás que está diciendo algo muy espiritual, responde a Jesús con: "Muéstranos el Padre y con eso nos basta" (14:8). Pero la respuesta de Jesús no es la que Felipe esperaba. Jesús se muestra un poco frustrado con él y le dice: "¡Pero, Felipe! ¿Tanto tiempo llevo ya entre ustedes, y todavía no me conoces? El que me ha visto a mí, ha visto al Padre. ¿Cómo puedes decirme: 'Muéstranos al Padre'?" (Juan 14:9).

Felipe no había prestado atención. Se había dormido durante la lección más importante: Jesús es la suma revelación del Padre. Después de haber visto y oído, después de haber caminado y comido con este hombre ahora sentado entre ellos, los discípulos podían afirmar que habían visto a Dios y no había necesidad de salir con algo como lo que dijo Felipe. La respuesta de Jesús a Felipe es, básicamente: "¿Quieres ver al Padre? Aquí estoy, Felipe". Para poner esto en contexto, no olvidemos que en el Antiguo Testamento no se podía ver a Dios. Este era el anhelo de Moisés —poder ver la cara de Dios. Pero, ¿cuál fue la respuesta divina a Moisés? "Debo aclararte", le dice Jehová, "que no podrás ver mi rostro, porque nadie puede verme y seguir con vida" (Éxodo 33:20). Entonces Dios protege a Moisés en un hueco en las rocas y pasa cerca del lugar permitiendo que Moisés sólo vea su espalda. En el Antiguo Testamento no se podía ver la cara de Dios. Pero en el Nuevo Testamento Dios habita entre nosotros, come con nosotros, conversa con nosotros, es conocido por nosotros. Jesús es, entonces, la suma revelación de Dios:

"Dios, que muchas veces y de varias maneras habló a nuestros antepasados en otras épocas por medio de los profetas, en estos días finales nos ha hablado por medio de su Hijo. A este lo designó heredero de todo, y por medio de Él hizo el universo. El Hijo es el resplandor de la Gloria de Dios, la fiel imagen de lo que Él es, y el que sostiene todas las cosas con su palabra poderosa. Después de llevar a cabo la purificación de los pecados, se sentó a la derecha de la Majestad en las alturas" (Heb. 1:1-3).

Este pasaje contesta la pregunta del judío, para quien Jesús es algo nuevo, algo diferente. Esta persona quiere saber: ¿cuál es la relación entre los profetas y personajes del Antiguo Testamento y la nueva revelación en Jesús? Esta pregunta es importantísima para el judío porque él no está interesado en abandonar la fe de sus antepasados. Por otro lado, si esta es una nueva manifestación de Dios, entonces es de suma importancia aceptarla. La respuesta que presenta el autor de Hebreos es que Jesucristo es el cumplimiento de lo que vieron y proclamaron los personajes de la historia judía. En el Antiguo Testamento Dios usó diferentes estrategias de comunicación, pero ahora se ha comunicado de una manera completa, una manera única y final. La frase "resplandor de su gloria" comunica una conexión íntima entre el Padre y el Hijo. Es como decir "el brillo de la luz". No se puede separar el brillo de la luz. Sin brillo no hay luz y viceversa. De la misma manera Jesús es la revelación de Dios. Él es la parte de la gloria de Dios que es visible a nosotros. De igual manera, el pasaje también afirma que Jesús es la imagen fiel de lo que es Dios. Entonces esta revelación supera, es cumbre, está íntimamente conectada con Dios, y por eso implica que es la final. ¿Habrá una revelación más grande, habrá una obra más completa, habrá un cumplimiento más lleno? Es difícil imaginarlo. Judas en su pequeña carta describe esta realidad con la frase "la fe encomendada una vez por todas a los santos" (Judas 3).

Pero por otro lado —y aquí casi me contradigo—, la Biblia misma nos enseña a esperar una manifestación más completa de esta obra de Dios en Jesucristo. Jesús, como el segundo Adán, es en su resurrección el primer hombre de la nueva humanidad, es "el primogénito entre muchos hermanos" (Romanos 8:29). La resurrección de Jesús es el fundamento de su obra futura. Jesús regresará y el mundo será renovado (ver Apocalipsis 20-22). Ya esperamos su segunda venida. Ya vivimos en medio de dos revelaciones. La primera, ya cumplida, es en un sentido insuperable, porque Dios mismo se manifestó entre nosotros. La segunda revelación surge de la primera, es su clímax lógico y es predicha en las escrituras de muchas y diferentes maneras: un día la manifestación de Dios estará completa para nosotros.

En este contexto, viviendo así entre las dos revelaciones de Jesucristo, no hay lugar para una nueva revelación. Estamos todavía esperando el cumplimiento de lo que ya hemos conocido. No tiene sentido proclamar una nueva revelación cuando la revelación actual todavía está desarrollándose hacia su escena final. Por esto, proclamar haber recibido una nueva revelación acerca del plan de Dios para el mundo, o proclamar que algo debe ser agregado al canon de la Biblia es ilógico, y demuestra falta de entendimiento de nuestro momento actual en la historia de la salvación. No estamos esperando nueva información, sino nueva acción de parte de Dios, y ya sabemos lo que será esa acción. Entonces, el canon está cerrado. No estamos buscando nuevos libros bíblicos. En realidad no los necesitamos.

Revelación práctica

La segunda parte de este tema de la revelación actual es la cuestión de si hay revelación práctica hoy en día. La cuestión aquí es si Dios se comunica con nosotros mediante algún tipo de conocimiento especial en nuestras vidas o en nuestras iglesias

—si nos habla, si nos guía, si nos da a conocer cosas. Casi todos los cristianos reconocen que hay algún tipo de comunicación entre Dios y el individuo hoy. Dios contesta nuestras oraciones, nos guía en la vida personal y nos muestra cosas acerca de su carácter. Estar en relación con Dios implica que habrá comunicación mutua, como en cualquier relación personal.

Más controversial es la cuestión de profecía. Algunos mantienen que los dones milagrosos ya no rigen en esta era de salvación, e incluidos en esos dones está el de profecía, o sea, la habilidad de hablar de parte de Dios mediante de la inspiración del Espíritu Santo (ver discusión en capítulo 11). No intentaré resolver esa cuestión aquí porque en realidad no es esencial para contestar nuestra pregunta. Aunque estemos en desacuerdo acerca de la manera exacta en que Dios habla hoy (sea por intimaciones, situaciones o en voz profética), estamos todos de acuerdo en que Dios sí se comunica con nosotros. Esta comunicación es práctica, relacionada con la vida del individuo o con la Iglesia, pero no es comunicación doctrinal; no es nueva revelación acerca de los propósitos de Dios para el mundo, su plan de salvación o su carácter. Entonces podemos decir que sí hay revelación personal hoy día sin decir que hay revelaciones de nuevas verdades divinas o que puede haber nuevos libros de la Biblia.

Pero la relación entre estas revelaciones o comunicaciones de Dios con nosotros y la revelación bíblica es muy importante. El principio básico que debemos usar para evaluar revelación práctica es el siguiente: *aunque Dios sí se comunica con nosotros individualmente en diversas maneras, nunca dice algo que está en desacuerdo con lo que ya ha sido revelado en las escrituras.* Esto tiene dos bases. Primero, es lógico: si Dios es perfecto y no cambia, entonces lo que ya ha dicho en el pasado no será diferente a lo que dice hoy. La Biblia es nuestra guía de lo que Dios ya ha hecho y dicho, entonces siempre podemos comprobar lo que nos parece que Dios está diciendo hoy con lo que ya sabemos que ha dicho.

La segunda base para afirmar esta congruencia entre la voz pasada y la voz presente de Dios es que este es el modelo bíblico. Este es el principio que Pablo usó en Gálatas cuando algunos estaban cambiando el mensaje del evangelio:

"Pero aun si alguno de nosotros o un ángel del cielo les predicara un evangelio distinto del que les hemos predicado, ¡que caiga bajo maldición! Como ya lo hemos dicho, ahora lo repito: si alguien les anda predicando un evangelio distinto del que recibieron, ¡que caiga bajo maldición!" (Gál. 1:8-9).

¿Por qué este principio? Porque ya sabemos el mensaje por el cual hemos sido salvos. Otro mensaje que no esté de acuerdo con ese primer mensaje no puede ser correcto. Este mismo modelo se ve en el Antiguo Testamento en Deuteronomio 13. Aquí Moisés les avisa a los israelitas de este mismo peligro de nuevas revelaciones o "nuevas verdades" y dice de tres diferentes maneras que si alguien trata de convencer a un israelita de que adore a otros dioses, deben resistirse, hasta con violencia. Me interesa el primer ejemplo, porque se dice que aunque un profeta haga una señal o un prodigio, o una profecía que se cumpla, si ese profeta les está llamando a que sigan a otros dioses, se deben ignorar tales señales y condenar a muerte a ese profeta (Deut. 13:1-5). El principio es que Dios se ha revelado de una manera clara y poderosa en la historia (en el caso de Deuteronomio fue en los eventos milagrosos del Éxodo), y que esa revelación es normativa. No se contradirá. Si hay preguntas o confusión acerca de la voz de Dios en nuestra vida personal, nuestro punto de referencia no es poder espiritual, señales prodigiosas o profecías cumplidas, sino el hecho de si una proclamación o un movimiento existe en continuidad con el testimonio de la Biblia. Hay otras consideraciones también (sabiduría, consejo de líderes y amigos, etc.), pero ese es ya otro tema para otro libro. Para lo nuestro baste decir que la comunicación o la revelación personal de Dios a nosotros nunca, pero nunca, contradirá palabra de Dios ya revelada y atestada en la Biblia.

Nuevas y *"maravillosas" revelaciones*

Entonces, cuando alguien viene buscando por ejemplo consejo matrimonial, y afirma que va a dejar a su esposo o esposa porque ama a otra persona y que Dios le ha dicho que está bien porque se aman mucho, no es difícil discernir lo que transcurre. Ya sabemos que Dios odia el divorcio y el adulterio. Ya sabemos que el testimonio bíblico es claro en cuanto al valor del compromiso matrimonial. Dios ya ha revelado su voluntad acerca de esto. Sea lo que sea que esta persona piense que está ocurriendo, nosotros sabemos que Dios no les ha dicho que "está bien porque se aman mucho". El diablo lo puede haber dicho, o la persona puede haberse convencido a sí misma. Pero una cosa es segura: Dios no lo dijo, porque Dios no se contradice.

Recientemente circuló por internet una visión del infierno que supuestamente experimentaron siete jóvenes colombianos. En estas visiones se abre un pozo en la tierra y los jóvenes caen adentro. Luego cada uno es guiado por diferentes partes del infierno donde ven toda especie de horror, lo cual se supone será una advertencia efectiva contra ignorar el evangelio. ¿Hay un problema con esto? Por un lado debemos estar abiertos a la posibilidad de que Dios se comunique por medio de visiones. Pero por otro lado no debemos ser demasiado crédulos tampoco. Es fácil inventar historias sangrientas y deshumanizadoras como estas que por el mero miedo que causan serán leídas por gente fascinada con tales cosas. Además, como se trata de algo tan extremo casi da miedo desacordar porque "quien sabe… quizás sea verdad".

A veces no podemos comparar lo que la gente proclama haber visto o experimentado con lo que dice la Biblia porque las afirmaciones, aunque quizás parezcan raras, no contradicen nada bíblico precisamente. ¿Qué hacemos en una situación así? Lo único que podemos hacer es usar nuestro juicio y la sabiduría que Dios nos ha dado, y lo que sabemos que Él ha revelado. Una de las características de las visiones de los siete jóvenes es, creo yo, una fascinación con grosería sangrienta cuyo propósito es resaltar de la manera más horrorosa posible la necesidad de aceptar a Jesús como salvador. Pero en la Biblia no vemos ese tipo de proclamación. Los que reciben el evangelio lo hacen por gozo y por fe, no por horror a que gusanos coman su carne eternamente o que tengan que bailar sobre clavos por toda la eternidad. Que hay advertencias, sí. Pero ese no es el enfoque. También hay un tipo de legalismo no cristiano implicado en las visiones porque nos cuenta que en el infierno hay cristianos sufriendo horribles consecuencias por no haber diezmado o por haber muerto en una discoteca. Si uno puede ir al infierno como cristiano por tales cosas, es difícil ver qué parte jugaría la gracia de Dios en la vida del cristiano, puesto que todos somos imperfectos y creciendo en santidad. Al fin y al cabo ¿de qué depende mi destino eterno? ¿de la obra de Jesucristo o del hecho de que yo muera en un momento de pecado? A mí personalmente me parece que estas visiones son un intento de resaltar la importancia de oír el evangelio hecho, quizás, con buenas intenciones, pero en un espíritu no muy bíblico y para colmo por medio de historias ingenuas.

La práctica de anunciar nuevas revelaciones y nuevas verdades es muy común en las sectas, y muchas veces estas basan su legitimidad en algún evento único que supuestamente demuestra que ellos son los nuevos poseedores del favor divino. Un buen ejemplo es la secta mexicana Luz del Mundo, fundada en Guadalajara. Se afirma en este grupo que en 1926 Jesús se apareció a Eusebio Joaquín González y lo denominó "Aarón", el restaurador de la iglesia antigua. Su hijo Samuel Joaquín Flores se proclama apóstol y manifestación de Jesucristo. Pero esto no tiene sentido en relación a lo que ya sabemos en base de la Biblia: ¿Por qué necesitaríamos una nueva manifestación de Jesucristo? Ya estamos esperando la última revelación de Jesucristo en su segunda venida basándonos en lo que enseña la Biblia. Hasta que no suceda esto no se ha manifestado Jesucristo. La ironía es que Jesús mismo ya se dirigió a los Joaquín Flores del mundo y a cualquier otra supuesta manifestación suya antes de la segunda venida. Ya afirmó que vendrán muchos proclamando ser Él pero que:

"Entonces, si alguien les dice a ustedes: '¡Miren, aquí está el Cristo!' o '¡Allí está!', no lo crean. Porque surgirán falsos Cristos y falsos profetas que harán grandes señales y milagros para engañar, de ser posible, aun a los elegidos. Fíjense que se lo he dicho a ustedes de antemano. "Por eso, si les dicen: '¡Miren que está en el desierto!', no salgan; o: '¡Miren que está en la casa!', no lo crean. Porque así como el relámpago que sale del oriente se ve hasta en el occidente, así será la venida del Hijo del hombre" (Mateo 24:23-27).

Cuando vuelva Jesús ya lo sabremos todos. No será en una manifestación personal de la cual deberemos convencer a otros, no será algo revelado a un individuo en privado. Será algo público. Jesús ya nos lo ha dicho de antemano y lo ha resaltado. Entonces, ¿cómo vamos a aceptar el testimonio de una persona que proclama ser una manifestación de Jesús? El éxito de las sectas es un buen ejemplo del poder que le damos a grupos aberrantes cuando nos falta conocimiento bíblico, cuando los líderes no enseñan la Biblia, cuando los cristianos no la leen. La mayoría de las barbaridades que enseñan las sectas son distorsiones obvias y contradicciones muy claras del texto bíblico. Solo pueden ser aceptadas por los que no conocen el mensaje de las escrituras.

Otra supuesta nueva revelación la encontramos en el Mormonismo. Su fundador, Joseph Smith, explicó varias visiones que tuvo en los primeros años del movimiento. En una de estas visiones, en 1829, se le aparece a él y a un amigo Juan el Bautista, quien les otorga el sacerdocio de Aarón y autoridad para bautizar. En la teología mormona este evento es muy importante porque quiere decir que la autoridad perdida de la Iglesia ha sido restaurada; significa para ellos que los mormones son los únicos que hablan de parte de Dios hoy día. Ellos tienen el sello de aprobación divina.

¿Cómo evaluaríamos algo así? Lo compararíamos con lo que ya ha sido revelado en las escrituras. Encontramos, primero, que no hay una conexión en ellas entre el sacerdocio aarónico y bautismo. Cuando Jesús envía a sus discípulos a bautizar, lo hace en base a su propia autoridad sin referencia alguna a Aarón o al sacerdocio israelita: "Se me ha dado toda autoridad en el cielo y en la tierra. Por tanto, vayan y hagan discípulos de todas las naciones, bautizándolos en el nombre del Padre y del Hijo y del Espíritu Santo" (Mateo 28:18-19). Entonces, ¿de dónde viene esta idea de que hemos perdido autoridad espiritual y necesitamos una nueva edición del sacerdocio aarónico? No tiene ni la más mínima base bíblica. Jesús mandó a sus discípulos a bautizar en su nombre y por su autoridad y eso es lo que hicieron, y eso es lo que la Iglesia ha hecho por 2000 años. Segundo, en el libro de Hebreos se enseña que el sacerdocio aaronita ya no rige, porque ha sido cumplido en la obra salvadora de Jesús (ver Hebreos capítulos 7-9, especialmente 7:11-16). El sacerdocio aarónico era algo incompleto, algo que señalaba hacia el ministerio sumador de Jesús. Entonces, afirmar la necesidad de una "nueva edición" del sacerdocio aaronita contradice esta enseñanza y minimiza la importancia de la obra y persona de Jesucristo. Es una invención que tiene poco que ver con el testimonio bíblico. Quizás el pasaje que mejor nos ayuda a evaluar las afirmaciones del mormonismo es aquel en que dice el apóstol Pablo:

"No dejen que les prive de esta realidad ninguno de esos que se ufanan en fingir humildad y adoración de ángeles.

Los tales hacen alarde de lo que no han visto; y, envanecidos por su razonamiento humano, no se mantienen firmemente unidos a la Cabeza" (Col. 2:18-19).

Es importante acordarnos de que lo que realmente le ocurrió a Joseph Smith no es de primera importancia. Quizás inventó la visión o quizás fue algo que en realidad sucedió. No tenemos que determinar esto, y de todos modos sería imposible obtener alguna conclusión. Ya sabemos que vivimos en una realidad espiritual y que muchas cosas sobrenaturales pueden suceder. Los magos de Faraón también hacían milagros. Lo que falta aquí y en tantas otras proclamaciones de las sectas es continuidad con lo ya revelado. Están contando una historia diferente a la que ya hemos oído en Jesucristo; están proclamando un Cristo que no conocemos.

2

 ¿Es necesario interpretar?

La Biblia y el líder

Algunos cristianos parecen pensar que la idea de estudiar el texto de la Biblia no es espiritual. Orar, sí. Eso se considera espiritual. Ir a la iglesia, predicar, evangelizar —todas estas actividades se consideran espirituales. Pero la práctica de buscar palabras en un diccionario, de hablar acerca de cuestiones gramaticales, de contexto y de datos históricos para discernir el sentido de un pasaje bíblico parece ser un poco mundano. Si estamos guiados por el Espíritu Santo, se preguntan, ¿por qué tanto trabajo meramente intelectual? ¿No tendría más sentido afirmar que Dios nos ayuda a entender lo que dice la Biblia sin necesidad de todas estas prácticas? También parece ser una actividad demasiado especializada y no al alcance de todos los individuos.

Es verdad que en muchos ambientes hoy día hay personas especializadas que estudian el texto bíblico de una manera intensamente intelectual, y parece tener poco que ver con la vida espiritual del individuo y la Iglesia. Pero en este capítulo quiero mostrar que, primero, el estudio de la Biblia no es menos espiritual que otras cosas que parecen ser más espirituales; segundo, quiero demostrar la necesidad absoluta del estudio de la Biblia, especialmente para el líder cristiano.

Uno de los principios básicos del protestantismo evangélico es que la Biblia debe estar al alcance de todos, para ser leída e investigada por todos los cristianos. Lutero, Calvino y los otros líderes protestantes del siglo XVI reaccionaron contra el estado de la Iglesia Católica de aquel entonces, en el que la Biblia solo existía en latín. Como este era el idioma de la Iglesia (o sea, el idioma que usaban los monjes, sacerdotes y administradores de la Iglesia), la Biblia ni siquiera existía para la gente común. También en la Iglesia de aquel entonces se consideraba que la tarea de interpretación bíblica era algo que se otorgaba solo a los intérpretes oficiales, y la doctrina verdadera era establecida por la Iglesia, no por el intérprete individual.

Hay aspectos negativos y positivos entremezclados en esa práctica católica a la que reaccionó el protestantismo. En un sentido es verdad que los líderes de la Iglesia están encargados de la doctrina y enseñanza de la Iglesia. Cuando Pablo instruye a Timoteo en el manejo de las iglesias bajo su cargo, es obvio que considera a Timoteo como encargado no solo del liderazgo espiritual sino también de la vida intelectual de la Iglesia. Timoteo deberá enseñar doctrina sana y también resistir a los que enseñan lo contrario (ver 1ra Tim. 4:1-16). Entonces el líder está encargado de la vida doctrinal de la iglesia. Por eso tiene más alta responsabilidad y por eso debe conocer bien las escrituras. El líder es el que determina lo que aprenden o no aprenden los que están bajo su cargo.

Pero el problema con la práctica católica del pasado ha sido la exclusividad: la Biblia solo estaba disponible para los líderes. No estaba al alcance de los laicos, o la gente de la Iglesia. Estaba prohibida la lectura común de las escrituras. Es interesante ver que Pablo también instruye a Timoteo para que se dedique a la lectura pública de las escrituras (1ra Tim. 4:13). En aquel entonces todos los libros se copiaban a mano, generalmente en rollos de papiro, y no eran tan comunes como hoy día. La mayoría de la gente no tenía libros ni tampoco sabía leer ni escribir. Entonces, en ese contexto cultural, la instrucción de Pablo a Timoteo de leer la Biblia públicamente equivale al énfasis protestante de que todos puedan tener acceso a la Biblia. En el siglo I la lectura pública era la única manera de poner la Biblia a disposición de todos. Ya tenemos entonces, desde el principio de la Iglesia, un interés en darle a todos los cristianos acceso a la escrituras. También en la cultura judía del día en que surgió el cristianismo ya había una tradición de lectura pública de las escrituras. Vemos esta práctica en Lucas 4:16, donde Jesús lee del profeta Isaías en la sinagoga.

Ambos temas son importantes: primero, los líderes de la Iglesia tienen un llamado especial a conocer bien las escrituras, a guardar y enseñar precisamente la doctrina sana. Segundo, todos los cristianos deben también tener acceso a las escrituras porque la palabra de Dios es para todos, no solo para los líderes. Y de esta combinación surge algo saludable: que el líder tiene ante quien ser responsable. La gente de la iglesia está, o debería estar, leyendo las escrituras, y el líder debe también estudiar para quedar bien delante de ellos. Tampoco tiene la opción de inventar cosas que no se dicen en la Biblia, pues una congregación bíblica se enterará muy de prisa si el líder está yendo más allá del texto de las escrituras.

Si los líderes tienen un lugar especial en la Iglesia como guardianes y maestros de la palabra, entonces sí tiene sentido que el estudio de la Biblia sea algo especializado, algo para lo cual una persona debe esforzarse, estudiar y trabajar. Ser un líder no es, por definición, algo que esté al alcance de todos. Por eso no nos debería sorprender que si alguien quiere entender bien la Biblia tenga que hacer un trabajo especial. La Biblia está al alcance de todos, pero el líder tiene la responsabilidad de conocerla y usarla mejor, de guiar la interpretación de los demás, de contestar preguntas, de conocer las opciones y de saber lo que han dicho otros cristianos acerca de los temas fundamentales de la fe. Líder: la Iglesia depende de su conocimiento de las escrituras. Pero muchas veces los líderes no estudian mucho, no leen la Biblia mucho. Solo predican sermones acerca de cosas que ya saben o que oyeron en una conferencia. No saben estudiar la Biblia ellos por sí mismos. Y la Iglesia sufre. Doctrinas y movimientos vienen y van, arrastrando tras ellos individuos e iglesias enteras porque nuestros líderes no están enterados y ni siquiera piensan que es importante conocer íntimamente las sagradas escrituras. Pero éstas son nuestra guía para la vida de la Iglesia que Dios nos ha encargado. Le dice Pablo a Timoteo:

"Permanece firme en lo que has aprendido y de lo cual estás convencido, pues sabes de quiénes lo aprendiste. Desde tu niñez conoces las Sagradas Escrituras, que pueden darte la sabiduría necesaria para la salvación mediante la fe en Cristo Jesús. Toda la Escritura es inspirada por Dios y útil para enseñar, para reprender, para corregir y para instruir en la justicia, a fin de que el siervo de Dios esté enteramente capacitado para toda buena obra" (2da Tim. 3:14-17).

Este es un pasaje bien conocido y bien debatido porque menciona la inspiración de las escrituras. La cuestión de la inspiración ha sido muy importante en el siglo XX en relación al pensamiento modernista que niega la posibilidad de intervención divina en este mundo y que también afirma la existencia de errores en la Biblia. Cristianos afirman a menudo, basándose en este pasaje, que inspiración debe de incluir "inerrancia" —que como la Biblia está inspirada por Dios no puede tener errores. Es una discusión y una defensa importante. Pero ha sucedido algo en este debate, y es que este pasaje práctico se ha convertido en un argumento filosófico. Las pirotécnicas de la controversia han ocultado el verdadero tema del pasaje. El propósito de Pablo no es demostrar que no hay errores en la Biblia (aunque seguramente no creía que los había), sino resaltar a Timoteo la importancia de las escrituras para su ministerio. Las escrituras son útiles, dice Pablo, para enseñar, para reprender, corregir e instruir en justicia. Inspiración aquí está vinculada con propósito. Pablo no está definiendo exactamente lo que es inspiración, sino señalando la meta de inspiración. Dios dio las escrituras a la Iglesia, y en un sentido las dio particularmente al líder para que él o ella las usara en su posición de liderazgo. Entonces, ¿quiere aprender a enseñar la Iglesia? ¿Quiere ayuda porque no está seguro de cómo reprender a un hermano? ¿No está seguro de cómo corregir ideas falsas acerca de la fe y práctica cristiana? ¿No está seguro en cómo enseñar a la gente a vivir una vida santa y justa? En fin, ¿quiere ser capacitado para el ministerio? La Biblia es su herramienta esencial. Es útil en el área de doctrina, como ya hemos resaltado, pero nótese que también es útil en el campo de la práctica porque instruye en justicia, y esto tiene que ver con comportamiento. Entonces, el líder —sea pastor o líder laico— tiene este privilegio y esta responsabilidad de estar en las escrituras continuamente para guiar a los que se encuentren bajo su cargo. Dicho de otra manera: el que no quiera conocer la Biblia, meditar en la Biblia, practicar la Biblia, y hablar acerca de la Biblia no puede ser un líder cristiano.

Exégesis e historia

"Bueno", dirá alguien. "Entiendo que el líder cristiano debe estar versado en la Biblia, debe conocerla bien para así guiar bien a la Iglesia. Lo que no entiendo es por qué tenemos que dar tanto énfasis a este asunto de la interpretación. ¿Por qué no podemos simplemente leer la Biblia, memorizarla y aplicarla? El estudio formal, usando diccionarios y comentarios y otras herramientas tan intelectuales no parece tener sentido cuando estamos hablando de una realidad espiritual".

Esta es una pregunta importantísima porque la respuesta nos lleva a las bases más profundas de nuestra fe. Interpretación o "exégesis" tiene mucho sentido si aceptamos lo que ya ha sido resaltado: que la Biblia es una revelación histórica. Esto quiere decir que se trata, primero, de algo que sucedió. Segundo, quiere decir que el contenido de la Biblia es importante precisamente por el hecho de que sucedió. Historias acerca de Jesús son interesantes, inspiradoras y dignas de imitación. Pero el poder de estas historias yace primordialmente en lo que nos enseñan acerca de Dios. El poder milagroso de Jesús y especialmente su resurrección señalan que Dios de veras se ha revelado por medio de Él. Cuando Pedro predicó el primer sermón cristiano afirmó que la resurrección había comprobado la identidad de Jesús (Hechos 2:32-36). Luego Pablo proclama que Jesús "fue designado con poder Hijo de Dios por la resurrección" (Rom. 1:4). Jesús es importante porque Dios nos ha hablado por medio de Él, y todavía nos habla hoy por medio de Él en el texto bíblico.

En un momento voy a demostrar la conexión entre historia y exégesis, pero primero para entenderla bien debemos definir lo que quiere decir exégesis. En un sentido exégesis es un sinónimo para interpretación. Se trata simplemente de explicar lo que quiere decir un texto, y es un proceso que se puede aplicar a cualquier comunicación escrita, no solo a la Biblia. Cada vez que leemos algo estamos haciendo exégesis o interpretación. Muchas veces esta interpretación es inconsciente o automática, porque como seres humanos tenemos la capacidad de interpretar sin ser conscientes del proceso. Así nos ha creado Dios. Pero cuando leemos algo difícil de entender, algo fuera de nuestra experiencia, debemos practicar exégesis más explícitamente y debemos determinar lo que quiere decir lo que se ha escrito o lo que se ha dicho. En el caso del texto bíblico, la exégesis consiste en explicar un pasaje de la Biblia aplicando ciertas reglas.

Otro término usado frecuentemente es hermenéutica. Aunque muchas veces esta palabra se presenta como otra manera de decir exégesis hay, en realidad, una distinción importante entre ellas. Hermenéutica es la teoría que usamos para interpretar. Bajo este tema discutimos qué reglas usaremos al interpretar un texto. Exégesis es la aplicación de esas reglas en una situación específica. Entonces, bajo hermenéutica podríamos decir, por ejemplo, que es importante usar la definición del diccionario de cada palabra de un pasaje bíblico si lo vamos a entender bien. Esa es una determinación teórica no relacionada con un pasaje en particular. Es una regla general. Luego aplicaríamos esa regla en una instancia específica donde practicamos exégesis: buscaríamos todas las palabras de un pasaje en un diccionario y juntaríamos la información para llegar a una conclusión o a una interpretación. Hermenéutica es teoría; exégesis es aplicación de la teoría.

Entonces, vamos a resaltar un principio hermenéutico importante: la Biblia es comunicación humana. Quizás suene un poco escandaloso así decirlo, pero es verdad. No estoy hablando del contenido de la Biblia, que es revelación sobrenatural basada en la irrupción de Dios en la historia humana. Pero el método de comunicación es humano. La Biblia está escrita para ser entendida por seres humanos usando las normas de comunicación que usan los seres humanos. Cuando el apóstol Pablo escribió una epístola a una iglesia estaba escribiendo a seres humanos y esperaba ser entendido por medio del uso normal del idioma que estaba usando, el griego antiguo. No estaba enviando una colección mágica de palabras que al ser recitadas produciría un resultado diferente al sentido normal de esas palabras.

Los documentos bíblicos fueron inspirados por el Espíritu Santo pero fueron realizados por humanos y para humanos. Esto es quizás tan obvio que no vale la pena resaltarlo, pero creo que a muchos no se les ocurre. Ven a la Biblia como un libro escrito por Dios sin intermediarios, directamente a todos los seres humanos de la tierra. No es así. La Biblia sí fue inspirada por

Dios y es para todos los seres humanos, pero fue producida en participación con seres humanos. Ya desde los primeros siglos de la Iglesia se entendió que lo que sucedió en la inspiración y producción de las escrituras fue algo similar a lo que ocurrió en la encarnación de Jesús. Es el mismo principio porque en ambos casos Dios se revela de una forma humana que puede ser comprendida por los seres humanos. Esto nos lleva a otro principio importante. Si los autores humanos de la Biblia se comunicaron en lengua humana con otros seres humanos, esto quiere decir que su mensaje está ligado a una situación histórica humana.

Somos seres del tiempo y el espacio, y si Dios se va a comunicar con nosotros tendrá Él también que entrar en un lugar y en un momento. Dios se podría haber revelado a todo el mundo usando el cielo como una gran pantalla en el aire, y quizás dándole una nueva edición de la revelación literalmente celestial a cada nueva generación. Pero no lo hizo así. Optó, mejor, venir entre nosotros, habitar entre nosotros, comer y dialogar con nosotros. Dios se reveló en forma humana en la persona de Jesucristo. Esto es importantísimo porque implica un principio hermenéutico que no podemos ignorar, un principio sobre el cual se basan todas las ideas que discutiremos en este libro: *Si Dios inspiró la Biblia en lengua humana, debemos interpretar la Biblia con las reglas normales de comunicación humana.* Este principio es básico a toda interpretación. Si uno lo acepta tendrá implicaciones tremendas. Si uno lo rechaza las consecuencias también serán monumentales.

Aceptar que la Biblia es revelación histórica dada en el contexto humano querrá decir que nos limitaremos a interpretar la Biblia de la misma manera en que interpretamos otros documentos humanos. Querrá decir que no apelaremos a interpretaciones mágicas de palabras, que tampoco les daremos un sentido anormal a palabras o a frases bíblicas por el hecho de que se encuentren en la Biblia. Querrá decir que estaremos interesados en el contexto histórico en que fueron escritas las diferentes partes de la Biblia, porque si Dios inspiró a un autor particular en una situación particular deberemos entender esa situación para entender el mensaje. Querrá decir que aprenderemos las reglas normales de comunicación humana (reglas gramaticales). Querrá también decir que es importante poder leer, especialmente para líderes cristianos. Por eso el alfabetismo siempre ha sido importante para los cristianos. Somos personas del libro, entonces debemos leer. Querrá decir, finalmente, que la comunicación escrita y hablada será de suma importancia para nosotros porque Dios la usa. Si vamos a comunicar lo que es y dice Dios, tendremos que usar las herramientas que Él ha usado para comunicarse con nosotros.

Debo resaltar que esta idea de que Dios se ha revelado usando lenguaje humano es única al cristianismo y al judaísmo.[1] En las religiones orientales no se considera que haya habido comunicación divina. En el hinduismo, budismo y taoísmo el universo no es lo que aparenta, es ilusión. Y por eso lo hablado, lo definido, la comunicación meramente humana, se considera insuficiente como para comunicar el sentido de lo que reside fuera del universo. Si el universo es ilusión, todo lo que tiene sentido en el universo también es ilusión. Se considera que la perspectiva humana es tan limitada y errónea que no se puede concebir lo último en sus categorías. Por eso existe el dicho taoísta: "La senda de la cual se puede hablar no es la senda". En ese sistema de pensamiento si se puede vocalizar o imaginar, ya se sabe que no es divino. También se dice que el dios que se puede nombrar no es Dios. Por definición, entonces, no habrá revelación en lengua humana en estas religiones, y faltan dos conceptos importantes en ellas que son intrínsecas al cristianismo. Primero, estas religiones no tienen una concepción robusta de la creación. Para ellas el universo surge de manera ambigua y es el campo de lo

---

[1] También se encuentra en Islam, pero en mi opinión el énfasis islámico en el libro (el Corán) surgió bajo la influencia del judeocristianismo.

no real, un campo del que debemos escapar. Segundo, no tienen un concepto de encarnación. Sus dioses no han participado en la vida cotidiana del universo.[2]

Hay una conexión importante, entonces, entre creación, historia y exégesis. La cosmovisión cristiana siempre ha afirmado el valor de la creación que, aunque caída y en espera de redención, es el don de Dios y surge de sus buenos propósitos. Tanto que Dios estuvo dispuesto a entrar en ella y a participar en ella. La encarnación reafirma el valor de la creación y afirma también la realidad de comunicación divina en forma humana. A la cosmovisión de las religiones orientales tenemos una sola respuesta: Jesucristo, encarnado. Las escrituras afirman que en Cristo "toda la plenitud de la divinidad habita en forma corporal" (Col. 2:9). La encarnación es una de las verdades más profundas del cristianismo y es la base de nuestra hermenéutica.

Como la Biblia también es comunicación divina en forma humana podemos afirmar la necesidad de exégesis para todo cristiano. Cuando investigamos el texto bíblico usando reglas normales de comunicación humana, cuando buscamos palabras en un diccionario, cuando aprendemos las reglas de gramática, cuando comparamos versiones de la Biblia, cuando investigamos el contexto de un pasaje —con todas estas actividades meramente humanas—, estamos afirmando que Dios se reveló en nuestro mundo; estamos afirmando que es posible para los seres humanos conocerle. Pero exégesis es una celebración de la santidad de la creación, es una afirmación de que por lo menos algo de lo que es Dios cabe dentro de las categorías del universo y puede ser comprendido por nosotros sus habitantes. Por otro lado, hay una implicación un poco incómoda que surge de esto. Muchos

---

[2] En budismo los dioses sí son parte de este universo, pero en esta religión dioses son seres humanos iluminados que como todas otras entidades en el universo también tienen como su última meta escapar del universo a una forma de existencia completamente diferente llamada *nirvana*.

cristianos, cuando apelan a principios mágicos y espirituales para interpretar la Biblia, están más alineados con la cosmovisión oriental que con la cosmovisión cristiana.

La Biblia, fundamento de la Iglesia

La Biblia es el fundamento sobre el cual se construyó la Iglesia y todo lo que ha de ser la Iglesia surge también de la Biblia. Entonces es importante, especialmente para los que lideran esa Iglesia, conocer íntimamente este material. De la misma manera en que un presidente conocería la constitución de su país o un empresario conocería los documentos fundamentales de su empresa, el líder cristiano debe conocer la Biblia. En ella encontrará no solo la visión de Dios para la Iglesia, sino también capacitación para discernir desviaciones de esa visión fundamental. La ironía hoy día es que muchos líderes prestan más atención a libros con la última metodología de liderazgo o estrategia de iglecrecimiento sin haber primero estudiado a fondo el documento inaugural y la autoridad principal del movimiento que ellos mismos lideran. Libros de estrategia juegan su parte. Pero si uno no está conectado a la visión bíblica de la Iglesia, no tendrá manera de discernir entre el consejo que promociona esa visión y las ideas que la desvían.

Como ya hemos discutido, la revelación de Dios en su forma más específica es la vida, muerte y resurrección de Jesucristo. Las escrituras son un récord inspirado de la revelación de Dios en Jesucristo. Por eso también comparten esa revelación y podemos decir sin duda alguna que la Biblia es la revelación de Dios. La Biblia, entonces, es el repositorio de revelación que Dios ha dado a la Iglesia.

La Iglesia Apostólica

Imagínese lo que hubiera sido vivir en los últimos años del siglo I, después de la resurrección de Jesucristo, mientras los apóstoles predicaban el evangelio y la Iglesia Cristiana comenzaba poco a poco a crecer. En esos años había dos fuentes de autoridad. La primera era el Antiguo Testamento. Este era la Biblia de los primeros cristianos. Los libros del Nuevo Testamento estaban todavía "en producción" y el concepto de un "Nuevo Testamento" no era parte todavía de la manera de pensar. Pero en los libros del Nuevo Testamento vemos que el Antiguo se cita frecuentemente como la última palabra acerca de cualquier tema. El Antiguo Testamento era la Biblia de los primeros cristianos y era una de sus fuentes de autoridad. La otra fuente de autoridad eran los apóstoles. Ellos eran los testigos oficiales de la vida, muerte y especialmente de la resurrección de Jesús. En aquel entonces no se requería un "Nuevo Testamento" porque el testimonio y la enseñanza de los apóstoles eran suficientes. Pero al pasar los años y al crecer la Iglesia la presencia de los apóstoles disminuye, porque por un lado hay más y más creyentes y por otro lado, la generación de los primeros apóstoles pasa y ellos mueren. En la primera parte del siglo II existió un obispo cristiano llamado Papías que vivía en Asia Menor. Algunas secciones de sus escritos han sobrevivido, y en lo que tenemos se constata que Papías tenía un gran interés en recopilar los dichos de los apóstoles. Papías siempre quería información directa, información desde las fuentes. Dijo él mismo en la introducción a uno de sus libros perdidos:

"No dudaré en añadir todo cuanto aprendí muy bien de los ancianos y que recuerdo perfectamente en mis explicaciones, pues sé con toda certidumbre que es verdad. Porque no me contentaré con lo que dicen muchos, como ocurre con la mayoría, sino con los que enseñan la verdad; tampoco con los que repiten mandamientos de otros, sino con los que recuerdan aquellos mandamientos que fueron dados a la fe procedentes del Señor y que tienen su origen en la verdad. Y si alguna vez llegaba alguien que había seguido a los ancianos, yo observaba la palabras de los ancianos, que era lo dicho por Andrés, o Pedro, o Felipe, o Tomás, o Jacobo, o Juan, o Mateo, o por cualquiera de los otros discípulos del Señor, e incluso lo que decían Aristón y el anciano Juan, discípulos del señor, pues creí que no obtendría el mismo provecho de lo que aprendiera de los libros que el que obtenía de lo que aprendía por medio de una voz viva y perdurable".[3]

Es obvio que en esa era se consideraba que el testimonio de testigos presenciales era la mejor posible fuente de autoridad.[4] El testimonio escrito se consideraba inferior, o de segunda clase. Pero claro, al pasar el tiempo los testigos presenciales no estuvieron disponibles. Entonces en esa situación, en la ausencia de testigos presenciales, el mejor testimonio era un documento que usaba testimonio presencial. Fue por estas prioridades y dinámicas históricas que el testimonio oracular de los apóstoles se convirtió en libros sagrados. Los libros del Nuevo Testamento son testimonios inspirados de la revelación de Dios en Jesucristo y de la obra del Espíritu Santo en la inauguración de la Iglesia.

Una de las evidencias de este proceso es el hecho de que casi todos los libros del Nuevo Testamento están conectados a los apóstoles o a los primeros líderes de la Iglesia.

---

[3] La cita viene de *Historia eclesiástica*, 3.39.3-4. Ver Eusebio de Cesarea, *Historia eclesiástica* (Barcelona: CLIE, 2008), 122. El libro de Eusebio fue escrito en el siglo IV.

[4] Esto ha sido demostrado recientemente por el erudito inglés Richard Baukham en su libro *Jesus and the Eyewitnesses* (*Jesús y los testigos presenciales*) (Grand Rapids, MI: Eerdmans, 2006).

Libro	Autor
Mateo	Mateo, el discípulo de Jesús.
Marcos	Marcos, el discípulo de Pedro. Se considera que este libro incorpora la perspectiva de Pedro.
Lucas	Fue el compañero de Pablo y también proclama haber consultado con testigos.
Juan	El apóstol.
Hechos	También escrito por Lucas, el compañero de Pablo.
Romanos – Filemón	Por Pablo, considerado apóstol.
Hebreos	En los primeros siglos se consideraba de Pablo, aunque hoy día hay debate.
Santiago	Aunque no era uno de los apóstoles, era el hermano de Jesús y líder de la Iglesia en Jerusalén.
1ra y 2da Pedro	Por el apóstol Pedro.
Epístolas de Juan	El apóstol Juan.
Judas	Otro hermano de Jesús.
Apocalipsis	El apóstol Juan.

*Figura: Conexiones entre los autores del Nuevo Testamento
y la autoridad apostólica.*[5]

Entonces, todos los libros del Nuevo Testamento se consideraron aprobados por su conexión con los apóstoles, y los apóstoles tenían primacía en la Iglesia de los primeros siglos porque

---

[5] Hay mucho debate acerca de quiénes fueron los autores de los libros bíblicos. Esta es una lista de la opinión conservadora (generalmente). En este contexto no sería imposible defender las atribuciones. La autoría de libros bíblicos generalmente se discute en las introducciones de comentarios bíblicos, o en libros de introducción al Antiguo o Nuevo Testamento.

ellos eran los testigos oficiales de la vida, obra y resurrección de Jesús. Es por esto que denominamos a la Iglesia como Apostólica. Aunque la Iglesia está basada en la obra de Jesús, surge históricamente por medio de la obra y el testimonio de sus apóstoles. Crece por su predicación y es guiada por su testimonio escrito—o sea, el Nuevo Testamento. Es en este sentido que Pedro, como líder y representante de los otros apóstoles, fue la roca sobre la cual Jesús fundó su Iglesia (Mateo 16:18). Este testimonio apostólico todavía nos guía hoy y todavía es la fuente de todo pensamiento cristiano. Esta pequeña colección de libros, apenas unas 250 páginas en la mayoría de las ediciones, es la guía para la práctica y doctrina de la Iglesia, ya que viene de una fuente autorizada. No hay otra fuente más íntima o más calificada. No la puede haber. Los discípulos de Jesús experimentaron su ministerio, aprendieron sus lecciones, vieron su resurrección, recibieron su comisión y predicaron su mensaje en el poder del espíritu por todo el mundo antiguo.

El evangelio de Judas: un caso particular

Debemos mantener cierto escepticismo hacia nuevos documentos de los primeros siglos que algunos presentan como nuevas revelaciones acerca de Jesús, o como "partes perdidas de la Biblia". Ya ha habido un proceso histórico del que surgió la Iglesia y esos otros documentos no fueron parte del proceso. No se incluyeron en el Nuevo Testamento porque la Iglesia no los consideró autorizados.

Un ejemplo reciente de un libro antiguo que ha atraído mucha atención, pero que la Iglesia no consideró apostólico, es "El evangelio de Judas" que fue "descubierto" (en realidad ya sabíamos que existía) y publicado con gran fanfarria como un gran evento arqueológico. Se afirmó en la prensa mundial que este evangelio contaba una historia diferente de la muerte de Jesús

—contaba la perspectiva de Judas. Y es verdad. Este evangelio cuenta una historia muy diferente. En "El evangelio de Judas", Jesús proviene no de Jehová, sino de *Barbelo*, la deidad femenina más alta de la religión filosófica llamada gnosticismo. Como en el gnosticismo el mundo físico es algo deficiente del que uno debe escapar, el acto de traición de Judas es en este evangelio un acto de liberación. Jesús le dice a Judas que su traición sacrificará "al hombre con que estoy vestido". O sea que al morir, Jesús deja detrás el cuerpo físico en que está atrapado, y regresa a la esfera de existencia pura e inmaterial de Barbelo.

Sin duda, "El evangelio de Judas" es una polémica contra el cristianismo de los evangelios canónicos. En este documento, los otros once discípulos no entienden nada y varias veces Jesús se ríe de ellos por la superficialidad de sus ideas y acciones. Los discípulos dan gracias por su pan y Jesús, después de reírse, les dice que esto de dar gracias es algo para el dios de ellos (o sea, no el de Jesús). Ellos declaran que Jesús es "el hijo de nuestro Dios", pero Jesús responde: "¿Cómo pueden conocerme? De verdad les digo que *ninguna generación de los que está entre ustedes me conocerá*".[6] Con esto el texto está afirmando que ninguno de los que siguen las doctrinas de los apóstoles conocerá la verdadera identidad de Jesús y la verdadera naturaleza del universo.

Hay varios problemas con "El evangelio de Judas" que nos ayudan a entender la importancia del testimonio apostólico. Primero, como las ideas gnósticas que enseña este documento no existían en el siglo I, sabemos que debe de haber sido escrito en el siglo II, unos cien años después de la muerte y resurrección de Jesús. Esto en sí es suficiente como para desacreditarlo. Pero lo interesante para mí es que "El Evangelio de Judas" confirma el lugar tan importante que jugaban los apóstoles en la Iglesia

---

[6] La cita es mi traducción del texto inglés producido por National Geographic, disponible aquí: http://www.nationalgeographic.com/lostgospel/pdf/GospelofJudas.pdf, consultado el 7 de octubre del 2008

de los primeros siglos. El documento presenta a los apóstoles, y especialmente a Pedro, como torpes y sencillos, porque atacar a los apóstoles es atacar a la Iglesia Apostólica. Si los apóstoles eran torpes y sencillos, la Iglesia Ortodoxa y Apostólica también lo era. Esto significa que la conexión entre los apóstoles y la Iglesia de los primeros siglos era bien entendida por todos en aquel día. Y claro, el perfecto anti-apóstol era Judas. Por eso fue usado como protagonista en el evangelio que lleva su nombre. Interesantemente, la cubertura de este tema en la prensa popular siempre hablaba de "otro evangelio" como si esta fuera otra perspectiva que uno debería agregar a la colección de libros bíblicos. Pero esto demuestra ignorancia completa acerca de la situación histórica del siglo II. El evangelio de Judas no es otra perspectiva. Es un ataque a la Iglesia Apostólica.

Resumiendo, entonces: la autoridad apostólica fue primero algo relacionado con las personas de los apóstoles porque se consideró que ellos eran los intérpretes autorizados de la vida y obra de Jesús; también por el hecho de que la Iglesia surgió como resultado de su labor. Pero al pasar los años y al pasar la generación de los apóstoles, su autoridad se transfirió a los libros del Nuevo Testamento porque esos libros resumían su testimonio, perspectiva e interpretación. Es en este sentido práctico e histórico que el Nuevo Testamento, junto con el Antiguo también, es el fundamento de la Iglesia. El Nuevo Testamento es una continuación de la promesa de Jesús a Pedro de que sería sobre él que su Iglesia sería establecida —es decir, sobre Pedro como representante de autoridad y poder apostólico.

Agregándole a la Biblia

Hasta este punto he descrito una teoría de autoridad apostólica con la que ambos, católicos y protestantes evangélicos, podrían estar de acuerdo, aunque los católicos ya estarían mejor concienciados acerca de este tema. Como ya hemos discutido en el primer capítulo, en la Iglesia Protestante la tendencia es simplemente otorgarle autoridad a la Biblia sin pensar en el proceso histórico del que surgió. De todos modos, es aquí donde parten los caminos del catolicismo y el protestantismo. En el pensamiento protestante hay solo una autoridad que surge del testimonio apostólico, y esa autoridad es la Biblia.[7] En la Iglesia Católica se considera que hay dos tipos de autoridad: que además de tener el testimonio apostólico en la Biblia tenemos también una sucesión apostólica. La autoridad de Pedro, se afirma, ha pasado de individuo a individuo por las generaciones. No solo eso, también se pasaron enseñanzas de los apóstoles que no estaban incluidas en la Biblia.[8] El Papa se considera el poseedor del manto de autoridad de Pedro y por eso tiene tanta autoridad en asuntos de doctrina y práctica. En general, la Iglesia Católica también presenta como autoritativa la tradición acumulada de la Iglesia.

El problema con esta perspectiva católica es que ha abierto la puerta a prácticas y doctrinas no bíblicas en la Iglesia. Un ejemplo es la veneración de María, la madre de Jesús. Sería justo darle un lugar especial en nuestra memoria a María por el lugar tan importante que jugó en la historia de la salvación. Pero en la doctrina católica se ha ido mucho más allá de eso al considerarse apropiado orar a María con la idea de que ella intercederá por nosotros ante Jesús. En la Biblia uno sólo ora a Dios. No hay ni un solo ejemplo de alguien que ora a un ser humano muerto. Nunca se prohíbe porque nunca fue una práctica. Nunca se les hubiera ocurrido a los personajes de la Biblia. Solo se ora a Dios y el único posible intermediario entre Dios y los hombres es Jesús,

---

[7] Estas cuestiones están relacionadas principalmente al Nuevo Testamento porque la autoridad cristiana surge de la revelación de Jesucristo. La autoridad del Antiguo Testamento se presupone en el Nuevo.

[8] Rodolfo Blank, *Hermenéutica: principios de interpretación bíblica* (St. Louis, EE.UU.: Editorial Concordia, 2006), 94. Esta denominada "teoría de las dos fuentes" tiene un paralelo interesante en la teología rabínica en que se afirmaba que Moisés había enseñado otras cosas no escritas en el Pentateuco y que estas se habían pasado de generación en generación en paralelo con los escritos del Antiguo Testamento.

no María, y tampoco los santos. También hay en la Iglesia Católica la idea de que María fue concebida inmaculadamente, o sea, sin relaciones sexuales entre sus padres, que nunca pecó y que al final de su vida también ascendió al cielo como Jesús. María no es diosa en la doctrina católica, pero por cierto sí ocupa un lugar especial entre Dios y la humanidad. Algunos católicos también describen a María como una "corredentora" con Cristo. Luego, aunque la doctrina católica oficial no lo prescribe, en algunas situaciones María no es solo venerada, sino adorada por sí misma, como ocurre por ejemplo con la Virgen de Guadalupe en México. Algunos líderes católicos también han afirmado que son tanto cristianos como marianos.

Pero estas doctrinas y prácticas no tienen ni la más mínima base en la Biblia. Tampoco son coherentes con el testimonio bíblico. Y nos preguntamos cómo es posible que estas doctrinas que no tienen base apostólica, hayan llegado a ser tan importantes en esta Iglesia que se proclama portadora de la tradición apostólica.

Como la Iglesia Católica afirma ser apostólica debemos recordarles que la autoridad apostólica de la Iglesia no llega a ser autoridad para crear nuevas doctrinas, porque crear doctrinas no fue nunca la autoridad de los primeros apóstoles. La autoridad apostólica residió en el hecho de que los apóstoles eran testigos fieles a lo que Dios había hecho en la vida, muerte y resurrección de Jesús. Eran testigos y eran intérpretes, pero no podían crear nuevas verdades por fíat. De todos modos, tampoco podemos encontrar en la Biblia una doctrina de sucesión apostólica. La Iglesia fue fundada por los apóstoles, pero nunca se dice que debería ser administrada por ellos o por sus descendientes espirituales. Es más, vemos que en la historia de la Iglesia, tanto como en la historia de Israel, fueron los individuos ungidos y capacitados por el espíritu de Dios los que lideraron al pueblo de Dios. La Biblia no nos presenta una organización humana que represente la voluntad de Dios en la tierra, administre la Iglesia y determine o cree doctrina oficial. Esto no quiere decir que organizaciones y administraciones son algo malo o no espiritual. Solo significa que nuestras organizaciones son herramientas humanas creadas para hacer el trabajo del evangelio. No son estructuras divinas y por cierto no tienen autoridad como para agregar doctrinas a la tradición apostólica.

Para el protestante evangélico es a veces fácil criticar esta tendencia católica de agregar tradiciones a lo que dice la Biblia. Pero debemos acordarnos de dos cosas importantísimas. Primero, la Iglesia Católica, con sus muchos problemas de interpretación y práctica, no es una secta. Aunque estemos en desacuerdo en mucho y aunque dudemos en muchas instancias si personas católicas particulares son creyentes, no nos olvidemos que tenemos mucho en común y afirmamos de igual manera muchas doctrinas básicas. Segundo, nosotros los protestantes evangélicos a la misma vez que nos quejamos de la Iglesia Católica hacemos cosas similares. Mientras afirmamos que la Biblia sola es nuestra autoridad, dejamos que prácticas culturales que no tienen nada que ver con la Biblia sean consideradas sagradas. En algunas iglesias el pastor no tiene unción hasta que se pone la corbata. El debate acerca del estilo de música que ha de usarse en el culto es otra. Estar en desacuerdo acerca del estilo de música que más nos guste es una cosa, pero cuando se proclama que una forma es más santa que la otra ya estamos entrando en otra área: estamos aplicando categorías bíblicas a nuestras preferencias personales. Cuando justificamos nuestros pecados y pecadillos con conceptos ajenos a la Biblia e interpretaciones forzadas de los pasajes que nos molestan, estamos agregando tradiciones humanas a la Biblia. Cuando afirmamos que la Biblia dice algo que en realidad no dice para motivar a los que están bajo nuestra carga, estamos agregando tradiciones humanas a la palabra de Dios. Cuando no aceptamos a alguien en nuestra iglesia porque se viste de cierta manera, o es cierto tipo de persona o es de cierta raza estamos agregando tradiciones humanas al testimonio apostólico. Cuando aceptamos una teología particular como la cumbre de la verdad cristiana y la usamos para causar divisiones en la Iglesia estamos distorsionando el testimonio de los apóstoles para llevar a cabo nuestra propia agenda. Esta tendencia de agregarle a la Biblia es una tendencia humana. No es una peculiaridad católica, protestante, bautista, carismática o presbiteriana. Es una tentación que experimentamos todos y que ya era un problema en el día de Jesús.

Hay un incidente relatado en los evangelios en el que los fariseos van a Jesús quejándose de que sus discípulos no se lavan las manos de una forma determinada antes de comer. El texto bíblico mismo nos explica el trasfondo:

"En efecto, los fariseos y los demás judíos no comen nada sin primero cumplir con el rito de lavarse las manos, ya que están aferrados a la tradición de los ancianos. Al regresar del mercado, no comen nada antes de lavarse. Y siguen otras muchas tradiciones, tales como el rito de lavar copas, jarras y bandejas de cobre" (Mar. 7:3-4).

El historiador judío Josefo, que vivió en esa era, también confirma que los fariseos enseñaron a la gente muchas prácticas heredadas de sus padres que no estaban escritas en la ley de Moisés.[9] Pero aunque a los fariseos y a otros judíos les parecieron importantes estas leyes humanas, Jesús tuvo una interpretación diferente. Él entendió que estas leyes habían sido inventadas no para incrementar la justicia, sino para facilitar el pecado de la gente. Para demostrarlo, Jesús les da un ejemplo:

"Moisés dijo: 'Honra a tu padre y a tu madre', y: 'El que maldiga a su padre o a su madre será condenado a muerte'.

---

[9] Josefo, *Antiguedades,* 13.297-298. Véase Flavius Josephus y William Whiston, *The Works of Josephus: Complete and Unabridged* (*Las obras de Josefo: completas e íntegras*) (Peabody: Hendrickson, 1996).

Ustedes, en cambio, enseñan que un hijo puede decirle a su padre o a su madre: 'Cualquier ayuda que pudiera haberte dado es corbán' (es decir, ofrenda dedicada a Dios). En ese caso, el tal hijo ya no está obligado a hacer nada por su padre ni por su madre. Así, por la tradición que se transmite entre ustedes, anulan la palabra de Dios. Y hacen muchas cosas parecidas" (Mar. 7:10-13).

¿Qué sucede aquí? Los judíos de esa era tenían un problema: Dios mandó que honraran a sus padres, y se entendía que esto incluía apoyo monetario. Dios también mandó que los judíos contribuyeran con varias ofrendas para apoyar al templo y a los sacerdotes. Pero cuando un padre o una madre envejecía y requería apoyo monetario la tendencia era parar los pagos al templo y darle el dinero a los padres. Entonces los fariseos se pusieron a pensar y, como les parecía más importante que Dios reciba sus diezmos, determinaron lo siguiente: si uno tiene padres de edad que requieran apoyo, pero no tiene los fondos suficientes como para apoyarlos a ellos y también pagar el diezmo, uno puede usar "el principio de corbán" y decir a sus padres: "lo que te iba a dar se lo voy a dar a Dios". Esto hecho, uno sólo tiene que pagar una obligación en vez de dos. ¿Y los padres? ¿No necesitan todavía su sostén? Bueno, no es tu problema. Tú has cumplido tus obligaciones con Dios.

Pero, ¿de dónde viene este principio? ¿Hay algo en el Antiguo Testamento que lo sugiere o lo justifica? Es puro invento y realmente contradice la Biblia. Es obviamente una manipulación de la gente por los líderes religiosos. "Así", dice Jesús, "por la tradición que se transmiten entre ustedes, anulan la palabra de Dios" (Marcos 7:13).

Entonces, el problema no era que los fariseos querían agregar más reglas a la Biblia para ser más santos. Agregaban reglas para justificar su desobediencia. En la situación del individuo que no tiene para pagar las dos obligaciones la opción correcta, la opción bíblica, es vivir en fe e intentar pagar las dos. Esto es obediencia y dependencia de Dios. Las reglas y doctrinas que inventamos son casi siempre más fáciles de seguir que las que Dios mismo nos ha dado. Desde ya, cuanto menos sabemos de las escrituras, más fácil es inventar doctrinas humanas, o aceptar las doctrinas que otros han inventado como bíblicas.

Variedad de interpretaciones

No es un gran secreto que hay una variedad increíble de afirmaciones acerca de lo que dice la Biblia. Tanto entre cristianos como en otras religiones cada uno parece tener una idea diferente. La situación es tan problemática que se ha convertido en una pregunta importante para la apologética. La persona no cristiana quiere saber, no solo si la Biblia es fiable, sino también si es *interpretable*. Hay tantas opiniones y afirmaciones que da la impresión de que no es posible decir con certidumbre qué es lo que realmente enseña un pasaje específico. También cada religión parece querer demostrar que la Biblia está de acuerdo con sus doctrinas. Por esto es importantísimo que cada cristiano, y especialmente cada líder de la Iglesia, conozca bien el contenido de la Biblia. Más que esto, que entienda bien los principios de interpretación bíblica para poder ayudar a los que tienen preguntas y para poder discernir los problemas de interpretación, de los cuales surgen malas interpretaciones y malas doctrinas.

Muchas veces las sectas conocen sus Biblias mejor que nosotros, y personas cristianas que no entienden bien cuestiones de interpretación se van a las sectas porque quedan impresionadas con el conocimiento de la Biblia que encuentran allí. Una persona que quizás tuvo dudas al principio fue a su pastor, que no supo qué decirle o contestó con algo que no tuvo sentido. Luego, ¿nos sorprendería si esta persona con sus dudas y preguntas termina afiliándose al grupo que tiene respuestas, el grupo que conoce el texto de la Biblia, el grupo que la desvía del camino verdadero?

A cada uno le recae la responsabilidad de sus decisiones, pero el líder que no pudo contestar por su falta de conocimiento bíblico también tiene culpa, porque conocer la Biblia es una obligación del líder cristiano. El líder cristiano que no conoce su Biblia no merece su posición y es un peligro a su congregación.

Una de las posiciones fundamentales de los Testigos de Jehová es que la Biblia no enseña la doctrina de la Trinidad. Notan que la palabra "Trinidad" no aparece en la Biblia. Dicen que no se afirma nunca en la Biblia que Jesús es igual a Dios. También afirman que el Espíritu Santo no es una persona, sino una fuerza. ¿Cómo contestaríamos a estas aseveraciones? ¿Es cierto que en la Biblia no se dice nunca que Jesús es igual a Dios? Mi propósito aquí no es contestar la pregunta, y quizás dejar la pregunta sin solución producirá un poco de urgencia en el lector. Solo me interesa resaltar la importancia de saber de dónde vienen nuestras creencias. Pero por cierto, hay muchos y diferentes pasajes bíblicos en los que se le atribuye a Jesús lo que únicamente pertenece a Dios: autoridad, juicio, gloria y adoración. Tenemos muchos recursos a nuestra disposición para investigar este asunto, pero la verdad es que muchos no lo entienden bien.[10]

Una de las doctrinas del mormonismo es que todo ser humano algún día será Dios, y que Dios un día también fue un ser humano. Para apoyar esta idea se usa Salmos 82:6: "Ustedes son dioses; todos ustedes son hijos del Altísimo". Se afirma que este pasaje quiere decir que todos los seres humanos también somos Dioses. Bueno, no voy a resolver el problema aquí (ver capítulo 11). La pregunta es: ¿cómo lo resolveríamos? ¿Sabemos lo suficiente como para explicar el sentido de este pasaje? ¿Sabemos

---

[10] Dos libros buenos para investigar estos temas son: Francisco Lacueva, *Espiritualidad trinitaria* (Barcelona: CLIE 1983) y Elvis Carballosa, *La deidad de Cristo* (Grand Rapids, Michigan: Portavoz 1982).

suficiente acerca de la Biblia como para poder explicar lo que dice en su totalidad acerca de esta interpretación mormona? No digo que tenemos que ser expertos en lo que creen los mormones; solo que si hemos estudiado el texto bíblico sabremos lo que dice y podremos contrastar esto con las aseveraciones de cualquier secta o religión.

Ya he mencionado la secta mejicana Luz del Mundo. Sus pastores usan Mateo 10:40 donde Jesús dice "Quien los recibe a ustedes, me recibe a mí" para decir que recibir a los tales apóstoles de Luz del Mundo es literalmente recibir a Cristo encarnado en esos apóstoles.

La verdad es que uno puede encontrar frases y versículos para apoyar cualquier barbaridad, especialmente si se citan sin prestar atención a lo que dice el resto de la Biblia. Pero el que conoce bien las escrituras no se desvía por tonterías y trucos interpretativos y puede ayudar a los que están bajo su cargo.

También hay variedad de interpretaciones entre cristianos, iglesias y denominaciones, como ya sabemos todos. Aquí quiero resaltar no tanto la necesidad de tener la posición correcta en cada debate entre cristianos, sino la manera en que el buen conocimiento de las escrituras nos lleva hacia la unidad. Muchas veces las personas más divisivas, más argumentativas y más obsesionada con detalles doctrinales conflictivos son las que menos han entendido la Biblia. Cuando pasamos mucho tiempo leyendo las escrituras y sumergiéndonos en su manera de pensar, desarrollamos una intuición o un discernimiento por el enfoque bíblico y nos damos cuenta de lo que es esencial y de lo que es periférico. La identidad de Jesús es esencial. La persona y las características de Dios son esenciales. La muerte y resurrección de Jesús, santidad, evangelismo, salvación por fe, etc. Estos son los temas que nos presenta la Biblia. Negar ciertas doctrinas en estas áreas es la diferencia entre ser o no ser cristiano. Pero cuando llegamos a otros temas —los temas por los cuales muchas veces nos peleamos entre cristianos— estos son importantes, pero no definen nuestra fe. La forma de bautismo o la edad en la que se debe bautizar son cuestiones importantes, pero no son cuestiones básicas de la fe. Si así lo fuera estaría mucho más claro el asunto en la Biblia. El papel de la mujer en el liderazgo de la Iglesia es otro. Hay diferencia de opinión entre cristianos pero las verdades básicas del cristianismo no dependen de nuestra posición acerca de esto. Posiciones acerca del cumplimiento de profecías particulares, o los eventos de la segunda venida de Cristo —estas no son las cosas esenciales. Confieso que yo mismo no tengo una posición muy fuerte acerca del milenio, y no es por no estar familiarizado con las opciones. Vale la pena estudiarlas porque nos ayudan a entender varios aspectos bíblicos y doctrinales. Pero no son esenciales. Seguro que algún lector está asombrado: "¡Autor de un libro de interpretación y no tienen una posición acerca del milenio!" Pero esto es una ilustración del método que estoy enseñando: cuando la Biblia no es clara el tema no es esencial. Dios no está jugando un juego de adivinación con nosotros y la Biblia no es un rompecabezas. El Espíritu Santo no ha escondido ideas centrales en pasajes que son difíciles de entender. Entonces tampoco deberíamos nosotros darle un énfasis exagerado a tales cosas.

No digo que estas cuestiones no esenciales no sean importantes. Muchas veces lo pueden ser, y muchas veces estamos convencidos de que aunque en sí mismas algunas doctrinas o prácticas no son importantes, vienen con implicaciones importantes para otras doctrinas, o surgen de doctrinas más fundamentales con las cuales estamos en desacuerdo. Pero no nos olvidemos que unidad sí es uno de los temas importantes de la Biblia. Jesús en la noche antes de ser crucificado le pide a Dios unidad entre sus discípulos: "Permite que alcancen la perfección en la unidad, y así el mundo reconozca que tú me enviaste y que los has amado a ellos tal como me has amado a mí" (Juan 17:23). En el primer libro de Juan se resalta también la unidad bajo el tema del amor. "Debemos amarnos los unos a los otros" afirma Juan, "de la misma manera en que Dios nos ha amado" (ver 1ra Juan 4:7-12). Pablo describe a la Iglesia como un cuerpo cuya cabeza es Cristo que "crece y se edifica en amor, sostenido y ajustado por todos los ligamentos, según la actividad propia de cada miembro" (Efesios 4:16). Pedro describe la Iglesia como un templo y cada miembro como piedra en ese santo edificio (1 Pedro 2:5). Nótese que estos pasajes no están describiendo la Iglesia local, o sea la Iglesia a la cual uno atiende y con la cual uno está más o menos de acuerdo. El cuerpo de Cristo y el templo de Dios son imágenes que describen la Iglesia universal. Todos los cristianos juntos se suman a esta realidad espiritual, íntimamente conectados entre sí y con Cristo. Claro, el mismo Cristo murió y resucitó por todos los miembros de esa Iglesia. El tema de la unidad sí es uno de los temas básicos.

Pero hay muchos cristianos que se han olvidado de esto y están dispuestos a ignorar una enseñanza básica y clara (unidad), por detalles doctrinales exagerados que solo dividen. El apóstol Pablo avisó a Timoteo de que tuviera cuidado con este tipo de controversia, de que no tuviera nada que ver con discusiones inútiles, "pues no sirven nada más que para destruir a los oyentes" (2da Tim. 2:14-17). Y luego le dice a Tito que "al que cause divisiones, amonéstalo dos veces, y después evítalo. Puedes estar seguro de que tal individuo se condena a sí mismo por ser un perverso pecador" (Tito 3:10-11). Cuanto más entendemos la Biblia, más nos concienciamos acerca de lo que es importante, y al conocer lo importante y sentir la urgencia de lo importante, las cosas menos importantes se ponen en su lugar. No es que no debamos estar nunca en desacuerdo o que las cosas no esenciales no sean importantes. Es saber con qué espíritu hacerlo. El mensaje bíblico, vivido, crea un tipo de persona, un tipo de actitud, y lo que crea no es un espíritu intelectualista arrogante que debe imponer su interpretación sobre todos, sino un espíritu humilde y discernidor que reconoce lo esencial y lo no esencial, que reconoce que el propósito de instrucción cristiana es el amor (1ra Tim. 1:5).

3

❋ Prácticas de interpretación populares I

El intérprete siervo

En este libro estoy resaltando la necesidad de estudiar la Biblia y de usar las herramientas de exégesis y hermenéutica para establecer el sentido de las escrituras. Esto no es menos espiritual que otros métodos de interpretación porque, para revisar, Dios se ha revelado en la historia. Por eso lo histórico es importante y la Biblia debe ser investigada en relación a su contexto en la historia. La Biblia no fue escrita para ángeles y seres inmutables, sino para seres humanos. Por eso debe ser investigada por medio de herramientas humanas.

A pesar de esto, es obvio que hoy día hay muchas diferentes maneras de interpretar la Biblia que tienen poco que ver con buenas normas de interpretación. En los próximos dos capítulos quiero revisar algunas de estas prácticas populares de interpretación, para que podamos evitar algunas de las trampas asociadas con ellas. Pero desde el principio es importante entender una cosa: estas prácticas populares no son completamente malas o completamente inapropiadas para el cristiano. Son prácticas que tienen problemas, pero también pueden ser útiles si las usamos correctamente y tenemos una base firme en exégesis histórica.

Algunos líderes, cuando se enteran de lo que es exégesis y lo que son las buenas normas de interpretación, comienzan una campaña contra toda otra metodología, y luego cualquier cosa que no sea buena exégesis se tira a la basura. Como líderes tenemos que tener cuidado porque lo que la gente ha aprendido es muchas veces una combinación de lo bueno y lo malo, lo verdadero y lo falso. En un sentido esta es la situación de todos nosotros mientras aprendemos y crecemos. Entonces no tiene sentido atacar a una persona y rechazar todo lo que dice o cree porque no haya llegado a sus conclusiones por medio de los pasos correctos.

A veces me da miedo enseñar métodos de interpretación porque temo que les estoy dando herramientas de conflicto a algunos líderes. Para ellos la buena exégesis se convierte en el sumo principio y doctrina correcta es la única batalla que quieren pelear, porque se sienten como que ahora tienen las armas para esa batalla. Pero los principios de interpretación son primero para el intérprete. En humildad y con un corazón abierto a la palabra de Dios nos sentamos a oír lo que Dios ha dicho en su palabra. La meta de exégesis es discernir el corazón y la voluntad de Dios. La meta de doctrina es amor y adoración. Entonces, a veces alguien podrá venir a nosotros con una interpretación un poco rara de un pasaje, pero el espíritu nos dirá (en "revelación práctica") que lo que está en la agenda para esta situación no es una ponencia acerca de los principios buenos de interpretación, sino una palabra cariñosa, una oración, una aplicación práctica de lo que nosotros ya sabemos pero quizás esta persona no está lista para comprender completamente. Yo, por ser un poco uno de esos tipos intelectuales que cree tener una respuesta para todo, he aprendido por dura experiencia (dura para otros) a no herir a personas inmaduras con mis grandes verdades cuando es obvio que van a oír algo completamente diferente de lo que estoy diciendo. No entienden porque no están preguntando las mismas preguntas que yo quiero contestar, y porque en vez de contestar sus inquietudes estoy destruyendo su manera de pensar. Paciencia hermanos. El líder es un siervo; y el líder como intérprete es un intérprete siervo. A veces basta con que nosotros sepamos de dónde viene la sana doctrina para poder guiar a los afligidos.

Entonces, al resaltar estas prácticas populares de interpretación y sus problemas, no quiero dar la impresión de que todo lo que caiga bajo estas categorías es malo o erróneo, aunque en algunos casos sí es cierto. Lo que sí quiero resaltar son problemas que frecuentemente vienen asociados con diferentes maneras de manejar el texto bíblico. Más que nada, el problema de estas metodologías es que no son suficientes en sí mismas para llegar a un conocimiento profundo y veraz del mensaje de la Biblia. Son metodologías que solas causan problemas, nos desvían, y nos pueden ayudar a evitar el mensaje verdadero —y difícil— de las escrituras, como hicieron los fariseos. Pero por otro lado, si estamos estudiando la Biblia a nivel exegético, la mayoría de estas prácticas de interpretación populares son buenísimas y nos ayudan a aplicar y a interiorizar el texto mejor. Pero muchas veces la gente solo usa estas metodologías populares sin tener una buena idea de las normas básicas de exégesis. Y entonces sí tenemos problemas. También creo que hay muchos líderes que solo interactúan con el texto bíblico a este nivel popular, y eso es una tragedia para toda la Iglesia. Puede ser que el pueblo laico no tenga conocimiento de lo que es buena interpretación. Si el líder está concienciado él los puede guiar. Pero si el líder carece de entendimiento de lo que es buena interpretación ¿dónde quedamos?

Devocionales matutinos y devocionalismo

Desde chico tuve la idea de que si uno va a ser un cristiano comprometido, uno debe hacer sus devociones matutinas. La respuesta a las preguntas: ¿cómo nos acercamos más a Dios? ¿Cómo crecemos espiritualmente? ¿Cómo vencemos el pecado?, siempre era: "leer la Biblia, orar y hacer nuestras devociones matutinas".

Me imagino que esto quiere decir diferentes cosas para diferentes personas, pero en mi contexto siempre quería decir que uno pasaba unos 15 ó 20 minutos leyendo y orando, y que generalmente uno lo hacía por la mañana, como para comenzar el día enfocado en Dios. A veces se leía la Biblia (dos o tres capítulos), pero también se podía leer un libro devocional. Este tipo de libro viene con lecturas diarias cortas que casi siempre están basadas en un versículo, o a veces en una frase bíblica. Generalmente hay una lectura para cada día y están organizadas para el año entero, o para un mes o algo así. La idea es que cada día uno pasa unos minutos meditando en las escrituras con la ayuda de esta herramienta. La característica más importante del devocional, la razón por así denominarlo, es que es algo relacionado con la devoción personal. No es teología o exégesis, sino enseñanza simple que habla directamente al corazón o a la experiencia del individuo.

Es importante reconocer que las disciplinas espirituales son importantes, y que tomar el tiempo cada día para hacer devociones personales es un excelente hábito. Pero también debemos ser conscientes de las limitaciones de las devociones personales. Primero, debemos reconocer que hay diferentes maneras de concienciarnos diariamente de la presencia de Dios en nuestras vidas. Pero en algunas iglesias da la impresión de que la única disciplina espiritual que existe son las devociones personales matutinas.

Recuerdo que una vez en una reunión le preguntaron a un anciano de la iglesia cuáles eran sus metas espirituales, cómo quería crecer en el futuro. Me dispuse a oír bien para recibir instrucción de este hombre que había caminado con Dios toda su vida. Esperaba algo importante, algo profundo quizás, algo que no se me había ocurrido a mí. ¿Qué dice este hombre de Dios? Que su meta es orar más, leer su Biblia más y hacer más devociones matutinas. Y pensé: "Bueno, pero eso ya me lo enseñaron en la escuela dominical a los cinco años. ¿Es esto lo sumo de la sabiduría espiritual?" Vi en ese momento claramente que hay un tipo de espiritualidad representada o resumida en esta manera de pensar. Es la idea de que nuestra relación con Dios se compone de orar, leer y "devocionar". En el mismo momento me di cuenta de que esto es insuficiente. Cuando lo único que nos puede dar el hombre de Dios es "leer más, orar más y hacer más devocionales" hay, creo, un problema. No es que estas cosas sean malas (claro que no); es que parecen ser hechas sin relación al mundo actual, como si las devociones fueran un escape diario al cielo. Luego uno regresa al mundo cotidiano. Y madurez cristiana parece resumirse en escapar más y más al cielo hasta quizás un día desaparecer por completo. Parece espiritual, ¿no? Pero en realidad no lo es. Espiritualidad es hacer la voluntad de Dios en este mundo. Por eso, el apóstol Pablo dice que aunque le gustaría mucho dejar esta vida detrás y estar con Cristo, él está aquí en este mundo para hacer algo útil para Dios (Fil. 1:23-25). Entonces, cuidado con estas prácticas imprácticas. La meta de la vida cristiana no es escapar más y más del campo humano, sino de vivir la vida de Dios más y más en este mundo. Me parece a mí que a veces cuando santificamos la práctica de "hacer devociones" estamos confirmando, quizás sutilmente, este tipo de espiritualidad escapista.

El otro problema es que cuando santificamos la práctica de devocionales matutinos, también aceptamos a menudo una noción sentimental de nuestra relación con Dios, y participamos en el tipo de sentimentalismo que se encuentra en muchos de los libros devocionales. El enfoque de estos libros devocionales es frecuentemente personal, y muchas veces la meta es producir una reacción emocional. No es algo que educa y no es algo que intenta producir cambio de vida o comportamiento. La premisa de algunos libros devocionales parece ser que todos nos sentimos un poco desanimados cada día y que necesitamos un tipo de garantía personal de que Dios todavía nos quiere, para así poder seguir adelante y (esta es la parte más importante) que para esto fue escrita la Biblia. Desde esta perspectiva, la "Biblia devocional" es la fuente de sostén emocional para el cristiano. En el devocionalismo la meta es hacernos sentir mejor.

Un buen ejemplo de este tipo de interpretación es una meditación en un libro devocional popular basada en Apocalipsis 2:17: "Al que venciere, le daré una piedrecita blanca, y en la piedrecita escrito un nombre nuevo". En el comentario devocional acerca de este pasaje se explica, brevemente, que igual que los padres humanos tienen nombres tiernos para sus hijos (amorcito, tigre, etc.), nuestro padre Dios tiene un nombre especial para nosotros, un nombre que solo conoceremos en el cielo.[1]

Por un lado es, creo, una idea apropiada y digna de Dios que Él tiene algo especial para los suyos en el futuro. Pero por otro lado, este comentario inserta un sentimentalismo en el pasaje que en realidad no es parte del Apocalipsis, y que quizás con algunas pocas excepciones no es ni parte de la Biblia. Este versículo se encuentra en una de las cartas de Jesús, dictadas a Juan, a las siete iglesias de Asia para avisarles de que estén preparadas para su regreso. Si uno lee estas cartas, es obvio que se trata de un mensaje sentimental de Dios para asegurarnos de que Él es nuestro papá y tiene un apodito especial para nosotros. Son comunicaciones serias y en cada una se resalta el peligro de caer y la importancia de vencer. Leamos el versículo en su contexto. Dice Jesús a la iglesia de Pérgamo:

> "No obstante, tengo unas cuantas cosas en tu contra: que toleras ahí a los que se aferran a la doctrina de Balaam, el que enseñó a Balac a poner tropiezos a los israelitas, incitándolos a comer alimentos sacrificados a los ídolos y a cometer inmoralidades sexuales. Toleras así mismo a los que sostienen la doctrina de los nicolaítas. Por lo tanto,

---

[1] No menciono la fuente para no dar la impresión de estar atacando a este autor.

¡arrepiéntete! De otra manera, iré pronto a ti para pelear contra ellos con la espada que sale de mi boca. El que tenga oídos, que oiga lo que el Espíritu dice a las iglesias. Al que salga vencedor le daré del maná escondido, y le daré también una piedrecita blanca en la que está escrito un nombre nuevo que solo conoce el que lo recibe" (Ap. 2:14-17).

Entonces, se trata de algo urgente. Jesús viene pronto. ¿Qué encontrará en su iglesia —la verdad o las doctrinas de Balaam? ¿Vendrá con espada para pelear contra los suyos, o vendrá a ellos en victoria? La otra cosa importante es que este pasaje se encuentra en una carta escrita a una iglesia. O sea, no tiene un enfoque en el individuo sino en el grupo entero. Entonces, aunque es verdad que Dios es nuestro Padre y que Él tiene amor tierno para nosotros, y aunque cada uno de nosotros es un individuo ante Él, este no es un buen pasaje para meditar acerca de estos temas. Este es un pasaje que habla del peligro en que se encuentra una iglesia que no se aferra a la doctrina y práctica verdadera y cada individuo es visto en su conexión a la iglesia.

Esta interpretación devocional del Apocalipsis 2:17 no sería tan problemática si fuera una instancia aislada, pero la verdad es que este es un ejemplo representativo de lo que es la literatura devocional. Es un ejemplo de una manera de pensar —el devocionalismo— de que toda la Biblia fue escrita al individuo para darle sostén emocional.

El problema con este tipo de literatura no es tanto que dice cosas falsas, sino que dice siempre la misma cosa ("Dios te quiere") y que está muy enfocada en el individuo. Impone una agenda a la Biblia. En vez de ir a la Biblia con una actitud abierta para aprender lo que diga, sea lo que sea (algo que nos anime o algo que nos deprima; algo que nos dé gozo o nos entristezca), se acude al texto bíblico para obtener un tipo de mensaje en particular. Entonces, aunque no todos los libros devocionales tienen el

mismo nivel de enfoque personal y la misma falta de buena interpretación, podemos por lo menos afirmar que el libro devocional
solo no es suficiente para ayudarnos a entender el mensaje bíblico completo. Pero desafortunadamente, hay algunas iglesias en
las que el devocionalismo es lo único que se enseña. Es lo que
la gente lee y es lo que se oye desde el púlpito también, porque
el pastor sólo conoce el devocionalismo. Todo sermón es para
el individuo, todo pasaje se toma como una carta de amor para
cada persona deprimida. Pero aunque Dios sí tiene un mensaje de
esperanza para el desanimado, también tiene muchas otras cosas
que decir. A veces es al revés del devocionalismo. A veces Dios
tiene que deprimir a los animados para que se arrepientan.

No estoy diciendo que sea algo malo "hacer devociones". Si
uno tiene esta práctica, es una buena disciplina. Pastor: si alguien
tiene esta práctica anímelo a que continúe, pero ayude a esa persona a usar un buen libro devocional, o si no puede encontrar
un buen libro a que simplemente lea la Biblia cada día. También debemos acordarnos de que hay muchas otras disciplinas
espirituales como meditación, ayuno, silencio, *lectio divina* (una
manera de leer la Biblia con atención especial al texto), etc. Entre
los protestantes evangélicos parecemos tener esta sola disciplina
espiritual y nos olvidamos de que en otras tradiciones cristianas
hay muchas cosas que podemos aprender. Devocionales matutinos son una opción y no es más espiritual hacer eso que hacer
otra cosa, por ejemplo, estudiar la Biblia varias horas una vez por
semana, o ayunar y orar cada semana, etc. En el área de disciplinas espirituales cada uno sigue la práctica que mejor le ayuda.

Planes de lectura bíblica

Otra metodología popular es usar un plan de lectura bíblica.
Generalmente estos planes están organizados como para poder
leer la Biblia entera en un año. Claro, leer la Biblia entera es una

buena meta. Pero el problema con los planes de lectura bíblica es que a veces dividen el texto de la Biblia de una manera que no es natural, y se organizan secciones en un orden diferente a su orden original. Entonces, uno puede leer un capítulo del Antiguo Testamento, uno del Nuevo Testamento y luego un Salmo, o algo así. Otro ejemplo es la Biblia cronológica, en la cual se organiza el texto bíblico en el orden en que ocurrieron los eventos. Esto puede ser muy útil para el estudio. Pero debemos reconocer que la Biblia tiene un formato y un orden particular y que hay una buena razón para ello.

La unidad básica de la Biblia es el libro bíblico. Es más, la Biblia no fue un solo libro hasta que se inventó la imprenta hace unos 500 años. Antes de eso todos los libros eran manuscritos —o sea, escritos a mano— y generalmente se escribían sobre cuero. Entonces cada libro bíblico era grande, y aunque se podían juntar los libros de la Biblia en códices, el resultado era un tomo muy grande ¡ni hablar de Biblias de bolsillo! Como nosotros estamos acostumbrados a manejar la Biblia en un solo tomo y a verla como cualquier otro libro, no somos tan conscientes de que la Biblia es en realidad una colección de libros que fueron escritos en diferentes épocas por diferentes autores y por diferentes razones. Entonces, la mejor manera de estudiar la Biblia es estudiar estos diferentes libros y entender el mensaje y la situación de cada uno de ellos. Una vez que entendemos esto, la meta de leer toda la Biblia parece ser un poco superficial. Claro, es importantísimo leer el texto y conocerlo mejor y mejor y en ese sentido ¡adelante! Que se lea la Biblia entera cada año. Pero en esta sección no estoy comparando lo malo con lo bueno, sino lo adecuado con lo preferido. Por eso resalto que no tenemos un mandato celestial de que uno debe leer cada año toda la Biblia. Qué bueno que alguien tenga el entusiasmo y la disciplina para hacerlo. Pero si prestamos atención al formato del texto bíblico, el formato mismo señala que lo más importante es entender el mensaje de cada libro. Entonces, por qué no pasar, por ejemplo, un año leyendo y estudiando un libro en particular como el de Isaías o Éxodo o Romanos. Planes de lectura bíblica son, por definición, una lectura superficial de la Biblia. Nos dan un panorama de lo que dice. Nos obligan a leer todas las partes, incluyendo las que no entendemos o las que no nos parecen importantes. Entonces, eso es bueno. Pero el problema principal con esta metodología es que leer la Biblia saltando de una parte a otra no es ideal. Aunque seguramente esto nos ayudará a estar más familiarizados con el texto de la Biblia, lo mejor sería prestar atención a cada libro bíblico y leerlo en esas unidades. Y también debe de notarse que hay diferentes planes de lectura que nos ayudan a leer el texto bíblico en el orden apropiado.

Por otro lado, lo ideal sería combinar una lectura de la Biblia completa con un enfoque en los libros particulares. En un grupo de jóvenes universitarios con que trabajé, tomamos un desafío un verano: decidimos leer la Biblia entera, como grupo, en tres meses. Para hacer esto uno debe leer más o menos 10 capítulos por día, lo que puede llevar una o dos horas dependiendo de la parte de la Biblia que sea y de la velocidad a la que uno lee. Después, cada semana nos reuníamos para discutir el material, con un enfoque especial sobre el mensaje y formato de cada libro.[2] Fue una introducción intensiva a la Biblia y la recomiendo para cualquier grupo. La ventaja de hacerlo juntos y de tener una reunión cada semana es que uno no se desanima y hay menos oportunidad de abandonar el proyecto. Una de las reglas que teníamos era que si un participante se atrasaba en la lectura, no tenía que leer lo perdido. Este ejercicio es panorámico y es además tan intensivo que si uno tiene que ponerse al día nunca lo va a poder hacer. El conocimiento bíblico del grupo aumentó muchísimo y también terminamos con una idea más fija del tema y mensaje de cada libro bíblico. Hay diferentes maneras de familiarizarnos con la

---

[2] Un buen libro para usar en este tipo de actividad sería el de Gordon Fee, *Cómo leer la Biblia libro por libro* (El Paso, Texas: Editorial Mundo Hispano, 2005).

Biblia y este es solo un ejemplo. Pero lo importante es leer la Biblia prestando atención al formato en que viene organizada y entender las diferencias entre sus partes principales.

Tiempos de dificultad personal

Recuerdo haber visto una edición de la Biblia en la que había una página con una guía a versículos importantes. La lista incluía versículos para cada ocasión, sea la muerte de un familiar, una boda, falta de dinero, divorcio, etc. Me pareció interesante porque era casi una admisión de que para la mayoría de los lectores de la Biblia, este es un libro que solo se consulta en tiempos de dificultad personal. Y bueno, como con todos estos usos populares, esto es algo apropiado. Muchas veces las tragedias personales nos despiertan de nuestros sueños mundanos y producen un deseo de conocer la realidad espiritual, que es el tema de la Biblia. Y también hay muchos pasajes bíblicos que nos pueden guiar en momentos de tragedia personal.

Lo único que quiero resaltar aquí es que en estos momentos difíciles generalmente uno no va a aprender algo nuevo. No estamos lo más abiertos a ideas nuevas o a retos personales en momentos de dificultad personal. Entonces, aunque la Biblia es el ancla que nos mantiene aferrados en las tormentas de la vida, leer la Biblia en esos momentos es un uso particular de la Biblia. Si solo estamos leyendo la Biblia en momentos de dificultad personal, no estamos aprendiendo. Porque en esos momentos estamos buscando algo que nos ayude a confirmar lo que ya sabemos.

También debemos saber, como líderes, que estos momentos de dificultad personal no son ideales para corregir una idea o interpretación incorrecta. Si es algo importante (como por ejemplo, la afirmación de que alguien cree en reencarnación o algo así), puede ser que sea necesario decir algo, con respeto y gentileza.

Pero muchas veces basta con afirmar lo que enseña la Biblia sin meterse en polémicas. Luego, unas semanas o unos meses más adelante, uno puede retomar el tema con esa persona. Todo esto resalta la importancia de educar a las personas que son parte de nuestras iglesias para que estén preparadas cuando vienen los malos tiempos. Deben entender la perspectiva bíblica antes de entrar en esos momentos, porque una vez que comienzan puede ser muy difícil cambiar la perspectiva.

Es muy popular hoy día hablar de estar enojado con Dios en momentos de dificultad, y muchos autores y maestros nos dan permiso para hacerlo, afirmando que el enojo hacia Dios es una reacción humana legítima; que debemos ser auténticos delante de Dios y admitir nuestro enojo si así nos sentimos. Por un lado estoy de acuerdo. Dios puede tolerar nuestras actitudes y debilidades. Pero por otro lado, también debemos reconocer que estar enojado con Dios representa una falta de fe y que una mejor reacción, una reacción espiritual más madura, es tener fe en la bondad de Dios a pesar de lo que sucede en nuestras vidas. Temo que a veces, cuando damos permiso a la gente a que exprese su enojo con Dios estamos preparando sus reacciones, y cuando algo malo sucede su reacción es hacer lo que ya se ha discutido —enojarse con Dios. En situaciones difíciles, cuando no sabemos cómo reaccionar, siempre nos aferramos a lo que hemos visto y aprendido anteriormente. Por eso me pregunto si estamos programando a la gente a que reaccione mal cuando le damos permiso para enojarse con Dios.

En la Biblia sí vemos frustración con la falta de intervención de Dios y vemos preguntas y desánimo. Pero es importante entender que detrás de esta frustración hay fe suficiente como para creer que al final del día Dios sí triunfará y rescatará. Es la diferencia entre el hijo que molesta a su padre para que le dé algo y se frustra con él precisamente porque confía en su poder y bondad, y el hijo que ya no pide, ya no espera porque no tiene confianza en la bondad y habilidad de su padre. Un buen ejemplo de la perspectiva bíblica acerca del sufrimiento y la injusticia se encuentra en el libro de Habacuc, donde el profeta le pregunta a Dios por qué es que los caldeos, que no sirven al único Dios y que son más malvados que los israelitas, los han vencido y abusan de ellos. ¿Cómo puede ser esto?, pregunta el profeta. ¿No es Dios justo? ¿No defiende a los suyos?

"¿Hasta cuándo, Señor, he de pedirte ayuda sin que tú me escuches?
¿Hasta cuándo he de quejarme de la violencia sin que tú nos salves?
¿Por qué me haces presenciar calamidades?
¿Por qué debo contemplar el sufrimiento?" (Hab. 1:2-3).

La respuesta al profeta es que, primero, Dios es justo y los caldeos ya tendrán lo suyo. Segundo, que este juicio tardará y habrá que esperar con paciencia: "Pues la visión se realizará en el tiempo señalado; marcha hacia su cumplimiento, y no dejará de cumplirse. Aunque parezca tardar, espérala; porque sin falta vendrá" (Hab. 2:3). Al final del libro, el profeta afirma que esperará la justicia de Dios, y que lo hará con tanta confianza (tanta fe) que aunque no haya evidencia externa de la bondad de Dios, de todos modos él se regocijará en esa salvación venidera:

"Aunque la higuera no dé renuevos, ni haya frutos en las vides; aunque falle la cosecha del olivo, y los campos no produzcan alimentos; aunque en el aprisco no haya ovejas, ni ganado alguno en los establos; aun así, yo me regocijaré en el Señor, ¡me alegraré en Dios, mi libertador!" (Hab. 3:17-18).

Entonces es cierto que en la Biblia se describe frustración con Dios, se presenta a personajes bíblicos que no entienden y que demandan respuestas. Y nosotros también, quizás, haremos esto.

Pero también es cierto que estos personajes bíblicos reciben una respuesta. Creo que la razón por la que este material se incluye en la Biblia no es tanto para darnos una justificación para estar frustrados o enojados con Dios, como para mostrarnos que cuando llegamos a ese lugar otros ya han estado allí y han recibido la misma respuesta que nosotros también recibiremos: que aunque el mundo se caiga en pedazos frente a nuestros ojos, debemos mantener fe en la bondad y poder de Dios. El propósito bíblico es enseñarnos esta lección, para que ya la sepamos cuando ocurra la tragedia; para que el sufrimiento no nos sorprenda y nos deje desorientados; para que no tengamos que aprender la lección de la misma manera en que la aprendió Job, el salmista o el profeta.

Un hombre de nuestra iglesia tuvo un accidente recientemente. Salió en un día frío en el invierno a cortar un árbol en su propiedad y algo ocurrió. Nadie sabe exactamente qué, pero lo encontraron varias horas después tirado en la tierra casi muerto de frío. Después de llevarlo al hospital, descubrieron que se había dañado la espalda y que sería un parapléjico por el resto de sus días. Unos meses después de su accidente, nuestro pastor le invitó a que diera su testimonio frente a la iglesia y esto es lo que dijo el hombre: "Un amigo mío me llamó cuando estuve recuperando en el hospital y me preguntó: '¿Cómo está tu fe? ¿Estás bien con Dios después de esto?' Y la pregunta me ofendió. Este amigo parecía pensar que porque me había sucedido algo doloroso a mí, esto iba a destruir mi fe. Mi fe no está basada en el hecho de que yo tenga una vida sin pena, sino en la obra redentora de Jesucristo. Dios está conmigo con o sin pena y dificultad". Desarrolló el tema un poco más y sus pocas palabras tuvieron un impacto tremendo sobre la congregación. Este es un hombre que ya sabía lo que creía antes de que sucediera la tragedia y cuando vinieron los problemas ya estaba preparado.

¿Por qué tomo tanto tiempo en este tema que está, en realidad, un poco distante de cuestiones de interpretación y hermenéutica?

Para ilustrar la necesidad de tener un fundamento bíblico antes de que vengan las dificultades. Yo ya conocía a este hombre al que le sucedió el accidente desde hace años, y yo sé que él era un hombre bíblico y sabio, un hombre que sabía lo que creía. No estuvo enojado con Dios. Si lo hubiera estado, bueno. Dios puede soportar eso también. Pero no hay duda de que esta es la reacción madura al sufrimiento. Es la reacción basada en verdades bíblicas bien aprendidas. Nosotros como líderes de la Iglesia tenemos la tarea de educar a los que están bajo nuestro cargo en pensamiento bíblico, de profundizar su conocimiento de la fe y de mostrarles las respuestas que tiene la Biblia para la vida. Así estarán preparados de antemano. Solo sacar la Biblia de vez en cuando en un funeral o en una sesión de consejo después de un desastre personal no es suficiente. Desde ya, hay situaciones en que esto es inevitable porque obviamente no todos tienen la oportunidad de crecer y aprender en nuestras iglesias y no todas las personas que aconsejamos son cristianas. Pero lo ideal es estar educados y preparados con las verdades profundas de la Biblia porque la vida es dura, y un versículo o una frase no es suficiente como para enfrentar el desastre espiritual que puede surgir de una tragedia.

La Biblia como talismán

Algunas personas abren la Biblia al azar para buscar una revelación de Dios. Luego, el primer pasaje que leen lo toman como una palabra de Dios directamente a su situación. Aunque parece ser una práctica razonable para un libro sagrado, esta práctica puede resultar en cosas rarísimas. Se dice que un hombre estaba usando este método para oír la voz de Dios porque estaba en una situación muy difícil y no sabía qué hacer. Entonces, le pidió a Dios que le hablara por medio de su palabra y abrió su Biblia al azar para leer las primeras palabras que aparecieran delante de sus ojos. El pasaje era Mateo 27:25, donde se encuentra la frase:

"Fue y se ahorcó". Bueno, pensó el hombre un poco sorprendido, debo haberlo hecho mal. Quizás Dios todavía no ha comenzado a hablarme. Cerró y abrió nuevamente en Lucas 10:37 donde dice: "Anda entonces y haz lo mismo". Ahora el hombre estaba un poco espantado. "Señor", piensa, "¡seguramente no estás recomendando que siga el ejemplo de Judas para solucionar mis problemas!". Entonces abre la Biblia una tercera vez, ahora con desesperación no tanto para recibir una respuesta a sus problemas sino para confirmar que esta no lo es. Abre a Juan 13:27 y lee la frase: "Lo que vas a hacer, hazlo pronto".

Es una historia humorística y no muy realista, pero ilustra algo importante: que si leemos la Biblia al azar vamos a encontrar algo al azar. Esto es porque la Biblia fue escrita con un plan y con un mensaje. El método de comunicación bíblico no es mágico o sobrenatural. Dios se ha comunicado con nosotros en formas humanas. El mensaje sí es sobrenatural, pero no el método de interpretación. Leer la Biblia así al azar es tratar a la Biblia como un talismán, como si fuera un objeto sagrado con el cual uno puede obtener acceso a poder espiritual, como si pudiéramos tener una conversación en vivo con Dios en la cual nosotros hacemos las preguntas y las respuestas vienen de parte de Dios por medio del texto de la Biblia, abierto al azar. Ya sabemos que el propósito de la Biblia fue dar testimonio de la revelación de Dios para nuestro mundo. Esa es la "magia" de la Biblia (si lo podemos así decir), no que sea un talismán con propiedades divinas.

Una vez cuando era chico, en Argentina una mujer le contaba a mi padre que se había comprado un boleto de lotería. Agregó que para aumentar su probabilidad de ganar lo estaba guardando en su Biblia, y luego para comprobarlo nos lo mostró también. Cosa que a mí me resultó rara. Parecía pensar que nosotros como éramos protestantes usábamos la Biblia y nos quería probar que ella también, aunque era católica, usaba la suya. Pero para ella la Biblia era un objeto que en sí mismo, sin referencia al contenido, tenía una conexión al mundo sobrenatural y su posesión le daba poder para manipular a nuestro mundo. Esta es la Biblia como talismán, y la idea de que nos pueda guiar así como un objeto mágico es profundamente pagana. Cuando usamos la Biblia como un globo mágico para oír la voz de Dios, estamos haciendo algo similar. Pero una Biblia en sí misma—o sea, el libro, las páginas, la tapa y contratapa— no es sagrada y poseerla no nos acerca ni un milímetro más a Dios que no poseerla. El mensaje del evangelio es lo sagrado, y ese mensaje puede ser hablado, proclamado, pensado, vivido y estudiado. Es un mensaje vivo no limitado al texto de unas páginas. No es el objeto de la Biblia lo que importa sino su mensaje.

Entonces, cuando usamos la Biblia como un médium para oír palabras mágicas de Dios que nos ayudan a controlar el futuro o solucionar nuestros problemas personales, no estamos haciendo algo cristiano. La meta de la magia pagana es manipular al mundo espiritual para nuestro beneficio. Pero en el cristianismo la meta es conocer a Dios, no manipularle. Entonces, si queremos conocer a Dios debemos oír lo que Él ha dicho y oírlo de la *manera* en que lo ha dicho.

¿Quiero decir que Dios nunca nos habla personalmente por medio de una frase bíblica, tomada completamente al azar? No. Es obvio que esto sucede de vez en cuando. ¡Yo no le voy a prohibir a Dios que use la Biblia como le parezca bien! Pero hay dos cosas importantes que no debemos olvidar. Primero, debemos aplicar el principio que ya hemos discutido en relación a la revelación práctica (Capítulo 1): Si creemos que Dios nos está diciendo algo personal por medio de una frase o un pasaje bíblico debemos estar seguros de que no sea algo que contradiga la lectura normal de la Biblia. La interpretación normal del texto siempre debe tener prioridad porque este es el mensaje sobre el cual fue fundada la Iglesia. Además, la comunicación de ese mensaje es el propósito por el cual se escribió el texto bíblico. Si la palabra especial de Dios parece contradecir la palabra revelada en ese mismo texto bíblico, ya sabemos que nuestra experiencia nos ha engañado. Segundo, debemos asegurarnos de que si Dios realmente nos ha hablado especialmente por medio de un pasaje específico, o por una frase bíblica particular, no vamos por eso a empezar a pensar en la Biblia de una manera pagana, de comenzar a verla como un talismán que nos puede dar oráculos divinos para cada paso de nuestra vida. Aunque sabemos por experiencia que Dios a veces se revela por medio del uso, digamos al azar, de alguna palabra o frase bíblica, esta misma experiencia también confirma que esto es la excepción, que el uso más profundo y más útil de la Biblia siempre es y siempre ha sido su interpretación normal. La Biblia no es un portal al mundo mágico, sino un recuento de la revelación de Dios en la historia de la humanidad.

4

❀ Prácticas de interpretación populares II

Estudios de concordancia

La concordancia es una de las herramientas más populares para estudiar la Biblia y su existencia es a la vez una gran ayuda y un gran problema. Cada página de una concordancia consiste en una lista de palabras usadas en la Biblia. Están organizadas alfabéticamente y en columnas, junto con el versículo en donde aparece cada palabra. Muchas Biblias de estudio tienen una concordancia después del texto bíblico donde se pueden buscar las palabras y pasajes más importantes. Una concordancia *exhaustiva* es un libro, generalmente un tomo gigantesco, que lista todas las palabras usadas en una versión de la Biblia (sea la *Reina Valera*, la *Nueva Versión Internacional*, etc.). Para cada uso de una palabra se incluye también una frase, que es un extracto del versículo, para así poder identificar el uso de la palabra y encontrar el pasaje que uno busca.

Entonces, la concordancia es una herramienta popular para la preparación de sermones o estudios bíblicos. Muchas veces uno no se acuerda dónde se encuentra un pasaje particular, pero sí se acuerda de una o dos de las palabras importantes. Usando la concordancia se puede encontrar el pasaje en la lista de palabras. Hoy día también hay varios programas para la computadora que se pueden usar para hacer este tipo de búsqueda.

Pero la concordancia también se usa para otro tipo de estudio que es un poco problemático. Hablo de la tendencia de hacer "estudios de concordancia" en donde uno usa una concordancia para buscar todas las veces que aparece una palabra en la Biblia, y luego esa información se junta para crear un sermón o un estudio bíblico. El hecho de que se incluya el extracto en la concordancia implica que uno puede ver cómo se usa la palabra sin consultar el texto bíblico.

Este método de estudio es problemático por varias razones. Por un lado tiene la premisa de que conceptos bíblicos importantes vienen encapsulados en palabras particulares, como si para saber todo lo que dice la Biblia acerca del amor, solo haya que buscar todas las veces que figura la palabra "amor". Pero no es así. La palabra "amor" seguramente señala muchas buenas cosas que se enseñan en la Biblia acerca del concepto de amor, pero también hay pasajes que hablan del amor sin usar esa terminología. Un buen ejemplo de esta dinámica es Isaías 1:10-15, donde se condena la hipocresía de los israelitas de aquel entonces. Dios rechaza sus prácticas religiosas, sus fiestas, asambleas y sacrificios, porque sus manos están llenas de sangre. Pero la palabra "hipocresía" no se usa en este pasaje.[1]

Otro problema interesante es que la Biblia no fue escrita en español. El Antiguo Testamento fue escrito en hebreo y el Nuevo Testamento fue escrito en griego. Entonces surgen de esto dos problemas semánticos (relacionados al sentido de palabras): primero, que palabras griegas y hebreas no siempre tienen el mismo sentido que palabras españolas. Por ejemplo, en griego hay cuatro palabras diferentes que se pueden traducir como "amor". También vemos la tendencia opuesta: hay palabras griegas y hebreas que se pueden traducir con diferentes palabras españolas.

---

[1] Moisés Silva, *Biblical Words and their Meaning* (*Palabras Bíblicas y su sentido*) (Grand Rapids, Michigan: Zondervan, 1994), 27.

GABAONITA *Habitante de Gabaón*
2 S 21.1 por causa... por cuanto mató a los *g* 1393
21.2 entonces el rey llamó a los *g*, y les ... 1393
21.2 *g* no eran de los hijos de Israel, sino ... 1393
21.3 dijo, pues, David a los *g*: ¿Qué haré ... 1393
21.4 y los *g* le respondieron: No tenemos ... 1393
21.9 los entregó en manos de los *g*, y ellos ... 1393
1 Cr 12.4 Ismaías *g*, valiente entre los 30, y ... 1393
Neh 3.7 junto a ellos restauró Melatías *g* y ... 1393

GABATA *Nombre hebreo del Enlosado.* Jn 19.13 .. 1042

GABRIEL *Un ángel principal*
Dn 8.16 y dijo: G, enseña a este la visión. ... 1403
9.21 el varón G... vino a mí como a la hora del ... 1403
Lc 1.19 yo soy G, que estoy delante de Dios ... 1043
1.26 al sexto mes el ángel G fue enviado a ... 1043

GACELA
Dt 12.15 la podrá comer, como la de *g* o de ... 6643
12.22 mismo que se come la *g*... podrás comer ... 6643
14.5 *g*, el corzo, la cabra montés, el íbice ... 6643
15.22 comerán... como de una *g* o de un ciervo. ... 6643
2 S 2.18 Asael era ligero de pies como una *g* ... 6643
1 R 4.23 sin los ciervos, *g*, corzos y aves ... 6643
1 Cr 12.8 eran ligeros como las *g* sobre las ... 6643
Pr 5.19 como cierva amada y graciosa *g* Sus ... 3280
6.5 escápate como *g* de la mano del cazador ... 6643
Cnt 4.5; 7.3 dos pechos, como gemelos de *g* ... 6646
Is 13.14 como *g* perseguida... mirará hacia su ... 6643

GAD
1. Hijo de Jacob y la tribu que formó su posteridad
Gn 30.11 dijo Lea: Vino y llamó su nombre G. ... 1410
35.26 hijos de Zilpa, sierva de Lea, G y Aser ... 1410
46.16 hijos de G: Zifión, Hagui, Ezbón ... 1410
49.19 G, ejército lo acometerá; mas él ... 1410
Ex 1.4 Dan, Neftalí, Gad y Aser ... 1410
Nm 1.14 de G, Eliasaf hijo de Deuel ... 1410
1.24 de los hijos de G, por su descendencia ... 1410
1.25 los contados de la tribu de G fueron ... 1410
2.14 la tribu de G; y el jefe de los... de G ... 1410
7.42 Eliasaf hijo... príncipe de los hijos de G ... 1410

21.19 palabra que G le había dicho en nombre ... 1410
29.29 escritas... en las crónicas de G vidente ... 1410
1 Cr 29.25 mandamiento de... G vidente del rey ... 1410

GADARENOS *Habitantes de Gadara, una*
ciudad al oriente del Mar de Galilea
Mt 8.28 cuando llegó a... a la tierra de los *g* ... 1086
Mr 5.1 otro lado del mar, a la región de los *g* ... 1046
Lc 8.26 arribaron a la tierra de los *g*, que ... 1046
8.37 la multitud de la región... de los *g* le ... 1046

GADI
1. Uno de los doce espías enviados por Moisés.
Nm 13.11 ... 1426
2. Padre de Manahem, rey de Israel. 2 R 15.14.17 ... 1424

GADIEL *Uno de los doce espías enviados por*
Moisés. Nm 13.10. ... 1427

GADITA *Descendiente de Gad No. 1*
Dt 3.12 tierra... di a los rubenitas y a los *g*. ... 1425
3.16 a los... *g* les di de Galaad hasta... Arnón ... 1425
4.43 Ramot en Galaad para los *g*, y Golán en... ... 1425
Jos 1.12 habló Josué a los rubenitas y *g* y a ... 1425
12.6 dio aquella tierra... a los *g* y a la media ... 1425
13.8 *g* y... Manasés recibieron ya su heredad. ... 1425
22.1 Josué llamó... los *g*, y a la media tribu ... 1425
2 S 23.36 Igal hijo de Natán, de Soba, Bani *g* ... 1425
1 Cr 5.26 transportó a los rubenitas y *g* y a ... 1425
12.37 rubenitas y *g* y de... Manasés, 120.000 ... 1425
26.32 sobre los rubenitas, los *g* y la media ... 1425

GAHAM *Hijo de Nacor.* Gn 22.24 ... 1514

GAHAR *Padre de una familia que regresó del*
cautiverio con Zorobabel. Esd 2.47; Neh 7.49 . 1515

GALA
Is 3.22 las ropas de *g*, los mantoncillos, los ... 4254
3.24 lugar de ropa de *g* ceñimiento de cilicio. ... 6614
Jer 2.32 se olvida... o la desposada de sus *g*? ... 7196
Zac 3.4 mira... te he hecho vestir de ropas de *g* ... 4254

GALAAD
1. Región montañosa al oriente del río Jordán
Gn 31.21 huyo, pues... y se dirigió al monte de G ... 1568

Figura: Ejemplo de una concordancia.

Un buen ejemplo de esto es la palabra griega "pneuma", que puede querer decir "viento o espíritu". Esto quiere decir que cuando encontramos todas las instancias de una palabra española en la Biblia, estos resultados no son en realidad "exhaustivos", aunque hayamos usado una concordancia exhaustiva. La diferencia entre idiomas introduce ambigüedad en estudios de concordancia.

El segundo problema semántico es que tenemos dos diferentes idiomas representados en la Biblia, el griego y el hebreo (también hay algunos pasajes en arameo, que es similar al hebreo), y las palabras de estos dos idiomas tampoco quieren siempre decir lo mismo. Por eso cuando encontramos la misma palabra española en el Antiguo Testamento y en el Nuevo Testamento, estas no siempre traducen el mismo concepto. Investigaremos más a fondo este tema de palabras bíblicas en el capítulo 6.

Pero además de estos problemas, que son quizás menores, hay un problema mucho más serio. Como ya he resaltado, la Biblia fue escrita en un formato particular y debemos prestar atención a ese formato cuando la estudiamos. Pero como alguien ha observado, en el estudio de concordancia se trata a la Biblia como un directorio telefónico, como si la Biblia fuera una base de datos que la concordancia organiza. El hecho de que se incluya siempre un extracto en que se usa la palabra buscada incrementa la oportunidad de malentender el proceso de interpretación, porque da la impresión de que esa frase del extracto es suficiente como para entender de qué trata cada versículo. Por eso para algunos la concordancia parece ser una colección de verdades bíblicas organizadas alfabéticamente. ¿Cuántas veces se han creado estudios bíblicos o sermones solo usando la información disponible tan convenientemente en las páginas de una concordancia?

La concordancia fue diseñada para algo muy útil y completamente apropiado: encontrar palabras y versículos bíblicos. Es una buena herramienta para hacerlo. Pero no es un diccionario de frases para estudiar verdades bíblicas. La concordancia nos muestra dónde encontrar algo. Luego debemos ir al pasaje particular, leer esa sección y entender lo que está diciendo cada autor particular con la palabra que hemos encontrado.

Ahora que podemos usar computadoras en nuestros estudios bíblicos este asunto se complica mucho más, porque las computadoras son ideales para hacer búsquedas y para la presentación de datos. Muchas de estas herramientas son buenísimas y yo también las uso. Lo que es más, he participado en la creación de tales herramientas. Pero no debemos olvidarnos de que la Biblia está compuesta de documentos antiguos y hay un límite a la utilidad de analizar estos documentos antiguos con herramientas modernas. Creemos que Dios inspiró a los autores bíblicos a escribir documentos que tenían sentido en su propio contexto y cultura. Por eso debemos respetar ese contexto y ese formato. La aplicación de herramientas modernas de análisis tiene su lugar. Pero no podemos olvidarnos de que estamos usando un documento antiguo que solo puede ser comprendido como tal. Muchas veces perdemos esta perspectiva por la arrogancia de nuestro modo de pensar moderno. Operamos bajo la premisa de que las últimas herramientas y metodologías siempre nos darán los mejores resultados. En el caso de la interpretación bíblica, esto es cierto solo si las nuevas herramientas nos ayudan a interpretar mejor un texto antiguo. Si transforman a ese texto antiguo en una base de datos e imponen expectativas modernas sobre esos datos, o si nos ayudan a encontrar información que un lector antiguo nunca hubiera encontrado, debemos tener cuidado.

Códigos bíblicos

Otro ejemplo de aplicar a la Biblia una metodología que es ajena a su formato es la práctica de descifrar mensajes supuestamente codificados en el texto del Antiguo Testamento, los llamados *códigos bíblicos*. Esta práctica viene de la Cábala, una tradición mística judía de las edades medievales. Se suponía que los primeros cinco libros de la Biblia habían sido dictados directamente a Moisés por Dios y que por eso es un texto con varios niveles de sentido entrelazados.

Uno de los métodos que se usa para encontrar el sentido oculto del texto se llama *secuencias de letras equidistantes*, donde se marcan letras que aparecen cada x número de espacios para extraerlas y ver si forman una palabra, frase u oración en sí mismas. Entonces, si marcamos cada quinta letra en esta frase: "<u>e</u>ntre <u>c</u>ojos <u>o</u>sado<u>s</u>" se produce la palabra *ecos* (se ignoran los espacios). Estas secuencias se pueden comenzar en cualquier lugar en el texto bíblico y se puede usar cualquier intervalo con tal de que sea consistente para cada código. Exponentes de este método proclaman haber encontrado todo tipo de información así, incluyendo predicciones de eventos contemporáneos. Los resultados también se presentan como prueba del origen divino de la Biblia.

Hay varias críticas que se hacen acerca de estos códigos bíblicos. Es un proceso muy creativo e ingenioso que tiene suficiente flexibilidad como para poder encontrar significado en cualquier texto. Después los resultados también son un poco oscuros y deben de ser interpretados, lo que introduce aún más flexibilidad. Se han encontrado también códigos similares en otros libros no inspirados como el clásico de literatura *Moby Dick*, lo que parece indicar que este es un método que produce resultados por pura casualidad. Uno de los problemas insuperables es el texto del Antiguo Testamento. Claro, los códigos deben de encontrarse en el hebreo en que se escribió la Biblia. Pero el problema es que después de miles de años de hacer copias de este texto, ha habido muchos cambios de ortografía y hay diferencias entre nuestros manuscritos en cuanto a muchos detalles del texto. Estos detalles no cambian el mensaje, pero sí introducen un problema insoluble para los códigos bíblicos: no tenemos el texto exacto que fue dictado a Moisés (si es que así sucedió) y solo basta un cambio de ortografía para arruinar la matriz completa. Es imposible mantener que no ha habido ni siquiera un solo cambio de ortografía entre el texto hebreo original y los diferentes manuscritos que tenemos ahora.

Pero aunque estas críticas son suficientes, en mi opinión, como para destruir por completo la teoría de códigos bíblicos, hay otra razón más general —una razón hermenéutica— para rechazarla. La razón es que esta es una metodología de análisis ajena al formato de comunicación que Dios ha usado en la Biblia. El hecho de que inventemos algún tipo de análisis textual que parezca producir resultados no es autojustificador. ¿Qué pasaría si yo juntara todas las palabras en la Biblia y las escribiera en cuadritos de madera y las tirara de una de las antiguas paredes de Jerusalén para ver qué dicen cuando caen? Parece ridículo, pero garantizo que si aparece una frase como "Jesús es el Mesías" o

"Dios existe" será interpretado como una maravilla por mucha gente. Sin embargo, *es* ridículo. Repito nuevamente, y también lo repetiré más adelante, que el método de interpretación de la Biblia no es mágico o misterioso. La Biblia debe ser interpretada de la misma manera en que fue escrita. Si la Biblia misma nos enseñara a tirar palabras escritas en cuadritos de madera al aire, entonces lo haríamos. Pero no lo dice. Toda la evidencia bíblica apunta hacia un método de interpretación normal, una hermenéutica humana, usando las reglas normales de comunicación. A la gente le gusta la magia, quiere descubrir secretos ocultos, quiere sentirse especial al ver lo que nadie más ha visto. Pero la Biblia no es un libro oculto. Es la comunicación de las buenas nuevas acerca de la vida, muerte y resurrección de Jesús en nuestro mundo, para nuestro mundo, en el idioma de nuestro mundo.

Memorización y uso de versículos

En muchas escuelas dominicales y programas de niños una parte importante de las actividades es memorizar varios versículos bien conocidos. Pasajes como Romanos 8:5 o Josué 1:8 y muchos otros son bien conocidos precisamente porque siempre son parte de programas de memorización. Y la memorización de las escrituras es una práctica buenísima que tiene también un trasfondo bíblico. En Deuteronomio 11 Moisés resalta la necesidad de que los israelitas obedezcan la ley de Dios para vivir abundantemente en el país a donde Dios les llevará. Para que no se olviden las leyes del Señor, Moisés les dice:

"Grábense estas palabras en el corazón y en la mente; átenlas en sus manos como un signo, y llévenlas en su frente como una marca. Enséñenselas a sus hijos y repítanselas cuando estén en su casa y cuando anden por el camino, cuando se acuesten y cuando se levanten; escríbanlas en los postes de su casa y en los portones de sus ciudades" (Deut. 11:18-20).

No dice literalmente que debemos memorizar las escrituras, pero es obvio que la memorización es el mismo tipo de cosa. Nos ayuda a recordar el mensaje de Dios a nosotros, nos ayuda a pensar de una manera bíblica.

Entonces, la memorización de las escrituras es una práctica buena y la recomiendo a todos. Pero también pueden haber algunos problemas asociados con esta buena práctica. El problema aquí es similar a lo que discutimos con los estudios de concordancia. Hice notar allí la tendencia de usar el extracto de un versículo (la frase en que se usa una palabra) para determinar el uso o sentido de esa palabra. El problema con esa tendencia es el mismo problema que a veces surge de la memorización de versículos bíblicos: se trata a cada versículo como si fuera una unidad completa sin relación con el contexto de donde viene; se trata a cada versículo como si fuera un proverbio. Pero no es así. Hay proverbios en la Biblia, y estos se encuentran en el libro de Proverbios. Proverbios son dichos cortos que enseñan algún buen principio. Están escritos así para ser memorizados y repetidos como unidades. Pero el resto de la Biblia no está compuesto de proverbios. Hay muy diversos tipos de literatura, muy diversos temas, muy diversos estilos de comunicación. Pero muchas veces cuando uno memoriza versículos o cita versículos memorizados para apoyar alguna idea o práctica, se tratan a estos versículos como si fueran verdades independientes de contexto. También da la impresión de que la Biblia es una colección de dichos organizados casi al azar y que el truco de buena interpretación es saber cómo conectar estos versículos. Como si la tarea de interpretación fuera organizar este libro desorganizado que nos dio Dios. Esta tendencia se ve a menudo en libros de teología en donde se enumeran puntos doctrinales y después de cada aseveración se inserta una gran cantidad de referencias a versículos, que vienen de todas partes de la Biblia para justificar la doctrina. Da la impresión de que la tarea del teólogo es minar versículos y organizarlos en doctrinas.

El método de evangelización llamado el Camino Romano es otro ejemplo de esta misma manera de usar la Biblia. Este "camino" es una lista de versículos que uno usa para explicar el evangelio a una persona no cristiana. Los versículos se explican así:

1. Romanos 3:23— "...pues todos han pecado y están privados de la gloria de Dios". Este pasaje explica que somos todos pecadores. Tenemos que comenzar desde aquí si vamos a entender el evangelio.
2. Romanos 6:23— "Porque la paga del pecado es muerte". Con este pasaje vemos que la paga del pecado es muerte. Como todos hemos pecado, este es un problema universal. Todos merecemos muerte.
3. Romanos 5:8 — "Pero Dios demuestra su amor por nosotros en esto: en que cuando todavía éramos pecadores, Cristo murió por nosotros". Aunque merecíamos muerte, Jesús murió por nosotros porque Dios nos ama.
4. Romanos 10:9,10— "...que si confiesas con tu boca que Jesús es el Señor, y crees en tu corazón que Dios lo levantó de entre los muertos, serás salvo. Porque con el corazón se cree para ser justificado, pero con la boca se confiesa para ser salvo". Para disfrutar de los beneficios de la muerte de Jesús debemos confesarle como Señor y creer en Él.
5. Romanos 8:1— "Por lo tanto, ya no hay ninguna condenación para los que están unidos a Cristo Jesús". El resultado es que los que creen en Jesucristo no serán condenados. No tendrán que sufrir el resultado de sus pecados porque la muerte de Jesús cuenta para ellos.

Algunas veces una mala metodología produce, no obstante, algo bueno y útil. En este caso la metodología es pésima. El primer problema es que este Camino Romano es un camino un poco torcido. Comienza en Romanos capítulo 3, salta a 6, luego regresa a 5, saltando nuevamente a 10 y finalmente terminamos en capítulo 8. Bueno, dirá alguien :"¿qué importa si no sigue el orden del libro? La cosa es que los versículos sí explican el evangelio". Por un lado estoy de acuerdo con esta perspectiva. Estos versículos explican bien unas verdades bíblicas muy importantes. Pero el problema de la metodología es que damos la impresión de que el libro de Romanos fue escrito fuera orden, o sin orden alguno; que, como el resto de la Biblia, el libro de Romanos es una colección de dichos religiosos delimitados por versículos. Me parece especialmente problemática la conexión entre los dos últimos versículos, porque da la impresión de que Romanos 8:1 es una respuesta literal a la confesión de Romanos 10:9-10; como si el texto dijera: "El que confiesa a Jesús como señor ya no tiene condenación". Bueno, es verdad. Pero este no es al argumento de Pablo. Este es el argumento del Camino Romano. Cuando Pablo dice: "Por lo tanto, ya no hay ninguna condenación para los que están unidos a Cristo Jesús", el "por lo tanto" se refiere al argumento de Romanos 7, no a lo que se dice en Romanos 10. Es perfectamente obvio cuando lo pensamos. Pero Romanos 7 no habla de fe ni de salvación, sino de la lucha práctica y diaria contra el pecado. Luego en Romanos 8 se describe la victoria práctica sobre el pecado por medio del Espíritu Santo. Entonces, Romanos 8:1 está más bien dirigido a la cuestión de cómo vivir la vida santa que a la cuestión de salvación.

La metodología es pésima. Con prácticas interpretativas como estas uno sólo llega a la verdad por casualidad o por milagro. La práctica de conectar versículos bíblicos al azar, de crear doctrinas como si la Biblia fuera un rompecabezas, es lo que hacen los enemigos de la Iglesia para destruirla. ¿Por qué les estamos ayudando? Aunque no lo parezca, sí lo estamos haciendo. Porque cuando nosotros explicamos el evangelio usando este camino Romano no estamos enseñando solamente el contenido. Estamos también enseñando una metodología. Luego, cuando una persona que se convirtió por medio del camino Romano se enfrenta con los argumentos de una secta que usa la Biblia de la misma manera, no tiene defensa. No sabe que la respuesta es metodológica. No sabe decir: "la Biblia no se puede usar así".

No sabe porque el método de las sectas es el mismo método que le mostraron sus hermanos en Cristo al explicarle el evangelio y es, quizá, el mismo método que usó su pastor cada semana en la iglesia cuando predicó la palabra.

¿Por qué no se puede usar así la Biblia? Creo que ya hemos visto la razón en otros varios ejemplos: porque la Biblia fue escrita para ser leída como una comunicación normal. La epístola de Pablo a los Romanos es un argumento que el apóstol presenta a sus lectores y se desarrolla desde el principio hasta el final del documento. La epístola es una carta y una carta se lee desde el principio al final. El Camino Romano no está usando el texto bíblico en el formato en que se escribió originalmente. Claro, si uno tiene una carta importante que uno ya ha leído bien y entendido, luego es perfectamente apropiado explicar o extraer partes, sean frases u oraciones o párrafos, sin explicar todo lo que dice la carta. Pero el problema con muchas interpretaciones hoy es que usamos los extractos sin haber entendido la carta, sin siquiera entender que es una carta. En fin, sin saber de lo que estamos hablando.

La Biblia no fue escrita en versículos y capítulos. Estos fueron agregados al texto bíblico hace unos 400 años, y solo fueron agregados para facilitar referencias, no para hacer divisiones temáticas definitivas. Aunque muchas veces es cierto que capítulos y versículos dividen bien el texto, hay otras veces en que no lo hacen. Por ejemplo, 1ra Corintios13 es el capítulo del amor y comienza así: "Si hablo en lenguas humanas y angelicales, pero no tengo amor, no soy más que un metal que resuena o un platillo que hace ruido". Luego se desarrolla a través del capítulo lo que es el amor y por qué es lo más importante. Pero qué interesante notar lo que dice el último versículo del capítulo 12: "Ustedes, por su parte, ambicionen los mejores dones. Ahora les voy a mostrar un camino más excelente". Esta última oración señala que Pablo está dando esta descripción del amor en contraste con otra cosa (se lo dejo al lector el descubrirla). Pablo no introduce el tema del amor al azar. Pero si comenzamos nuestra lectura o nuestro estudio en 13:1, no vamos a ver cómo se relaciona este pasaje con lo que ya se ha dicho. Entonces, siempre debemos leer el texto como texto, como comunicación, como historia, argumento, enseñanza o lo que sea, no como una colección de versículos. También debemos tener cuidado cuando leemos libros u oímos sermones que se basan en versículos conectados al azar. No exagero cuando digo que esta tendencia de "versicular" a la Biblia es uno de los mayores problemas de interpretación bíblica hoy día.

El Camino Romano entonces, ¿es algo malvado que está arruinando a la Iglesia? No lo creo. Este es un caso en que la mala metodología ha producido algo que no obstante tiene valor. Si uno ha usado estos versículos para la salvación de un alma, gloria a Dios. Él nos usa a pesar de nuestras metodologías. Pero creo que podemos hacerlo mejor. En una conferencia que di, una mujer, esposa de uno de los pastores, me dijo que ella usaba el Camino Romano a menudo y quería saber si le podría recomendar una alternativa. La verdad es que no se me ocurrió nada que fuera así de simple como lo que hace el Camino Romano. Quizás después de haber dicho algunas cosas fuertes puedo cambiar el tono un poco y afirmar que si uno está usando estos versículos para evangelización, está bien. Pero entienda primero que la Biblia no se estudia así. Segundo, sepa de qué se tratan los pasajes que está usando. Lea la carta. Quizás al hacer esto usted mismo encontrará una mejor manera de hacer lo que hace tan bien el Camino Romano.

Este es otro ejemplo, entonces, de una práctica de interpretación que puede tener buenos resultados, pero que si es practicada sin referencia al formato bíblico puede resultar en un desastre. Entonces, hermanos y hermanas que trabajan en el ambiente de liderazgo, tenemos un deber como líderes de conocer bien el material bíblico y de saber bien cómo interpretarlo.

Los cimientos de la buena interpretación

El propósito de estas descripciones de prácticas populares de interpretación, ha sido primero resaltar algunos de los problemas que vienen asociados con ellas para poder entender también cómo corregirlas. Pero por otro lado nos han dado un contexto para hablar de la importancia de interpretar correctamente el texto bíblico. Muchas de estas prácticas populares no son malas en sí mismas. Una lectura devocional, un estudio de concordancia, memorización de versículos, etc. Estas prácticas pueden ser todas buenas y útiles. Tienen su lugar y no quiero dar la impresión de que deberíamos rechazar por completo cada diferente manera de usar la Biblia o familiarizarse con la Biblia. Pero lo que sí estoy afirmando es que estas prácticas populares tienen sus problemas y que esos problemas aumentan cuando no tenemos una base firme en buenas prácticas de interpretación. Lo ideal sería que cada cristiano entendiera esto y tuviera una buena idea de cómo leer la Biblia. Pero como eso es un proyecto enorme y debemos comenzar en un lugar concreto, lo que quiero hacer aquí es animar al líder a fundarse en el cimiento de interpretación bíblica para que él o ella pueda guiar a las personas bajo su cargo.

Si tenemos una buena interpretación como base casi todas las otras prácticas de interpretación funcionan bien. En una casa sin cimientos la estructura es peligrosa, las paredes están por caerse, y luego el techo también se derrumba. Una casa sin cimientos no tiene unidad. En asuntos bíblicos el cimiento de la estructura es buena interpretación. Luego las paredes de devocionales, el cuarto de memorización, el techo de estudios de concordancia y las otras prácticas tienen su lugar, su contexto y sus límites bien definidos. Pero sin ese cimiento ya sabemos lo que sucede. El edificio entero se cae.

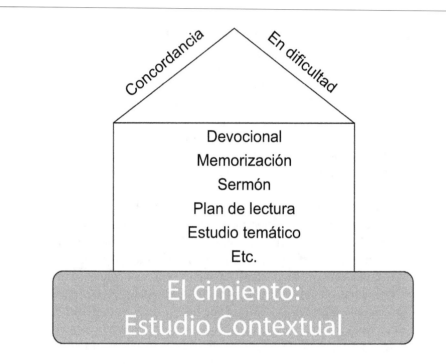

Figura: El cimiento.

Estudiarla como fue escrita

Ya hemos visto que es importantísimo prestar atención al formato de la Biblia. Nuestra manera de interpretar la Biblia debe estar relacionada con la manera en que fue escrita. La Biblia es una revelación de Dios en la historia humana, y creemos que cuando Dios habló por medio de los autores de la Biblia, su mensaje inspirado tuvo sentido para esa primera audiencia. Entonces su sentido está vinculado a esa época en que fue escrita. Por eso también está vinculado al idioma y a las prácticas literarias de la época en que fue escrita. Un análisis de concordancia, de computadora o una búsqueda de códigos secretos es algo que se debe hacer con cuidado (bueno, la búsqueda de códigos se puede descartar por completo). Si va a ser de ayuda en interpretación, nos deberá ayudar a interpretar el texto antiguo, no a tratar a la Biblia como un libro moderno.

Libros, no un libro

La Biblia no es un solo libro, sino una colección de libros sagrados, escritos a través de más o menos 1500 años. Fueron escritos por diferentes autores en diferentes épocas y por diferentes razones. A veces cuando leemos la Biblia no se nos ocurre que los diferentes libros fueron escritos por una razón histórica. Pensamos que los diferentes componentes existen simplemente porque la Biblia existe y porque Dios nos quiso dar la Biblia. Pero es obvio que hubo razones históricas de las cuales surgieron los libros bíblicos. En algunos libros es perfectamente claro, como en Lucas, donde el autor comienza su proyecto con una declaración de la razón por la que se está empeñando en él: "Por lo tanto, yo también, excelentísimo Teófilo, habiendo investigado todo esto con esmero desde su origen, he decidido escribírtelo ordenadamente, para que llegues a tener plena seguridad de lo que te enseñaron" (Lucas 1:3-4). Entonces ya tenemos una idea de cómo leer el libro de Lucas, porque sabemos la razón por la que fue escrito.

También si la Biblia es una colección de libros es importante leer cada libro de la Biblia individualmente, para poder entender ese mensaje y esa situación. Algunos tienen la meta de leer la Biblia entera de tapa a contratapa como si fuera una unidad literaria, pero lo mejor sería leer cada libro bíblico como unidad y entender el mensaje de cada uno de esos libros para después sintetizar lo que dicen en su total.

Versículos

Como ya hemos visto, versículos y capítulos no son originales. Fueron agregados al texto para que hubiera un sistema de referencias. Entonces, al leer el texto bíblico vale la pena recordar que aunque muchas veces los versículos y capítulos dividen bien las diferentes partes del texto bíblico, a veces no lo hacen. Esto quiere decir que cuando uno está preparando un sermón o un estudio bíblico a veces no sigue las divisiones de capítulos y versículos. Es bueno saber esto porque nos da la libertad de analizar el texto bíblico nosotros mismos. También es de notar que los títulos de las diferentes secciones de la Biblia fueron agregados al texto original. Entonces, uno también puede estar en desacuerdo con estos títulos y estas divisiones. Mi esposa y yo, cuando éramos más jóvenes y estábamos estudiando la Biblia en un instituto bíblico, decidimos borrar todos los títulos de secciones en los libros de la Biblia que estábamos estudiando. Quizás eso es un poco demasiado, pero definitivamente ayuda a uno a ver el texto por sí mismo.

Pero entonces, si los versículos en nuestras Biblias no son originales cuidado con tratarlos como si cada versículo fuera una unidad, un proverbio, una verdad bíblica independiente del contexto en que se encuentra. Los versículos son meramente un sistema de referencia, un sistema que ha introducido todo tipo de mal entendimiento y malas interpretaciones. También, en conjunto con la concordancia, ha producido la impresión de que la Biblia es una colección de verdades que uno puede juntar de cualquier manera que tenga sentido. Los versículos son un buen sistema de referencia. No son componentes de un método inspirado de interpretación. Entonces usémoslos para lo que fueron diseñados.

Tipos de literatura

Si la Biblia no es un solo libro, tampoco fue escrita en un solo estilo o en un solo género literario. Este es otro problema que ha surgido del uso de versículos, porque se toma cada parte de la Biblia como si todas las frases y todas las palabras y todos los versículos fueran iguales. Pero no es así. Algunos libros bíblicos usan poesía, y uno tiene que interpretarlos como poesía, no como material didáctico. Algunos libros recuentan un período histórico. Los evangelios usan parábolas, que son historias creadas para enseñar un principio. También hay pasajes didácticos donde un autor explica algo usando argumentación y ejemplos. Cada libro bíblico o cada sección de un libro debe ser interpretado de una manera que sea coherente con la manera en que fue escrito.

5

❀ **Dos teorías de interpretación**

Todos somos hermeneutas

Hermenéutica es igual que filosofía. Aunque no seamos filósofos y aunque no hayamos leído ni un solo libro acerca de filosofía, todos somos filósofos porque todos tenemos ideas acerca de las preguntas que la filosofía intenta contestar: ¿qué es el universo? ¿De dónde vino y a dónde va? ¿Cuál es el propósito de la vida humana? A veces nuestras filosofías son subconscientes y a veces son incoherentes, pero al fin y al cabo todo ser humano es un filósofo. También podríamos afirmar que todo ser humano es un teólogo porque todos tienen una opinión acerca de la persona de Dios, su naturaleza, unidad, diversidad o existencia. Y lo mismo se aplica en el campo de hermenéutica. Todos también tenemos una teoría de interpretación, aun si nunca hemos considerado el tema. Estas áreas de estudio (filosofía, teología, hermenéutica), a menudo consideradas académicas, cubren temas que son importantes para todos.

Como los estudios de filosofía, teología y hermenéutica han sido formalizados, parecen tratarse de discusiones meramente teóricas que tienen poco que ver con la vida cotidiana. Debe admitirse que a veces esto es verdad. Pero muchas veces estos temas no parecen ser pertinentes porque no entendemos lo suficiente como para discernir las implicaciones de las ideas que se discuten. De todos modos, todos somos filósofos, todos somos teólogos y todos somos hermeneutas. La cuestión no es si interpretamos textos, sino cómo los estamos interpretando. Si no creemos que interpretamos lo que oímos y leemos somos los intérpretes más peligrosos del planeta, porque creemos que nuestra manera de interpretar es la única posible, sin darnos cuenta de que hay otras maneras de verlo. Cuando no podemos admitir que tenemos una filosofía o una hermenéutica particular practicamos lo que se ha denominado ignorancia invencible. Nadie puede dialogar con nosotros, porque no podemos comprender cómo alguien podría estar en desacuerdo con nosotros y nada que se diga en contra de nuestra perspectiva tiene sentido. Peor, el ignorante invencible, como no puede imaginarse razones que expliquen la presencia de diferentes opiniones, llega a la conclusión de que diferencias de opinión surgen de una falta moral. La otra persona es rebelde, incrédula u obstinada, y en vez de diálogo entre diferentes perspectivas terminamos en acusaciones y recriminaciones. Es importante, entonces, preguntarnos cómo debemos interpretar la Biblia y comparar nuestras conclusiones con lo que nosotros practicamos cuando abrimos nuestras Biblias.

En este capítulo vamos a resaltar dos teorías principales de interpretación que se han usado en la historia de la Iglesia, no solo para entender qué es lo que se ha dicho en el pasado, sino también porque entender estas teorías nos ayuda a ver cómo deberíamos interpretar la Biblia hoy.

Hermenéutica alegórica

La interpretación alegórica de las escrituras tuvo una tremenda influencia sobre la Iglesia. Desde el siglo IV hasta la reforma del siglo XVI fue básicamente la manera aceptada de interpretar la Biblia. Este método de interpretación está basado en la filosofía griega del platonismo, por ello es importante entender un poco de esa filosofía para entender el porqué de la hermenéutica alegórica.

Trasfondo platónico

Todos los filósofos griegos estaban preocupados con la relación entre apariencia y realidad, o entre lo eterno y lo temporal. Uno de los principios que les guiaba era la idea de que si algo es perfecto no puede experimentar cambio alguno. Claro, si lo perfecto cambia esto implica que no era perfecto antes. Entonces, la perfección es completamente estable, y el cambio ya no es necesario para lo perfecto. Pero el problema es que vivimos en un mundo de cambio. Todo lo que existe, todo lo que experimentamos está en flujo. No hay ni una sola cosa en el mundo de nuestra experiencia que nunca cambie.

Entonces, basado en esta premisa les pareció obvio a los filósofos griegos que el mundo en que habitamos es un mundo imperfecto y que no encontraríamos perfección en esta esfera de "fenómenos". Lo último o perfecto se debe buscar en otra esfera. Platón propuso la idea de que habían dos esferas de existencia: la esfera de cambio e imperfección en que habitamos nosotros los humanos, y la esfera estática y perfecta de ideas. Este mundo físico era una reflexión o imitación imperfecta de realidades perfectas. En la esfera "ideal" habían modelos perfectos de todo lo que nosotros vemos y experimentamos, y esos ideales o modelos le daban su forma y su sentido a las cosas del mundo. Si hay una silla en este mundo, existe en la esfera de los ideales la forma o esencia perfecta de una silla. Si hay en este mundo un ser humano es porque en el mundo ideal existe la esencia y forma perfecta "humano" de la cual todos los seres humanos derivan su sentido y existencia. Esta diferencia entre lo ideal y lo actual, entre esencia y fenómeno, entre el modelo perfecto y la cosa imperfecta en este mundo es básica para poder comprender no solo la filosofía griega, sino también el método alegórico y muchas otras cosas como el gnosticismo y la historia de la filosofía en general.

Filosofía siempre impacta a hermenéutica. Las dos disciplinas vienen siempre vinculadas. Entonces, cuando los filósofos griegos comenzaron a usar su filosofía para interpretar sus textos religiosos desarrollaron la siguiente idea: como Dios pertenece a la esfera de existencia perfecta y no cambia y no tiene interacción con seres humanos, todas las mitologías griegas acerca de las andanzas de sus dioses no se podían creer literalmente.[1] Había, por ello, un sentido alegórico detrás del sentido literal de la misma manera en que había dos esferas de existencia. El sentido literal acordaba con el mundo humano de cambio y fenómenos; el sentido alegórico acordaba con la esfera de existencia pura y perfecta.

Categorías platónicas	
Perfección	Imperfección
Ideal	Fenómeno
Sin cambio	Cambio
Inmaterial	Material
Sentido alegórico	Texto literal

Figura: Las dos categorías platónicas de existencia.

Este método se usaba especialmente cuando algún pasaje de Homero (clásico de la literatura griega) le adscribía a los dioses griegos algo indigno o cruel o irracional. En estas instancias uno apelaba al método alegórico y afirmaba que el texto no se debía tomar literalmente —eso sería ridículo— sino que significaba algo más profundo, algo más exaltado, algo no meramente literal. Los griegos mismos tuvieron un conflicto entre las perspectivas más tradicionales de la gente, y el pensamiento filosófico, lógico y científico de los eruditos. Fue esta tensión la que produjo

---

[1] Blank, *Hermenéutica*, 60.

la práctica del método alegórico, porque los eruditos no estaban dispuestos a abandonar el material tradicional de la región mitológica de sus antepasados, pero tampoco podían aceptar todas sus aseveraciones. La solución fue apelar a un segundo sentido en el texto y así cambiar lo que afirmaba.[2]

Alegoría y la Biblia

El pensamiento griego tuvo una tremenda influencia sobre el mundo de los primeros siglos. El erudito judío Filón de Alejandría aceptó las ideas platónicas e imitó el modelo griego de interpretación, aplicándolo a las escrituras judías. Filón también usó el método alegórico para explicar partes del Antiguo Testamento que le parecieron difíciles e inapropiadas. Pero más que esto, la interpretación alegórica se convierte con el tiempo en un método para aplicar a cualquier pasaje bíblico con tal de que haya alguna razón para insertar ese sentido alegórico. Algunos ejemplos de Filón nos ayudarán a entender cómo se manejaba esta hermenéutica. Estos vienen de su libro "Preguntas y respuestas en Génesis", escrito en el siglo I d.C.

- El jardín de Edén significa el sistema de sabiduría que guía al hombre a pensar en Dios correctamente (I 6).[3]
- El árbol de la vida representa todas las buenas virtudes del hombre (QG I 10).
- Los cuatro ríos en el jardín de Edén en Génesis 2:10-14 significan las cuatro virtudes: prudencia, templanza, valor y justicia (QG I 12).
- Con respecto a la creación de la mujer, aquí el hombre se interpreta como mente, la costilla es virtud que procede

---

[2] Bernard Ramm, *Protestant Biblical Interpretation* (*Interpretación bíblica protestante*) (Grand Rapids, Michigan: Baker Book House, 1970), 24-25.

[3] Las citas vienen de Charles Duke Yonge, *The Works of Philo* (*Las obras de Filón*) (Peabody: Hendrickson, 1996).

de los sentidos y la mujer es la sensación de consejo (QG I 25).

- La serpiente es un símbolo del vicio, y por eso se dice que es astuta, porque los que son adictos al placer de sus vicios son muy astutos en sus planes para obtener su placer (QG I 31).

Es importante notar que Filón no está reemplazando el sentido literal e histórico con el sentido alegórico. Parece haber pensado que el recuento de la creación en los primeros capítulos de Génesis se refiere a algo que sucedió tal y como fue escrito. Por eso tiene también una discusión acerca de por qué se dice en Génesis 2:15 que Dios puso al hombre en el jardín para cultivarlo y cuidarlo, si era un lugar perfecto que no requeriría cuidado. La respuesta de Filón fue que Dios quiso que el hombre tuviera algo en qué ocuparse y por eso el jardín presentaba tales oportunidades (QG I 14). También es de notar que Filón usaba otras maneras de interpretar un poco raras y no tan diferentes a las que nosotros usamos hoy en nuestros peores momentos, pero que no son alegóricas. Por ejemplo, Filón pregunta: ¿por qué la mujer no fue creada del polvo igual que el hombre? Responde que fue para que la mujer no tenga la misma dignidad que el hombre y para que sea más joven, porque ya se sabe que los hombres que se casan con mujeres de más alta edad que ellos han volcado las reglas de la naturaleza (QG I 27). Esta es una tendencia interpretativa muy común: interpretar algo en la Biblia en relación a lo que "ya sabemos todos", pero que en realidad no tiene nada que ver con lo que dice la Biblia.

La Iglesia naciente también sintió la influencia del pensamiento griego y la interpretación alegórica. Un líder cristiano que tuvo mucha influencia en este campo fue Orígenes, también de Alejandría, quien fue influenciado por el método de Filón.[4] Para Orígenes, el texto de la Biblia era como el cuerpo, y los sentidos

---

[4] Ramm, *Protestant Biblical Interpretation*, 32.

morales y alegóricos equivalían al alma y al espíritu que dan la vida. La influencia platónica es obvia: el texto superficial y observable equivale a lo físico y es por eso menos importante, pero el sentido espiritual que se encuentra detrás del texto es más elevado. Un ejemplo de la interpretación de Orígenes se encuentra en Génesis 24 en donde Rebeca le da de beber a los camellos del siervo de Abraham. Esto quiere decir, dice Orígenes, que "debemos acudir al pozo de las Escrituras para encontrar a Cristo".[5] En la hermenéutica de Orígenes,

> "Cada versículo en el texto sagrado tiene, entonces, un significado literal y un sentido espiritual así como Cristo tiene una naturaleza humana y una naturaleza divina. La naturaleza humana del texto es para los cristianos débiles y simples mientras que la naturaleza divina del texto es para los cristianos perfeccionados".[6]

Vale notar dos cosas importantes en el pensamiento de Orígenes. Primero, que igual que he hecho yo en este libro, Orígenes conecta la encarnación de Jesús con sus ideas acerca de la naturaleza de la Biblia. Pero él obtiene conclusiones distintas. Para Orígenes lo más importante de Jesús es que Él era divino, y su aspecto humano no es para tanto. ¿Por qué sería esto? Claro, el platonismo requiere esa distinción y esa jerarquía. Lo eterno, inmaterial y perfecto es más importante que lo mundano y transitorio. Lo físico es lo inferior. La perspectiva mía en este libro es diferente. No niego que Dios en su aspecto eterno vale más que el universo entero. Eso se da por sentado. Pero sí afirmo que en la encarnación lo más significativo es que Dios se ha comunicado con nosotros en forma humana y que al hacerlo ha afirmado el valor del mundo, del universo, de su creación. ¿Por qué es esto? Porque Jesús entra en este mundo y usando palabras humanas,

---

[5] José M. Martínez, *Hermenéutica Bíblica* (Barcelona: Editorial CLIE, 1984), 72.

[6] Blank, *Hermenéutica*, 61.

gestos humanos y relaciones humanas nos muestra la persona de Dios. Tanto que Él mismo —ese hombre/Dios que vivió en Palestina— es la verdad:

> "Yo soy el camino, la verdad y la vida —le contestó Jesús—. Nadie llega al Padre sino por mí. Si ustedes realmente me conocieran, conocerían también a mi Padre. Y ya desde este momento lo conocen y lo han visto" (Juan 14:6-7).

No se puede decir esto en el platonismo. Lo más que se podría decir es que Jesús es una copia imperfecta del Padre; que ver a un ser humano es ver a Dios, eso nunca. Pero esa es la posición bíblica, y esto resalta uno de los problemas más básicos del platonismo: la encarnación siempre será minimizada porque no se considera que esta esfera humana tenga mucho valor.

El segundo aspecto de la hermenéutica de Orígenes que vale notar es que es exclusivista y en verdad un poco arrogante: el mero texto (que acuerda con la humanidad de Jesucristo) es para los simples, pero las personas que tienen conocimiento especial pueden discernir la dimensión más perfecta.

Otro de los grandes eruditos de la Iglesia que usó el método alegórico fue Agustín, quien aunque desarrolló muchas reglas buenas de interpretación, no siempre las siguió. Agustín estaba muy aferrado a 2 Corintios 3:6, donde dice que la letra mata, pero el espíritu da vida, y tomaba este pasaje como justificación del alegorismo. En la forma platónica, la letra se consideraba la lectura literal del texto y el espíritu la interpretación alegórica. Pero esta misma justificación, una interpretación desastrosa del pasaje, tampoco fue consistente, porque Agustín tanto como todos los otros alegoristas no negaba lo que decía el texto bíblico literalmente. Entonces, hasta para ellos mismos era demasiado decir que la letra mata. En el contexto de 2 Corintios 3, Pablo está construyendo un contraste entre la ley ("la letra") y la obra renovadora del Espíritu Santo por medio de Jesús. El pasaje no tiene nada que ver con principios de interpretación.

Un buen ejemplo de la hermenéutica de Agustín es su interpretación de la parábola del buen samaritano, porque vemos aquí su método en acción en muy diferentes ejemplos.

Interpretación de la parábola del buen samaritano (Lucas 10:23-37) por Agustín:[7]

- Un Hombre descendía de Jerusalén a Jericó: Adán.
- Jerusalén: La ciudad de paz celestial de la cual cayó Adán.
- Jericó: La luna, y por eso significa la mortalidad de Adán.
- Ladrones: el diablo y sus ángeles.
- Le despojaron: de su inmortalidad.
- Hiriéndole: al persuadirlo a pecar.
- Dejándole medio muerto: como hombre vive, pero murió espiritualmente, por eso está medio muerto.
- El sacerdote y el levita: el sacerdocio y ministerio del Antiguo Testamento.
- El samaritano: se dice que significa "guardián"; por lo tanto implica que se refiere a Cristo mismo.
- Vendó sus heridas: significa que vendó las limitaciones impuestas por el pecado.
- Aceite: el consuelo de la buena esperanza.
- Vino: una exhortación a caminar con espíritu ferviente.
- Cabalgadura: la carne de Cristo encarnado.
- Mesón: la iglesia.
- Otro día: después de la resurrección.
- Dos denarios: promesa para esta vida y para la venidera.
- Mesonero: Pablo.

---

[7] El ejemplo viene de Gordon Fee y Douglas Stuart, *Lectura eficaz de la Biblia* (Miami, Editorial Vida, 1981), 119-120.

Agustín ha encontrado en esta historia una alegoría que resume la historia de la caída y salvación de la humanidad, y cada elemento de la historia tiene un significado figurativo que apoya esa interpretación. Es importante notar dos cosas aquí. Primero, que Agustín no está usando el método alegórico para inventar doctrinas raras. Aunque no estoy de acuerdo con la interpretación del pasaje, sí puedo afirmar junto con Agustín el mensaje que él ha encontrado aquí. Pero este mensaje viene de otros pasajes bíblicos, no de la parábola del buen samaritano. Entonces no nos olvidemos de que generalmente el método alegórico se usaba dentro de los confines de las creencias básicas de la Iglesia. Los alegoristas generalmente encontraban doctrina bíblica a la cual uno llega por medio de una lectura normal del texto.

Pero por otro lado hay un problema muy importante en esta interpretación. Esta historia del buen samaritano es una parábola, y una parábola es un cuento que enseña un principio. Una parábola no es una alegoría. En una alegoría las conexiones entre la figura y la verdad que señala son complejas, y cada elemento tiene su significado como parte de la alegoría. Pero la parábola es una historia que enseña solo un principio, y el principio surge de la historia entera, no de la interpretación alegórica de las partes. Entonces, ¿por qué está Agustín interpretando una parábola como si fuera una alegoría?

Peor todavía, esta parábola existe en un contexto bíblico y cumple su función específica en ese contexto. Como muchas de las parábolas, esta surge de una conversación de Jesús, en este caso con un maestro de la ley (Lucas 10:25-29). El maestro le pregunta a Jesús qué se debe de hacer para heredar la vida eterna, y la respuesta es que uno debe amar a Dios y amar al prójimo. Pero como esta respuesta le resulta un poco incómoda al maestro de la ley, él responde con otra pregunta: "¿Quién es mi prójimo?". Parece querer implicar que el mandamiento de amar al prójimo es demasiado ambiguo, y que por eso no es tan fácil de guardar —"¡y no por culpa mía!"". Es importantísimo para la interpretación de la parábola del buen samaritano entender que la parábola misma es la respuesta de Jesús a la pregunta "¿Quién es mi prójimo?"". Entonces, a menos que creamos que Jesús era un personaje muy distraído o confuso, debemos interpretar la parábola como algo relacionado con el amor al prójimo. Y una lectura sencilla de la misma confirma que sí es una respuesta a la pregunta del maestro de la ley, pues la historia enseña que nuestro prójimo es cualquier persona con la que nos encontremos que necesite de nuestra ayuda, o sea, de nuestro amor.

Pero la interpretación de Agustín no tiene ni la más mínima cosa que ver con el amor al prójimo. Seguramente si nos pudiéramos sentar a discutir el asunto con él, Agustín no negaría que la parábola del buen samaritano trata del tema del amor al prójimo. Pero su hermenéutica platónica le da la opción de también introducir otro sentido a la parábola. El problema más serio de esta interpretación no son las conclusiones a las que ha llegado sino las que ha ignorado. Su interpretación ha ocultado el sentido original de la parábola, y por tanto ha ocultado el mensaje bíblico. Jesús dio esta parábola para enseñarnos algo, Lucas incluyó esta parábola en su evangelio para resaltar esa misma lección. Entonces, ¿qué derecho tiene un intérprete de salir con otra interpretación completamente diferente que oculta la lección del pasaje? La ironía es que la interpretación de Agustín le interesaría mucho al maestro de la ley. Como ya vimos, él intentaba justificar su falta de amor al prójimo por el hecho de la ambigüedad del mandamiento. Jesús le presenta una clara identificación del prójimo y termina con: ve tú y haz lo mismo. Más le convendría al maestro de la ley meditar en la interpretación de Agustín, que no requiere nada, que solo resalta lo que ya sabemos y no es tan específico como para generar convicción. No creo que esta sea la razón por la cual Agustín abarca esa interpretación. Pero este sí es uno de los problemas importantísimos de la interpretación alegórica o de cualquier otro tipo de sistema que nos dé las herramientas y el permiso para encontrar un mensaje alternativo al sentido normal del texto de la Biblia. Sólo aprendemos algo que ya sabíamos, e ignoramos el mensaje real, ignoramos lo que nos está diciendo Dios.

Platónico vs. histórico

He dedicado tanto espacio a la hermenéutica alegórica porque aunque nadie hoy día la enseña o defiende explícitamente, es un buen ejemplo de una tendencia interpretativa que todavía se usa. Es la tendencia de ver al texto bíblico como algo mágico que porque viene de Dios debe de tener un sentido más complejo o más misterioso que lo que el mero texto nos dice. Debe haber cosas escondidas que solo pueden ser extraídas por la persona espiritual, porque se trata de conocimiento espiritual al que uno no puede llegar por medio de la mera lectura humana o "carnal" de la Biblia. Esto es exactamente lo que aseveraron tanto Orígenes como Agustín: que el intérprete debe tener una percepción espiritual especial para poder discernir el sentido más profundo de la Biblia. Pero no. La persona más espiritual seguramente tendrá sabiduría, conocerá el texto de la Biblia bien, habrá vivido las verdades de la Biblia por muchos años y tendrá mucho discernimiento en cuanto a asuntos bíblicos y espirituales. Pero esta comprensión madura de la Biblia no tiene nada que ver con poder sacarle mensajes ocultos al texto. Es el resultado de haber interiorizado el mensaje y haberlo vivido.

Es importante entender el contraste entre la filosofía platónica detrás del método alegórico y la perspectiva histórica detrás de la lectura literal e histórica, que ya he delineado en los primeros capítulos y exploraremos más a continuación. Mi argumento es que *como Dios se ha revelado en la historia humana y en forma humana (tanto en la encarnación como en textos de la Biblia) debemos interpretar esa revelación en las categorías humanas de comunicación.* Esto sólo tiene sentido si uno tiene una cosmovisión o una filosofía en la cual se afirma la importancia de este mundo. Pero en la filosofía platónica el mundo es inferior, imperfecto, y solo tiene valor en relación a la perfección del mundo inmaterial. Entonces, en la filosofía platónica no se busca significado en el campo de la historia. En esta filosofía, el significado se busca en el mundo de los principios absolutos. Para Platón la suprema labor del ser humano es la contemplación de las formas. Y la forma suma que se podía contemplar era la forma de las formas —o sea, la forma que da forma a todas las otras. Para Platón esta forma de las formas era equivalente a Dios. Pero el campo humano, la esfera imperfecta de cambio histórico, no es donde se puede encontrar lo último, y desde ya, Dios no se va a revelar en esa esfera.

Estamos tocando aquí una de las maravillas del cristianismo, que es la humildad de Dios al encarnarse en una forma humana. La perspectiva bíblica acerca de la revelación de Dios es completamente opuesta a la noción platónica de formas. Que Dios es exaltado, eterno e inmaterial es verdad, pero que la esfera física e histórica tenga menos valor que la esfera inmaterial no es bíblico. Dios mismo se ha vestido en historia y materia en la persona de Jesús y ha prometido que un día Él reclamará a este mundo caído. Una hermenéutica histórica atiende a los detalles mundanos del texto, de situación, de gramática, ortografía y argumento porque opera bajo la convicción de que Dios ha creado un mundo en el que Él mismo cabe, y en el cual también puede ser comprendido. Pero una hermenéutica que opera bajo la influencia del platonismo tendrá la tendencia, a veces inconsciente, de valorar el sentido "espiritual" como más alto que el sentido normal, y estará más abierta a explicaciones de pasajes bíblicos que se imponen a la Biblia sin base en el texto; como si hubiera otra esfera de sentido más pura que la que experimentan los seres humanos normalmente. Que hay una esfera espiritual sí es cierto, pero solo sabemos eso porque está escrito y explicado en el texto de la Biblia, leído normalmente.

Otra consecuencia de la influencia del platonismo sobre la interpretación bíblica, es que bajo la influencia de esta filosofía el énfasis de interpretación ha caído a menudo en cuestiones de verdad sin relación con la práctica cristiana. Ya podemos ver la tendencia: si la esfera de ideas es la que tiene substancia, entonces lo importante en interpretación es llegar a las ideas correctas. Esto es ortodoxia —las creencias correctas. En el extremo de este énfasis, ser un cristiano consiste meramente en creer proposiciones correctas. La premisa detrás de esto es clara y obvia: el mundo de las ideas es más importante que el mundo cotidiano de la práctica. Aunque muy pocos movimientos cristianos han ignorado por completo la práctica cristiana, sí ha habido en algunas instancias una tendencia más sutil de dar tanto enfoque a creencias bíblicas que se omite la importancia de la práctica bíblica, o la ortopraxis. La prioridad más importante, se piensa, es saber la verdad y luego, si uno aplica esa verdad a su vida, mejor todavía. Pero no se ve como algo requerido, o apenas es requerido. Igual que en el platonismo, un énfasis único en doctrina trata a lo intelectual y lo inmaterial como de primera clase, y el mundo físico en el cual se practican los actos concretos de obediencia cristiana se ve como algo de segunda clase. Pero en la Biblia no vemos una división entre lo material y lo inmaterial, o entre doctrina y práctica, sino una síntesis. Creencias verdaderas apoyan la práctica de justicia, y creencias falsas son a menudo creaciones humanas que justifican la injusticia. De hecho, podríamos hablar de doctrinas justas y prácticas verdaderas. Como afirmaron los reformadores de antaño, la Biblia es nuestra guía para dos cosas: la doctrina y la práctica cristiana.

Interpretación histórica

Historia no historicismo

En un sentido hay tan solo dos opciones interpretativas. El texto quiere decir lo que aparenta decir de acuerdo con las reglas normales de comunicación escrita o quiere decir más de lo que aparenta decir con esas reglas. La posición que quiero presentar aquí en contra del método alegórico se llama generalmente la interpretación gramatical-histórica de la Biblia, así denominada porque presta atención especial al uso normal de palabras y considera también el contexto histórico en que fueron escritas. Como hemos visto, el enfoque gramatical-histórico es un contraste al método alegórico, en el cual se descubren sentidos ocultos y para el cual realidades históricas tienen poco que ver con interpretación. La interpretación gramatical-histórica también se ha llamado la interpretación literal de las escrituras. Pero esto ha resultado ser un poco problemático porque ha dado la impresión de que es necesario siempre leer la Biblia literalmente, sin prestar atención a las pistas que el texto mismo nos da para su interpretación. No se puede negar que hay cosas figurativas en la Biblia, e insistir en tomar todo literalmente termina siendo una distorsión. Esta distorsión se ha llamado "literalismo". Por eso no me gusta usar la terminología de "interpretación literal".

Voy a denominar la hermenéutica por la que estoy abogando aquí la *interpretación histórica* de la Biblia. Aunque básicamente estoy desarrollando la perspectiva de la hermenéutica gramatical-histórica, quiero usar *interpretación histórica* para dar énfasis en la conexión que ya hemos visto entre historia y exégesis: que debemos interpretar la Biblia como un documento antiguo escrito en el transcurso de la historia humana y en el idioma de los seres humanos. Así se reveló Dios, tanto en forma humana como en palabras humanas.

Ahora, entiendo que corro el riesgo de ser malentendido y por eso debo explicar lo que no quiero decir cuando hablo de interpretación histórica. Interpretación histórica no quiere decir tratar a la Biblia como un mero producto de la historia, un efecto natural de causas históricas naturales. Esto es lo que haría la hermenéutica racionalista, que niega la posibilidad de intervención sobrenatural en la historia. En la hermenéutica racionalista todas las cosas descritas en la Biblia deben tener una explicación natural. Sí afirmo la importancia de la historia humana, pero también afirmo que la revelación divina es el resultado de la irrupción del poder sobrenatural de Dios en esa historia.

Tampoco quiero dar la impresión de que estoy recomendando un enfoque meramente histórico. Como si lo único que importara fuera lo que Dios ha hecho en el pasado, como si solo nos interese afirmar la verdad de lo que ha sucedido en otras eras. Al contrario, la premisa de interpretación histórica es que la entrada de Dios en la historia en el pasado es la promesa de su entrada en esa misma historia en el presente. Nos interesa el "pasado de Dios" porque para Dios ese pasado es también el presente. Si la Biblia nos muestra cómo fue Dios, también nos muestra lo que es. Si nos muestra cómo actuó Dios, nos muestra también cómo actúa.

El teólogo alemán Karl Barth, ya mencionado en el primer capítulo, tuvo una relación un poco problemática con los evangélicos durante su vida, aunque hoy día los evangélicos están muy interesados en su teología. Una de las razones era que Barth estaba interesado en una fe actual, y en su opinión los evangélicos estaban obsesionados con el pasado. Por eso, para él una fe histórica era algo problemático. Una vez en una rueda de prensa el evangélico Carl Henry, quien era en aquel entonces el editor de la revista americana Cristianismo Hoy (Christianity Today), le preguntó a Barth acerca de la historicidad de la resurrección de Jesús. Preguntó Henry: "Si un periodista hubiera estado parado frente a la tumba ese domingo cuando resucitó Jesús, ¿hubiera visto algo?". La pregunta surgió precisamente por el hecho de que Barth se declaraba en contra del historicismo. Más adelante y especialmente al final de su vida, está claro que Barth sí creía tanto en la resurrección literal de Jesús como en la resurrección de creyentes. Pero en esta ocasión contestó con algo muy interesante. Le preguntó a Henry: "¿De qué revista dices ser el editor,

Cristianismo Hoy?". Claro, vio lo que a él le pareció una inconsistencia: "Si estás interesado en cristianismo *hoy*, ¿por qué estás tan obsesionado con los detalles de lo que sucedió hace 2000 años?". El problema que vio Barth, creo, no era tanto el interés en el pasado, porque en su teología la vida, muerte y resurrección de Jesús son importantísimas. El problema fue que para él los evangélicos se estaban quedando en el pasado. Todo se trataba de defender el aspecto histórico de la Biblia, de afirmar que los milagros sí ocurrieron, que Dios sí se había revelado, que todas esas cosas maravillosas que ocurren en la Biblia deben de tomarse literalmente. En fin, se trataba de afirmar que nosotros los conservadores sí estamos interpretando la Biblia correctamente cuando decimos que no tiene errores. Pero todas esas maravillas bíblicas parecían haberse quedado allí en el pasado siendo verdaderas y nada más. Y eso es un problema. Creo que la percepción de Barth era exagerada, pero que también había y todavía hay una tendencia entre los evangélicos de tener más interés en una defensa de la verdad de los relatos bíblicos que en una experiencia de la verdad. Las dos nunca, pero nunca, deben estar separadas. Lo que Dios dijo, continúa diciendo; lo que hizo, continúa haciendo. La verdad acerca del pasado es la verdad acerca del presente.

Esta tendencia de dejar la verdad en el pasado fue exacerbada en el siglo pasado por la influencia muy fuerte, tanto en los Estados Unidos como en América Latina, del dispensacionalismo. Aunque esta palabra es quizás algo misteriosa para muchos, las ideas representadas por la palabra son muy bien conocidas. Este sistema de pensamiento está basado en la división de la Biblia en varias épocas o "dispensaciones", en las cuales Dios se comporta de modo diferente con la humanidad (notar: no es decir que Dios cambia, solo que está ejecutando un plan en el cual hay diferentes tipos de relaciones entre Dios y los seres humanos). Entonces, se consideraba que el Antiguo Testamento había sido la dispensación de la ley, pero que el Nuevo Testamento era la dispensación de gracia, cosa que ahora generalmente se reconoce como inadecuada: ¡todo ser humano ha vivido en la era de gracia! Pero una de las implicaciones del dispensacionalismo es que lo milagroso ya no rige en esta dispensación. Eso había sido para otra era. Después del Nuevo Testamento, se afirmaba, ya no eran necesarios los milagros porque teníamos la palabra de Dios en la Biblia y eso era suficiente. Creo que esta forma de pensar ha ayudado a soportar una especie de historicismo no muy saludable. Si casi todo lo que ocurre en la Biblia ocurre en otras dispensaciones, esto no nos anima a tener una expectativa de intervención divina en nuestros días. La Biblia se convierte en un manual de verdades estáticas cuyo propósito tiene que ver más que nada con darnos la correcta manera de pensar. Pero creo que si hacemos las conexiones bien entre historia y presente, el hecho de que Dios actuó en el pasado nos impulsa a esperar su acción aquí también en el presente.

Interpretación histórica, entonces, es ir a la Biblia con la convicción de que el texto bíblico está basado en la acción pasada de Dios en diferentes momentos y culturas; que esas acciones, interpretadas definitivamente por los autores bíblicos bajo la supervisión del espíritu, forman la base de nuestra fe; y que también son pistas y modelos para nuestras expectativas en el presente. De esta prioridad que le damos al momento de revelación pasada surge la necesidad absoluta de atender a los detalles históricos y humanos del texto. También surge la implicación de que el intérprete bíblico es una especie de historiador. En los siguientes capítulos vamos a explorar en más detalle lo que significa esto. Pero primero vale la pena explorar un poco los orígenes de la interpretación protestante que está detrás de la hermenéutica histórica.

Trasfondo de la interpretación histórica

Vimos que la hermenéutica alegórica tuvo su origen en la filosofía griega del mundo antiguo. No quiero dar la impresión de que la interpretación histórica no tiene también sus influencias, porque sí hay temas históricos que han sido de influencia. Pero también es cierto que la Iglesia siempre ha prestado atención al sentido normal de la Biblia, inclusive cuando el método alegórico era el método del día. Sabemos esto porque las doctrinas básicas de la Iglesia (creación, salvación, la identidad de Jesús, el futuro del mundo, la Trinidad, etc.) están basadas en la lectura normal del texto, no en el método alegórico o en otro método de interpretación. Pero al pasar los siglos es cierto que la doctrina de la Iglesia sufrió bajo el método alegórico. Es por eso que cuando llegamos a la reforma protestante del siglo XVI, Martín Lutero, Juan Calvino y los otros líderes de ese movimiento insistieron en un regreso al método literal de interpretación.

Este movimiento surgió bajo la influencia de dos tendencias. Primero, en esa época durante el renacimiento europeo hubo un gran interés en regresar a las fuentes literarias de las grandes tradiciones de la cultura europea. Se habían descubierto muchos manuscritos griegos antiguos, y hubo gran interés en aprender ese idioma para entender mejor no solo las escrituras cristianas, sino también los libros de los filósofos de la antigüedad. El lema de este movimiento era *ad fontes*, que en latín quiere decir "a las fuentes". Se consideraba que al regresar a lo primordial se encontraría algo más puro que lo que se experimentaba en la época actual. Y era verdad. La Iglesia Católica de aquel entonces estaba hundida en tradiciones y corrupciones completamente ajenas al mensaje de la Biblia y a las prácticas de la Iglesia de los primeros siglos. El método alegórico ya estaba tan desarrollado como para incluir cuatro diferentes sentidos del texto bíblico. Entonces para algunos cristianos el ímpetu de regresar a las fuentes implicaba regresar a una práctica cristiana más coherente con lo que se veía en la Biblia y a una interpretación que no estaba completamente controlada por las tradiciones de la Iglesia. También, la recuperación de documentos antiguos y el interés en el griego y el hebreo abrieron la puerta a poder entender a la gran medida a la que había llegado la malinterpretación de la Biblia en la Iglesia.

La segunda tendencia importante de esta época fue el impacto de la filosofía de Guillermo de Ockham, llamada *nominalismo*.[8] La doctrina platónica de formas que ya hemos discutido afirmaba que para cada objeto físico en este mundo existía una forma perfecta de ese objeto en la esfera inmaterial. Luego Aristóteles se refirió a esas formas como *universales*. De acuerdo con este platonismo surgió la idea en las edades medievales, llamada *realismo*, de que cuando uno usaba una palabra para describir un objeto o una propiedad (como rojo, grande o río) uno se estaba refiriendo a la forma platónica de ese objeto o propiedad, no meramente al objeto o propiedad en nuestra esfera de existencia. Entonces en el realismo las palabras humanas tenían un poder casi mágico, porque eran como herramientas en este mundo que nos daban conocimiento acerca del otro. Al decir palabras, el realismo aseveraba, el ser humano estaba describiendo realidad última. Esto le dio un tremendo poder a la filosofía y al discurso humano para describir el universo, y le dio a la filosofía un lugar casi al mismo nivel de la revelación bíblica. Con la Biblia y la filosofía se consideraba que el pensamiento humano ya había llegado a la verdad última. Pero Ockham estuvo en desacuerdo con el realismo, y afirmó que palabras descriptivas solo eran nombres y nada más (por eso su posición se llamaba *nominalismo*, del latín para nombre). Las palabras no se referían a formas universales. Más que esto, las formas universales que identificó Platón sólo eran generalizaciones de la mente humana. Okham era un fraile franciscano y no estaba contradiciendo revelación bíblica sino el uso inapropiado de filosofía para llegar al conocimiento de Dios. Afirmó, por lo tanto, que la única manera de llegar a tener conocimiento acerca de Dios y la naturaleza del universo era por medio de la revelación de Dios en la Biblia. No podemos usar palabras y pensamientos humanos, parecía estar diciendo Ockham, para construir una escalera al cielo. La única manera de conocer estas verdades es recibir la revelación de Dios, la Biblia.

---

[8] La conexión entre noninalismo y exégesis protestante es notada en Ramm, *Protestant Biblical Interpretation*, 52.

Entonces, los líderes protestantes de la reforma vivían en una época en que se cuestionaba el platonismo detrás de la interpretación alegórica. La corrupción de la Iglesia y el movimiento *ad fontes* los impulsó a prestar renovada atención al texto bíblico y entenderlo en su sentido original, lo que quiere decir, en su contexto histórico.

Características de la hermenéutica histórica

El hilo que une todas las ideas en este libro es el aspecto histórico de la Biblia que, como ya hemos discutido, nos lleva en una dirección contraria a la hermenéutica alegórica. Podemos resumir los principios básicos que surgen de la hermenéutica histórica con lo siguiente: *las palabras del texto bíblico quieren decir su sentido normal de acuerdo con la gramática y el contexto, de acuerdo con la situación histórica y cultural en que fueron escritas y de acuerdo con el tipo de literatura en que se encuentran.* Surgen de esta definición cuatro temas principales que serán los temas de los siguientes cuatro capítulos:

- **Palabras**— Las palabras de la Biblia deben entenderse en su sentido normal y debemos leerlas como si fueran parte de comunicación humana normal.
- **Contexto**— Palabras, frases y otros componentes literarios de comunicación siempre deben ser entendidos en relación a su contexto. O sea, en relación a las palabras, frases, etc., que las rodean.
- **Historia y cultura**— La Biblia tiene su sentido no solo en su contexto literario, sino también en la situación histórica y cultural en que fue escrita.
- **Tipo de literatura**— El sentido del texto bíblico, sus palabras y secciones, está vinculado al tipo de literatura en que este texto se encuentra.

6

❀ Lo que quieren decir las palabras

Y a hemos visto que las palabras de nuestras Biblias no son las palabras que se usaron en el texto original de los manuscritos bíblicos. La Biblia fue escrita en griego y hebreo. Estos son idiomas antiguos y, aunque los dos todavía se usan hoy día, las versiones que existen hoy son muy diferentes a las que se usaron en los tiempos bíblicos. Entonces cuando afirmamos que las palabras de la Biblia tienen su significado normal, estamos hablando primordialmente de palabras griegas y hebreas, y estamos interesados en conocer el sentido y uso normal de esas palabras en el contexto en que fueron escritas en los libros de la Biblia.

¿Lenguaje especial o lenguaje normal?

A finales del siglo XIX hubo una época en que se debatía entre los eruditos qué tipo de idioma era el griego usado en el Nuevo Testamento. Las diferencias entre este griego y el de la literatura clásica griega son significativas, y en el siglo XIX el griego del Nuevo Testamento no acordaba con otros documentos griegos del siglo I que se habían descubierto. Entonces, los estudiosos se preguntaron: ¿de dónde viene este estilo? ¿Por qué lo encontramos sólo aquí en los textos del Nuevo Testamento? ¿Es algo, quizás, especial? Surgieron varias respuestas, como por ejemplo que el Nuevo Testamento representaba una especie de griego hebraizado solo usado en Palestina, o que era un griego usado especialmente para discusiones religiosas. Pero a finales del siglo XIX, y gracias al descubrimiento de una gran cantidad de papiros escritos en griego, se estableció sin lugar a duda que el griego del Nuevo Testamento era el idioma común que se usaba en el mercado y en la vida cotidiana del imperio romano, y que no tenía pretensiones de ser literario. Algunos de los paralelos que se encontraron entre el griego de los papiros y el de la Biblia fueron significativos, y produjeron muchísimas y valiosas aclaraciones de pasajes bíblicos. El griego usado en el Nuevo Testamento no era algo santo, algo especialmente generado para comunicar pensamientos divinos. Era el idioma de la gente.

Me parece importante este desarrollo en el estudio del idioma griego porque creo que tenemos la tendencia de darle un sentido sobrenatural a las palabras de la Biblia, especialmente a palabras griegas y hebreas. Y cuando las tratamos como palabras especiales, palabras que no son parte de un idioma común humano, enseguida comenzamos a hacer cosas raras con ellas, y les atribuimos características que palabras normales nunca tendrían. Por eso siempre me siento un poco incómodo cuando un predicador declara que nos va a explicar lo que quiere decir una palabra bíblica "en el original". Muchas veces el predicador nos presenta algo contra-intuitivo, porque trata las palabras bíblicas de una manera que nunca trataría palabras españolas. Quizás decirlo así nos ayudaría a entender este tema mejor: la Biblia podría haber sido escrita en español, y el español no es más o menos especializado que el griego para comunicar verdades divinas. Si la Biblia hubiera sido escrita en español, el diccionario de la Real Academia Española sería uno de los recursos más importantes de la Iglesia. Como ya he señalado, es el mensaje anunciado por medio de las palabras bíblicas el que es espiritual, no las palabras mismas. Por eso, cuando queremos entender una palabra bíblica debemos acudir a las mismas herramientas y metodologías que se usan para entender cualquier palabra en un texto antiguo.

Decir que debemos entender palabras en su sentido normal quiere decir que debemos entender palabras en su contexto histórico. Las palabras cambian a través de los años, y por eso tienen un sentido particular en un momento particular. Entonces, hay dos maneras de estudiar el sentido de una palabra. El estudio *diacrónico* (que significa a través del tiempo) determina lo que una palabra ha querido decir en diferentes épocas y cómo y por qué ha cambiado de sentido a través de los años. El estudio *sincrónico* (que significa en tiempo) determina el significado de una palabra en un momento particular. Entonces, ¿cuál es la manera de estudiar palabras que más nos interesa en los estudios bíblicos? Nos interesan las dos maneras. El estudio diacrónico es importante porque debemos saber qué quisieron decir las palabras en el pasado, y desde nuestra perspectiva esto es un estudio diacrónico. Pero estamos principalmente interesados en el significado sincrónico de palabras, o sea, lo que quisieron decir en un momento particular. Queremos ubicar palabras en el contexto histórico en que se usaron en la Biblia. Queremos, si es posible, sumergirnos lo más posible en el momento en que las palabras de la Biblia fueron escritas porque el significado de esas palabras yace en ese contexto. Del estudio sincrónico surge la necesidad inevitable de investigación histórica. Si queremos saber lo que dice Dios en la Biblia, debemos saber lo que querían decir las palabras que Él usó por medio de los autores bíblicos. Por suerte, no todos los cristianos tienen que ser historiadores de palabras. El trabajo ya ha sido hecho, la labor también continúa, y hay muchos buenos recursos para poder encontrar el sentido de las palabras usadas en la Biblia. Pero es importante que entendamos este proceso para saber cómo pensar acerca de nuestras interpretaciones. Estamos tratando de llegar al sentido del texto antiguo porque estamos convencidos de que ese es el contexto en el que Dios se ha revelado.

Por otro lado, la persona que no sabe griego y hebreo no debe desesperar como si el estudio de la Biblia no estuviera a su alcance.

Debemos acordarnos de que los traductores y editores de nuestras Biblias han trabajado durísimo para traducir el texto antiguo de una manera que tenga sentido para nosotros hoy en nuestro idioma. Por eso podemos usar nuestras traducciones y usarlas con confianza. Los expertos ya han hecho el trabajo, y resulta que el diccionario de la Real Academia Española es después de todo uno de los recursos de la Iglesia hispanoparlante.

Debo aclarar que aunque las palabras bíblicas son palabras normales, sí hay palabras técnicas o palabras que se usan a menudo en la Biblia, e imaginamos que también eran palabras usadas frecuentemente por los primeros cristianos y por los judíos. Estas palabras sí tienen un significado especial para el cristianismo. Por ejemplo, la palabra griega *ekkleisia* es la palabra que hay detrás de nuestra palabra "iglesia". En el mundo de habla griega de aquel entonces quería decir "la asamblea" y parecía usarse especialmente para la asamblea de ciudadanos. Esta palabra se usa muchísimas veces en el Nuevo Testamento, y es obvio que en ese contexto tiene un sentido especial —un sentido técnico— y se refiere a mucho más que a una asamblea de ciudadanos. Es una palabra que se usa para describir algo complejo y profundo, al pueblo de Dios en este mundo, al grupo de seres humanos unidos en la muerte y resurrección de Jesús, los electos, etc. En el Antiguo Testamento la palabra *erets* es importantísima y es una de las más usadas. Quiere decir "la tierra", con los mismos significados que en español: el mundo y la tierra en que vivimos. Muchos temas bíblicos como la creación y el señorío total de Dios vienen enredados en esta palabra. Pero es importante entender que estas palabras especiales son "terminología técnica" no por ser palabras especialmente creadas o diseñadas para comunicar verdades espirituales, sino simplemente porque son las palabras normales del día que los autores bíblicos usaron para comunicar verdades acerca de Dios y sus propósitos.

Una palabra – diferentes sentidos

Palabras y versiones bíblicas

La "normalidad" de palabras bíblicas debería informar nuestras evaluaciones de diferentes versiones bíblicas. No tiene mucho sentido afirmar, como lo hacen algunos, que la versión *Reina Valera* es más apropiada porque usa un estilo de español más elevado o más digno para comunicar pensamientos divinos, cuando el Nuevo Testamento mismo fue escrito en el idioma común de su época. Tanto que el erudito James Moulton, cuyo trabajo fue clave para la definición del griego bíblico, afirmó que no era apropiado publicar "el gran libro de la Gente" en ediciones de lujo. Eso le parecía a él una contradicción, pues parece implicar que el texto es algo santo y tan elevado que solo debe manejarse con guantes de seda. Pero no. El Nuevo Testamento fue escrito en el griego común.

Aunque sabemos menos acerca del hebreo del Antiguo Testamento, tampoco parece que esos libros fuesen escritos en un idioma especial. No digo que la *Reina Valera* sea una versión inadecuada. Es muy buena. Pero tenemos la libertad de usar otra versión en un estilo más popular si nos parece que comunicará mejor el sentido de las escrituras a nuestra audiencia, sin ser acusados de violar una tradición sacrosanta. Alguien me consultó una vez de parte de una mujer que estaba perturbada. En Lucas 15:16 dice que el hijo pródigo "deseaba llenar su vientre de las algarrobas que comían los cerdos". Ella quería saber por qué se le atribuía al hijo pródigo un vientre, que solo tienen las mujeres y que tampoco tiene nada que ver con el comer. Vino a nuestro socorro el diccionario de la Real Academia Española donde descubrimos que la palabra "vientre" se refiere a la cavidad del cuerpo donde se encuentran varios órganos incluyendo el estómago y también los órganos de reproducción. Pero como también se dice que alguien "vino del vientre de su madre" y varias otras frases así, esta mujer pensó que vientre sólo se refería a los órganos de reproducción. Es más, hoy día no nos referimos al estómago como el vientre. Me pareció bien aconsejarle a esta hermana que use una versión más actual de las escrituras. La Biblia fue escrita en el idioma de la gente.

Cada versión de la Biblia tiene su propia filosofía de traducción. Por ejemplo, *La Biblia de las Américas* es una traducción un poco más literal, y por eso muchas veces tiene una traducción más precisa de las palabras griegas y hebreas del original. Pero otras traducciones, como la versión *Dios Habla Hoy*, están escritas para que la gente sin mayor educación pueda también leer la Biblia. Aunque para muchos es importante usar una versión más literal porque parece darnos más explícitamente el sentido del original, otros abogan por "equivalencia dinámica" como la mejor teoría de traducción. En esta teoría uno presta atención no solo a las definiciones de palabras en el diccionario, sino también a lo que diferentes palabras, frases y modismos comunican al lector moderno, y se considera apropiado hasta cierto punto cambiar el sentido de la Biblia para comunicar mejor el mensaje. Esto es especialmente importante con los diferentes modismos que se usan en la Biblia que para el lector moderno no tienen sentido. De todos modos, los traductores de cada Biblia deben a veces elegir una manera de decir algo que no comunica todo lo que se puede decir acerca de una palabra, para estar seguros de poder comunicar a su audiencia y para poder producir un texto en español que sea agradable de leer.

Veamos un ejemplo de esta dinámica. En Hebreos 2:17 el autor explica que Jesús tenía que ser humano para poder obtener el perdón de los pecados para sus hermanos (los seres humanos). En la *Reina Valera 1960* dice: "Por lo cual debía ser en todo semejante a sus hermanos, para venir a ser misericordioso y fiel sumo sacerdote en lo que a Dios se refiere, **para expiar** los pecados del pueblo". La palabra que hay detrás de expiar proviene del griego: *hilaskomai*. Si la buscamos en un diccionario griego la definición es: "borrar las culpas de, lograr el perdón de, expiar, apaciguar, quitar".[1] Como este es un concepto poco familiar es interesante ver cómo se ha traducido esta palabra en diferentes versiones de la Biblia. Se ha hecho de tres diferentes maneras:

LBLA, NBLH[2]	RV 60, 95, RVA NVI	DHH
hacer propiciación	expiar	obtener el perdón de los pecados

Figura: Traducciones de 'hilaskomai' en Hebreos 2:17.

En el primer caso se ha usado un término técnico, el cual la mayoría de la gente, quizás, no entenderá. Por supuesto podrán acudir a un diccionario, para determinar que propiciación quiere decir "sacrificio que se ofrecía en la ley antigua para aplacar la justicia divina y tener a Dios propicio".[3] Parece ser precisamente lo que está bajo consideración en este versículo. En el segundo caso se ha usado "expiar", es una palabra un poco mejor conocida, pero no es tan específica como propiciación. Puede querer decir varias diferentes cosas:

- Borrar las culpas, purificarse de ellas por medio de algún sacrificio.
- Dicho de un delincuente: sufrir la pena impuesta por los tribunales.

---

[1] Alfred E. Tuggy, *Léxico Griego-Español Del Nuevo Testamento* (El Paso, Texas: Editorial Mundo Hispano, 2003), 455.

[2] Clave de versiones: LBLA: La Biblia de las Américas; NBLH: Nueva Biblia de los Hispanos; RV: Reina Valera (diferentes ediciones); NVI: Nueva Versión Internacional; DHH: Dios Habla Hoy.

[3] Las definiciones de palabras españolas vienen del diccionario de la Real Academia Española. Ver http://www.rae.es.

- Padecer trabajos a causa de desaciertos o malos procederes.
- Purificar algo profanado, como un templo.

Interesantemente en todas estas definiciones el énfasis cae en expiación como algo que uno hace por sí mismo. Nuestro contexto aclara que esto es algo hecho por un partido para otros. Finalmente, la versión *Dios Habla Hoy* ha optado por explicar el concepto detrás de la palabra en vez de intentar una traducción a una palabra moderna: "obtener el perdón de los pecados". ¿Cuál es la mejor traducción? Bueno, usted decidirá. Depende de lo que uno está tratando de hacer. Si el propósito es una traducción más concisa, más técnica, "propiciación" parece mejor. Si el propósito es explicar a una audiencia cuyo promedio de educación no es muy alto, la explicación es mejor. Lo importante para nuestros propósitos es entender por qué tenemos diferentes traducciones de la Biblia y por qué el tener diferentes traducciones es apropiado. Las palabras no son fáciles de traducir exactamente de un idioma a otro, especialmente cuando estamos hablando de hacer traducciones desde un idioma antiguo a un idioma moderno.

Campos semánticos

Para ilustrar esto podemos usar el concepto del campo semántico, que viene de la ciencia lingüística. Como ya sabemos todos, las palabras suelen querer decir diferentes cosas según la manera en que uno las usa (el contexto). Entonces, en el campo semántico se juntan todos los posibles sentidos de una palabra, y se excluyen los sentidos que la palabra no puede tener. Podemos representar el campo semántico como un círculo que rodea los diferentes sentidos que tiene una palabra. Usemos para nuestro ejemplo la palabra *caballero*.

Caballero

Figura: Campo semántico de 'caballero'.[4]

Ahora, digamos que estamos traduciendo una obra literaria del español al inglés. Debemos encontrar la palabra equivalente a caballero en inglés. ¿Qué palabra inglesa usaremos para traducir este término? De acuerdo con el diccionario inglés-español de Merriam-Webster, la palabra equivalente a caballero en inglés es *gentleman*. El campo semántico de esta palabra es el siguiente:

Figura: Campo semántico de 'gentleman'.

---

[4] Las definiciones de palabras vienen del diccionario de la Real Academia Española para español y del Diccionario Merriam-Webster para inglés. Para ahorrar espacio no he usado todas las posibles definiciones de todas las palabras.

Pero, curiosamente, los campos semánticos de estas dos palabras no coinciden exactamente. Ambas tienen significados que la otra no comparte. Podemos ilustrar las semejanzas y contrastes entre los sentidos de estas palabras con el siguiente gráfico que combina los campos semánticos. La coincidencia entre las palabras se denota en el área gris donde se han sobrepuesto los círculos.

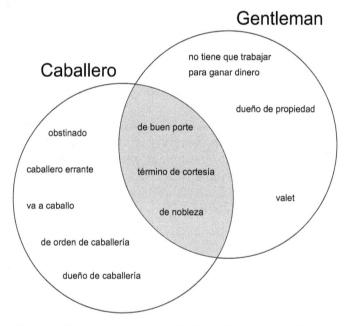

Figura: Campos semánticos de 'caballero' y 'gentleman' combinados.

Entonces es obvio que aunque el diccionario afirma que estos términos son equivalentes, es tan solo una aproximación. Aunque puede ser que sean equivalentes en sus sentidos más comunes, no podemos automáticamente traducir cada instancia de *caballero* como *gentleman*. Tendremos que prestar atención al contexto para ver cuál es el sentido de todos los sentidos posibles que se está usando en el texto que estamos traduciendo.

Resulta que hay otra palabra inglesa que también comparte sentidos con caballero, la palabra *knight*:

Figura: Campo semántico de 'knight'.

Luego, podemos representar las semejanzas y los contrastes entre los tres términos así:

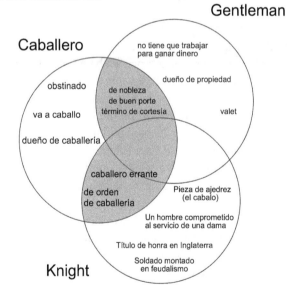

Figura: Combinación de los tres campos semánticos.

Estos ejemplos nos ayudan a entender los retos y las complicaciones que surgen cuando estamos traduciendo palabras de un idioma a otro. Aunque a veces hay palabras en diferentes idiomas cuyos campos semánticos son idénticos, también es muy común que palabras equivalentes tengan diferentes campos semánticos y que por eso sean difíciles de traducir.

También es de notar que en cualquier traducción perdemos algunas sutilezas. Por ejemplo, la palabra inglesa *gentleman*, traducida literalmente, sería "hombre tierno" y en ese idioma alguien podría hacer un juego de palabras y decir: *"He may be gentle and he may be a man, but he is no gentleman"* (será tierno y será hombre, pero *gentleman* no es). Desde ya, esto sería difícil de traducir al español sin alguna explicación adicional (quizás una nota al pie de la página). O, por otro lado, en español alguien podría decir "¡este es un caballero sin caballo!" como una broma, y también sería difícil traducir el sentido completo de la broma. La relación entre caballo y *gentleman* no existe en inglés. Curiosamente, sí existe con *knight,* porque así se denomina la pieza del caballo en ajedrez. Recuerdo una reunión en México en la cual un pastor norteamericano predicaba en inglés y un hermano mexicano hacía la traducción. En una parte del sermón el pastor hizo una broma, y el grupo de norteamericanos que habían venido con él todos de repente rieron bien fuerte. Esto alzó las expectativas de la audiencia hispanoparlante y se notaba que ellos prestaban atención especial para saber cuál era el chiste. Pero se vieron desilusionados, pues resulta que había sido un juego de palabras intraducible y nadie más se rió del chiste del pastor.

Ahora, hay dos palabras principales en inglés con las que podríamos traducir el español caballero (*gentleman* y *knight*). ¿Qué sucedería si el uso de caballero en nuestro documento compartiera el campo semántico de ambas palabras inglesas? Por ejemplo, Don Quijote era de la nobleza (apenas) y también era caballero errante (aun más apenas). ¿Ahora qué hacemos? Puede ser que en diferentes contextos de esa obra literaria se traduzca a caballero usando una u otra de las palabras. Aquí el trabajo de traducción se convierte en algo más intuitivo. Uno mide las sutilezas de los términos, el contexto, los campos semánticos y al fin y al cabo hay que tomar una decisión. No nos sorprendería si después de hacer nuestra traducción, otro traductor nos escribe una carta proclamando que hemos elegido el peor de los dos por tal y cual razón —que el inglés tiene este o el otro aspecto, que aunque eso es lo que dice el diccionario en realidad el uso actual es un poco diferente, que en español no quería realmente decir lo otro, etc.

Uso este ejemplo entre inglés y español para ayudarnos a ver las dinámicas de traducción en otro ambiente y quizás así tener una mejor idea de todas las cosas que están en juego cuando traducimos palabras de un idioma a otro. No es un proceso exacto y nunca lo podrá ser. Por eso esas traducciones automáticas que vemos en Internet sólo sirven para dar una idea general de lo que se dice en otro idioma. No están programadas para tomar en cuenta las sutilezas del contexto y elegir la mejor palabra cada vez.

Estas mismas dinámicas que he descrito entre caballero, *gentleman* y *knight* son parte del proceso de traducción desde el griego y hebreo bíblico a otros idiomas. Pero en realidad el proceso es más complejo con los idiomas bíblicos, porque puede ser más difícil discernir los campos semánticos de palabras que estaban en uso hace miles de años. Todas las pistas que tenemos vienen de documentos antiguos y para algunas palabras no tenemos casi nada. Es por estas dinámicas y complicaciones que puedo afirmar dos cosas que parecen ser contradictorias: que podemos confiar en nuestras traducciones españolas porque son muy buenas y han sido hechas por personas de altas calificaciones, pero que por otro lado también puede ser importante investigar el campo semántico de la palabra bíblica. Algunas cosas no pueden ser traducidas y solo pueden ser explicadas.

Al entender los campos semánticos de algunas palabras bíblicas podemos ver algunos de los retos que pueden surgir para traducirlas. En los siguientes gráficos voy a comparar los campos semánticos de las palabras griegas que se traducen con nuestra palabra "mundo": [5]

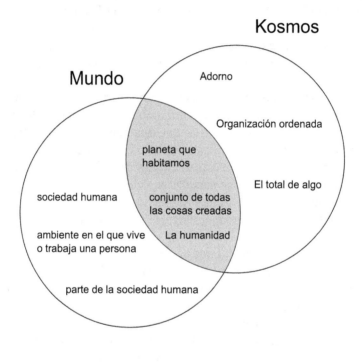

[5] Definiciones griegas vienen de Arndt, Danker, y Bauer, *A Greek-English lexicon of the New Testament and other early Christian literature* (*Un léxico griego-inglés del Nuevo Testamento y otra literatura cristiana temprana*), 3ra ed. (Chicago: University of Chicago Press, 2000), pero no doy necesariamente todas y las he traducido yo.

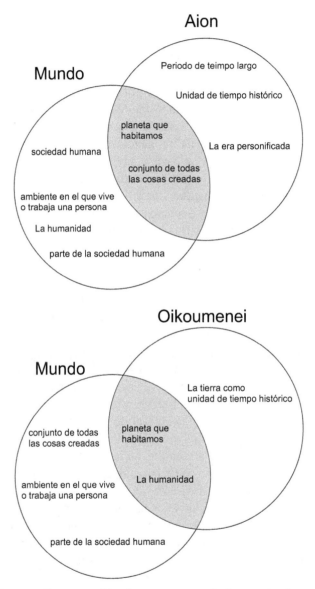

Figuras: *Comparación de campos semánticos entre 'mundo'*
y las palabras griegas para 'mundo'.

Sentido y contexto

Las palabras son como una vida humana. Cuando somos jóvenes podemos ser muchas cosas diferentes, pero al fin y al cabo
cuando uno vive la vida uno sólo puede ser una cosa. La palabra sin contexto tiene muchos sentidos, pero la palabra usada
se limita a un solo sentido. Si uno va a un diccionario para ver
lo que quiere decir una palabra, generalmente encontrará varias
posibles definiciones o varios usos, pero el sentido específico
de una palabra solo se puede descubrir en su uso. Entonces un
diccionario no puede nunca ser una guía exacta del sentido de una
palabra; es solo una guía a los posibles usos, o a usos comunes.
¡Ni siquiera el diccionario está basado en ciencia exacta, pues es
un catálogo de uso, no una determinación de uso!

Hay una falacia muy común en nuestros estudios bíblicos,
que es la siguiente: queremos descubrir el sentido de una palabra
en un pasaje bíblico y para hacerlo acudimos a un diccionario de
griego-español o hebreo-español. Allí encontramos varias definiciones y hacemos una de dos cosas. Una, elegimos el sentido
que más nos gusta y le atribuimos ese sentido a nuestra palabra
sin referencia al contexto donde se usa. La otra es usar todas las
definiciones posibles de una palabra y afirmar que en un pasaje
particular la palabra quiere decir todo lo que lista el diccionario,
o tres o cuatro significados que lista el diccionario. Tratamos a
esta lista de definiciones como si fuera una lista de sinónimos
que rodean el sentido básico de la palabra. Pero esto es una falacia, y solo tenemos que pensarlo por unos segundos para ver el
porqué. Cuando nosotros mismos usamos palabras no queremos
decir todo lo que quiere decir cada palabra. Sería absurdo. Cuando usamos la palabra "caballero" en una conversación, como por
ejemplo: "Hombre, usted es de veras un caballero", no queremos
decir que este personaje es un obstinado caballero errante que
además va a caballo, es dueño de una caballería, pertenece también a una orden de caballería, es de buen porte, de nobleza y a

quien estamos aplicando un término de cortesía. En este caso sería contradictorio, porque generalmente ser obstinado no va bien con ser una persona de buen porte y tampoco inspirará a la gente a usar un término de cortesía.

Hay algunas características de nuestros diccionarios y de algunas versiones de la Biblia que no son muy buenas para esto, porque da la impresión de que una palabra griega o hebrea puede describirse por medio de varios sinónimos en español. Por ejemplo, en la *Nueva Biblia de los Hispanos* han incluido sinónimos de palabras en paréntesis para ayudarnos a entender mejor el sentido. Entonces, en la NVI nos dice en Proverbios 1:7: "El temor del Señor es el principio del conocimiento". En la NBLH dice: "El temor del (la reverencia al) SEÑOR es el principio de sabiduría". Los editores han incluido esta frase en paréntesis para aclarar que la palabra hebrea usada aquí (*yare*) también incluye el sentido de reverencia, no solo temor. Pero cuidado: aunque reverencia y temor son conceptos similares, la palabra hebrea no quiere necesariamente siempre decir las dos. Por ejemplo, en 1ra Samuel 7:7 dice que "al darse cuenta de esto, los israelitas tuvieron miedo [*yare*] de los filisteos". La misma palabra hebrea es usada aquí, pero es obvio que no quiere decir que los israelitas le tenían reverencia a los filisteos. Era miedo puro y simple. En la NBLH se han usado sinónimos para explicar un sentido de la palabra hebrea *yare* en un contexto: temor reverencial. Pero hay otro sentido de la palabra que es mero temor, no temor con reverencia.

Un error común es confundir estas categorías de sentido y decir algo así: "En 1ra Samuel 7:7 dice que los israelitas le tuvieron miedo a los filisteos. Ahora, la misma palabra hebrea para miedo se usa en Proverbios donde quiere decir reverencia. *Esto significa que los israelitas le tuvieron reverencia a los filisteos.* Por eso fueron dominados por ellos. Envés de tener reverencia solo a Dios le tuvieron reverencia a los filisteos". Es una interpretación ridícula y es fácil verlo en esta instancia. Pero en otros pasajes puede parecer tener más sentido. La clave es asegurarnos de que entendemos qué sentido de una palabra estamos usando en un pasaje, y confiar en el principio de que las palabras en un contexto generalmente sólo quieren decir una cosa, no dos, tres o cuatro cosas.

Otro ejemplo. La palabra griega *mega* tiene varios sentidos, pero dos de ellos son:[6]

• Grande, alto, ancho, espacioso.
• Gran, principal, ilustre.

En estas definiciones el diccionario usa un conjunto de sinónimos para describir el sentido de un aspecto de la palabra *mega* (grande, alto, ancho, espacioso) y luego usa otro conjunto de sinónimos para describir el sentido de otro aspecto de la palabra (gran, principal, ilustre). El principio importante es que no podemos mezclar estos sentidos. O elegimos el primero y dentro de ese sentido la mejor palabra para el contexto, o elegimos el segundo sentido. Pero no podemos usar los dos sentidos a la misma vez. Cuando los habitantes de Éfeso describen a su diosa Artemis como *mega*, quieren decir "gran, principal, o ilustre". Este es un concepto singular que puede ser descrito con varias palabras. ¡Pero no quieren decir también que Artemis era una Diosa ancha! La *mega* roca que se usó para tapar la tumba de Jesús no era también una roca ilustre (Mateo 27:60). No podemos navegar al azar entre los diferentes sentidos de una palabra. La clave, creo, es que cuando uno oye usar a otro o se oye usar a sí mismo la frase "esta palabra también quiere decir...", esto señala cuidado. Es muy posible que haya una falacia interpretativa en proceso. La regla normal es que cada palabra en cada contexto tiene un sentido singular.

---

[6] Turgy, *Lexico Griego-Español,* 599.

Hay una excepción, como siempre la hay en el estudio de idiomas. Pero esta excepción está basada en el principio. Hay veces que somos conscientes de los diferentes sentidos de una palabra y la usamos a propósito. Es el caso de chistes y juegos de palabras, donde usamos el sentido inapropiado de una palabra para su contexto. Por alguna razón esto nos da humor:

Grita el vigía:
- ¡Capitán, se aproximan carabelas por estribor!
- ¿Una flota?
- No, mi capitán. ¡Flotan todas!

¿Por qué nos hace gracia esto? Porque el vigía ha aplicado el sentido incorrecto a la palabra "flota", en una situación donde es perfectamente obvio qué sentido es el apropiado. ¡El hecho de que se aproximan las carabelas ya implica que están flotando! La palabra "flota" puede tener varios significados y varios usos, pero en cada uso esta palabra solo quiere decir una cosa, y ese significado es determinado por el contexto.

Con mi trasfondo argentino, estoy interesado en la palabra "mate". El mate es una especie de té al cual los argentinos están especialmente aferrados. Pero la palabra puede querer decir otras cosas también:

El *mate* dulce es muy sabroso.
Hice jaque *mate* en tres jugadas.
Le pedí que por favor no me *mate*.

Obviamente, la palabra "mate" no puede querer decir la misma cosa en cada una de esas frases, y tampoco puede tener todos los sentidos posibles en cada instancia. También es interesante ver que si no conocemos la bebida llamada mate no sabremos cómo interpretar la primera frase. Inclusive puede ser que la interpretemos como algo relacionado con el homicidio.

El formato del diccionario, igual que la concordancia, nos puede despistar. El diccionario es una guía; nos da las posibilidades. Pero el sentido de una palabra siempre yace en el contexto. Hablaremos más acerca de esto en el próximo capítulo.

Palabras en el tiempo

El pasado de las palabras

Ya hemos notado arriba que hay dos maneras de estudiar el sentido de las palabras, el estudio diacrónico (a través del tiempo) y el estudio sincrónico (en tiempo). Pastores y predicadores siempre parecen estar interesados en el aspecto diacrónico de una palabra, o sea su etimología: la historia de su formación y de los diferentes sentidos que ha tenido a través de los años. A veces uno dice que tal y cual palabra viene de tal y cual otra palabra, con la implicación de que el trasfondo histórico impacta de alguna manera el sentido. Por ejemplo, se dice en español que la palabra "sincero" viene de la frase latina sine cera que quiere decir, literalmente, "sin cera". La historia que uno oye frecuentemente es que esta terminología surgió de la práctica de algunos escultores romanos, quienes en tiempos antiguos usaban cera para ocultar imperfecciones en sus esculturas. Pero una escultura bien hecha era una estatua sin defectos y por eso "sin cera". Entonces sincero, basado en esta etimología, quiere decir "sin nada oculto".

Otras veces se usa la forma de una palabra (la morfología) para determinar su sentido. La palabra griega para perdurar es hupomeno y está compuesta de dos otras palabras griegas que han sido juntadas. El griego es un idioma "sintético", en el que se hace esto frecuentemente. La primera, hupo, quiere decir "debajo de" y la segunda, meno, quiere decir "quedar". Separar las palabras en sus componentes parece esclarecer el sentido. Se supone, entonces, que hupomeno quiere decir "quedar debajo". Otro ejemplo bien conocido de este tipo de etimología es la palabra griega ekkleisia, que se traduce iglesia, y es también la palabra de la cual ha surgido el término español "iglesia". Esta palabra está compuesta de ek (fuera) y kleisia (de llamar) y por eso se dice que significa "los llamados fuera".

Pero aunque este tipo de análisis es usado frecuentemente y muchas veces resulta ser fascinante, debo resaltar que también tiene sus límites, y que muchas veces se abusa.[7] Por ejemplo, la historia de "sincero" es puro mito. En realidad "sincero" viene de la palabra latina sincerus, que quiere decir "limpio, puro". La historia de las estatuas es interesante y quizás también útil, por servir como algo que capta la imaginación. Pero no es la fuente del sentido de la palabra ni quizás tampoco una buena explicación de su sentido.

Hay varios problemas con este uso de la etimología, y entenderlos nos ayudará a entender algunos principios que son importantísimos para la interpretación bíblica. El primer problema, como ya vimos, es que la etimología "sin cera" no es verdadera, y cualquier conclusión que saquemos de ella no tendrá nada que ver con el sentido de la palabra. En este ejemplo las consecuencias no son monumentales, pues no estamos cambiando el sentido radicalmente. Pero, ¿qué pasa si estamos hablando de palabras bíblicas? De repente es más importante entender los usos y abusos de la etimología, porque esto afecta al sentido que le damos a un pasaje de la Biblia.

Pero el segundo problema es más profundo, y es la idea de que el sentido de una palabra en el pasado impacta al sentido de una palabra hoy. Esto es algo que uno piensa intuitivamente, pero en realidad no sirve. Para comprobarlo solo tenemos que pensar acerca de la manera en que usamos palabras nosotros mismos.

---

[7] Esta discusión depende mucho del libro de Moisés Silva, *Biblical Words and their Meaning,* especialmente el primer capítulo.

Regresemos a la palabra "caballero". Si analizamos la morfología (la forma) de la palabra es obvio que tiene algo que ver con caballos. Si nunca hubiéramos oído esa palabra llegaríamos, quizás, a la conclusión de que se trata de alguien relacionado con caballos. Pero en nuestra comunicación diaria la palabra caballero no tiene la más mínima conexión con caballos. Cuando alguien anuncia "Damas y caballeros" en un evento, no miramos de repente por la sala para ver dónde está la gente que vino con caballos, o que tiene algo que ver con ese animal. ¿Por qué es esto? Históricamente el trasfondo de la palabra y del estatus social de personas así denominadas está vinculado con caballos, quizás especialmente con el caballero errante, quien vivía, esencialmente, sobre su cabalgadura. Esto lo sabemos y lo podríamos discutir en algún momento. Pero cuando decimos "damas y caballeros" sólo queremos decir: hombres y mujeres presentes (respetuosamente).

Surge un principio importante: las palabras quieren decir lo que quieren decir ahora, no lo que querían decir en el pasado. El significado de una palabra está vinculado al tiempo y al lugar en que se usa. Pero a veces la gente parece pensar que al entender la etimología de una palabra ahora sabemos mejor lo que quiere decir, como si una palabra fuera una entidad estática que siempre ha tenido un sentido básico, o que el significado de palabras contemporáneas se deriva del sentido anterior de la palabra y que al regresar a ese sentido estamos regresando a algo más esencial, un significado más puro que el que tenemos ahora. No es así. Cuando nosotros nos comunicamos con otras personas estamos usando el sentido común aceptado en nuestro contexto cultural. Si no fuera así no podríamos comunicarnos, porque estaríamos formulando sonidos sin definición. El sentido de las palabras yace entre nosotros, no en el pasado. Y el sentido aceptado de una palabra hoy no incluye necesariamente lo que esa palabra quiso decir hace 500 años, o si lo incluye es porque ese sentido antiguo es parte del sentido aceptado ahora de todas maneras. Dicho de otra manera: el sentido pasado de una palabra, o su origen o la forma de una palabra puede ser interesante y puede explicar de dónde vino su contenido, pero la palabra, finalmente, es definida por su uso contemporáneo.

Como dijo el lingüista J. Vendryes:

"Palabras no son usadas de acuerdo con su valor histórico. La mente se olvida —si es que sabía— de la evolución semántica por la que han pasado palabras. Palabras tienen un valor actual, lo que es decir, limitado al momento en que se usan".[8]

A pesar de todo esto no quiero dar la impresión de que la etimología es completamente inútil. Como estamos hablando del idioma, hay pocas reglas absolutas. Lo que sí estoy resaltando es que la etimología no es magia. No estamos diciendo más de lo que pensábamos cuando de repente nos damos cuenta del significado de la forma o la historia de una palabra; los autores bíblicos no están necesariamente diciendo todo lo que una palabra quiso decir en su pasado o todo lo que está implicado en la forma de una palabra que usan.

Algunos usos apropiados de la etimología (la forma de la palabra o un sentido antiguo) son:

- Cuando un autor demuestra que el sentido que él le atribuye a una palabra está relacionado con la etimología.
- Cuando el sentido aceptado de una palabra demuestra consciencia de su etimología.
- Cuando no tenemos ningún otro recurso entonces sí vamos a la etimología, pero aún así con cuidado. En el caso de *hápax legomana* en la Biblia (palabras que solo ocurren una vez), etimología y comparación con palabras similares

---

[8] Citado en Moisés Silva, *Biblical Words and their Meaning*, 46-47.

nos pueden dar pistas del sentido. Esto es especialmente importante en el hebreo, porque el Antiguo Testamento es mucho más grande que el Nuevo, y también hay muchos menos documentos antiguos disponibles en hebreo para hacer comparaciones. También se comparan palabras hebreas con palabras de otros idiomas antiguos.

- Nos ayuda a ver cómo hemos llegado al sentido contemporáneo de una palabra.
- Para leer textos históricos de diferentes eras.
- Cuando hay juegos de palabras basados en etimología.
- Palabras técnicas muy ligadas a su etimología, como biología (estudio de vida) o pentateuco (cinco libros).
- Nombres bíblicos cuyo sentido viene de su etimología (Mateo 1:21).

¿Por qué tanto tiempo en este excurso lingüístico, resaltando cosas que de todos modos parecen ser bastante obvias? Es porque aunque aceptáramos estas realidades lingüísticas en relación a nuestro uso diario del idioma español, por alguna razón cuando entramos en el tema del sentido de palabras bíblicas parecemos tirar el uso normal de palabras a la basura, y aceptamos definiciones basadas en etimología sin batir los ojos. A veces la etimología de palabras bíblicas parece ser en sí misma una fuente de revelación divina. Esto es especialmente problemático cuando un predicador o intérprete usa información no bien conocida o establecida, conexiones a palabras en otros idiomas, análisis de morfología e historia de palabras para llegar a una conclusión interpretativa o peor, para desarrollar una doctrina. Cuando estamos investigando palabras bíblicas (griegas y hebreas) estamos interesados en lo que esas palabras quisieron decir en su tiempo y en la cultura en que fueron escritas. El sentido de la palabra yace en el "presente" de la Biblia.

Entonces, regresando a la palabra *ekkleisia*, es casi obligatorio mencionar su etimología cuando uno enseña acerca del tema de la iglesia. Pero la verdad es que no tenemos evidencia de que los autores del Nuevo Testamento la usaran tomando consciencia de su etimología. Parece ser simplemente la palabra para "asamblea" que fue aplicada a la iglesia. Como el concepto de la iglesia es complejo, la palabra se ha convertido en el término técnico que usamos para discutir estos temas. Por otro lado, aunque "los llamados fuera" parece caber bien con lo que es la Iglesia, también hay un sentido en que no somos llamados fuera del mundo como Iglesia. Jesús dice que nos hemos de quedar en el mundo (Juan 17:15) y Pablo aclara que cuando les mandó a los de la iglesia de Corinto a no relacionarse con gente inmoral "por supuesto, no me refería a la gente inmoral de este mundo, ni a los avaros, estafadores o idólatras. En tal caso, tendrían ustedes que salirse de este mundo" (1ª Cor. 5:10). El tema del sentido de esta palabra es demasiado complejo para resolver en este contexto, pero lo importante es que solo lo podremos resolver por medio de usos específicos de *ekkleisia*, no meramente basándonos en la etimología de la palabra.

El futuro de las palabras

Si bien hay muchos problemas que surgen de usar el pasado de las palabras para definir su sentido, hay aun más problemas con usar el futuro de las palabras para definirlo. Un ejemplo muy popular de esto es el caso de la palabra griega *dunamis*, que quiere decir "poder". Esta es la palabra que usa Pablo en Romanos 1:16 cuando afirma que el evangelio es el poder de Dios. Resulta que nuestra palabra dinamita viene de la palabra griega *dunamis*. A muchos predicadores, incluyendo algunos eruditos que deberían saber más, les gusta decir que Pablo nos está enseñando en este pasaje que el evangelio es la dinamita de Dios. Suena bien, pero si estamos concienciados acerca de la dimensión histórica del sentido de las palabras bíblicas, vemos muy de prisa que hay un problema con esta afirmación. Darle el sentido de dinamita a la palabra griega *dunamis* es un anacronismo, algo fuera de tiempo, algo que ignora el proceso histórico. El hecho de que la palabra moderna dinamita haya surgido de la palabra griega *dunamis* no tiene nada que ver con el sentido de esa palabra griega en el siglo I.

Si alguien me dice a mí, por ejemplo, que uno de sus antepasados hace ya 200 años tuvo un accidente en un carro, esta persona seguramente no querrá decir que su antepasado tenía en su posesión un automóvil moderno. Seguramente se referiría a un carro de caballo o algún otro tipo de carro disponible en ese período histórico. No se le puede atribuir el sentido moderno de una palabra a una palabra similar que se usaba en otros tiempos. De igual manera, si en 500 años la palabra "hermenéutica" se ha convertido en el nombre de una secta militar mormona (por decir algo), nadie me puede acusar a mí, que vivo en el siglo XXI, de ser un simpatizador de esa secta por haber escrito un libro acerca de hermenéutica.

La dinamita ni siquiera existía en el siglo I y tampoco, quizás, el concepto de una explosión. Entonces ya sabemos que Pablo no estaba afirmando que el evangelio es la dinamita de Dios. La palabra *dunamis* no quería decir eso en su contexto. También se ha notado que de todos modos dinamita no es realmente la mejor manera de concebir el poder del evangelio. La dinamita explota las cosas y generalmente se usa en destrucción. Pero el evangelio es un poder positivo que construye y reconstruye.[9] Este es otro caso en que una etimología fascinante pero incorrecta ha cambiado nuestro entendimiento de una palabra. Entiendo la tentación de usar esta imagen, porque comunica el gran poder del evangelio.

---

[9] Donald Carson, *Exegetical Fallacies* (*Falacias exegéticas*) (Grand Rapids, Michigan: Baker Book House, 1996), 34.

Y bueno, si uno quiere hacer esa comparación puede ser que tenga sentido. Por ejemplo, el evangelio destruye las fortalezas del diablo igual que dinamita. Pero debemos ser conscientes de que esta es nuestra imagen y nuestra explicación, no lo que dice la Biblia.

Quizás otro ejemplo sirva para resaltar bien este problema de usar palabras anacrónicamente, es decir, fuera de su tiempo. Recientemente hubo gran fanfarria sobre el supuesto descubrimiento de la tumba de Jesús en un sitio arqueológico en Jerusalén. El argumento, presentado por el periodista canadiense Simcha Jacobovici, estaba basado en el desentierro de varias cajas de huesos usadas por los judíos, llamadas osarios, y los nombres grabados en ellas. La teoría era que se había encontrado aquí la tumba familiar de Jesús. La estrategia de Jacobovici fue analizar los nombres inscritos sobre cada osario de la tumba para determinar que las personas allí enterradas debían de pertenecer a la familia de Jesús.

Además de varios otros problemas insuperables con la teoría de Jacobovici, uno en particular era los anacronismos en el análisis de los nombres de los osarios. Inscrito en uno de ellos se encontraba el nombre "María", deletreado en arameo, pero usando las letras de la forma latina.[10] Jacobovici afirmó que como en la Iglesia Católica siempre se conocía a María la madre de Jesús por su nombre en latín, este podría ser su osario. Pero ¿cuál es

---

[10] Como he señalado en un artículo acerca del tema, la verdad es que la aseveración de que la palabra "María" estaba escrita en arameo pero deletreada en latín tampoco es correcta. Pero para no complicar el ejemplo incluyo esta información aquí en la nota al pie de la página: "Hablar de la 'forma latina' del nombre realmente no tiene sentido. Ambas formas (griegas y latinas) son transliteraciones de versiones hebreas, principalmente: MRYH o MRYM (el hebreo no tiene vocales). Ahora, la 'forma latina' era MARION y la forma en el osario era MRYH. Entonces ¿por qué se afirma que esta es la forma latina escrita en letras arameas? Es la forma hebrea escrita en letras arameas y ahí se termina el asunto. No tienen nada que ver con latín". Ver Rob Haskell, "El Sepulcro Inventado de Jesús", http://www.senderis.com/wp-content/pdf/el_sepulcro_inventado_de_jesus-roberto_haskell.pdf, p.5, n.9, consultado Octubre 7, 2008.

el problema con esto? Que María la madre de Jesús murió en el siglo I, cuando el movimiento cristiano era primordialmente algo judío y tenía poco que ver con la Iglesia Católica de otros siglos. El idioma de la Iglesia en los primeros siglos fue el griego, no el latín, y también el arameo de Palestina. Entonces el hecho de que el nombre "María" aparezca inscrito en un osario deletreado en latín es un argumento en contra de la identificación con María la madre de Jesús. Seguramente su nombre hubiera sido escrito en arameo, o a lo más en griego.

El otro anacronismo de la teoría de Jacobovici fue identificar el nombre *Mariamene*, escrito en uno de los osarios, con María Magdalena. En esta teoría ella era la esposa de Jesús y por eso era importante encontrarla en la tumba con Él. Desde ya, todo venía vinculado con las teorías de Dan Brown en el famoso *"Código da Vinci"*. *Mariamene* es un nombre griego y Jacobovici señala que es el mismo nombre usado para identificar a María Magdalena en algunos documentos antiguos como *"Los hechos de Felipe"*. Pero otra vez tenemos un problema: estos documentos que usan el nombre griego *Mariamene* fueron escritos siglos después de la época de María Magdalena. Por lo que sabemos ella vivió en el siglo I, era una mujer judía que seguramente hablaba arameo y no hay realmente una conexión griega. Para colmo, el nombre *Mariamene* es una variante que no se usó hasta el siglo II. Entonces la evidencia presentada por Jacobovici no tiene nada que ver con la situación histórica del siglo I. Es más, cuando uno investiga el trasfondo histórico, sus supuestas pruebas se convierten en argumentos en contra de su tesis porque no es posible usar morfología o sentido subsiguiente para determinar el sentido anterior de una palabra. Cada palabra tiene sentido en su propia era. El pasado sí puede a veces impactar sentido a una palabra, pero no el futuro.

Dependiendo de autoridades

Recuerdo el primer día de mi primera clase de griego bíblico. El profesor nos dijo: "No piensen que en este primer curso van a aprender algo que les ayudará a interpretar la Biblia. Lo único que aprenderán para interpretación a este nivel va a ser que podrán reconocer los malos usos del griego en sermones". También nos contó que aunque nos gusta pensar que podemos acudir a los idiomas bíblicos para aclarar cuestiones de teología e interpretación, los idiomas bíblicos no son un repositorio mágico de significado, y tampoco siempre aclaran las cosas. A veces apelar al griego o al hebreo sólo complica las cosas, porque de repente hay más opciones que antes cuando solo estábamos leyendo el español.

Debemos reconocer que la gran mayoría de personas que interpretan la Biblia no conocen el griego o el hebreo. Por eso el tema de este capítulo no ha sido "cómo usar el griego o el hebreo para interpretar la Biblia". Mi propósito ha sido algo más humilde: simplemente insertar un poco de normalidad en un área de interpretación que se ha convertido en una especie de fantasía, y resaltar que las palabras bíblicas son palabras normales que deben ser usadas como tales. Creo que para muchos el resultado de este capítulo será simplemente tener más cuidado con lo que se dice acerca de palabras bíblicas. Quizás también nos ayudará a reconocer algunos de los usos inapropiados de palabras.

Pero creo que la mayoría de las cosas que pastores y líderes saben acerca de las palabras bíblicas no vienen de sus propios estudios, sino de libros populares y de otros predicadores. El problema es que hay muchas cosas que se dicen acerca de las palabras bíblicas que no tienen sentido, y son proclamadas por personas que aunque tendrán otros dones, no saben de lo que están hablando cuando entran en el área del griego y el hebreo. Allí surgen tonterías como dinamita y sin cera. Para colmo muchas de las herramientas que ponen información acerca de los idiomas originales en las manos del no-experto sólo proveen datos (definiciones de palabras), sin dar también los conceptos que uno necesita para poder usar esos datos.

Creo por eso que una de las mejores cosas que podemos hacer es ser conscientes de la fuente de información cuando consideramos lo que sabemos y decimos acerca de palabras bíblicas. Lo más seguro es usar información que viene de los que han estudiado este área de conocimiento. Por ejemplo, comentaristas o personas educadas en estudios bíblicos. No quiero dar la impresión ni por un instante de que solo personas con educación formal pueden interpretar la Biblia correctamente. Eso no. Pero sí quiero afirmar que en el área del sentido de las palabras originales de la Biblia, vale la pena prestar más atención a lo que dicen los que tienen conocimiento que a los que se han sacado algo del bolsillo sin mucha consideración.

7

❀ En su contexto

¿Qué es contexto?

Ya sabemos intuitivamente que el contexto es importantísimo para la comunicación. A todos nos ha ocurrido en algún momento u otro ser citados fuera de contexto. Alguna acusación surge, quizás, proclamando que hemos dicho algo falso o algo cruel. Pero no es verdad, y nos defendemos con: "eso no es lo que quise decir", "me has malinterpretado", "no estabas prestando atención" o "solo has oído la parte que quieres oír". En un caso extremo, podemos estar citando las opiniones de otra persona, sin aprobarlas, y alguien que no está prestando suficiente atención nos atribuye esas opiniones a nosotros. Mis chicos no entienden siempre este principio porque cuando yo les digo que tal y cual palabra es una mala palabra y no la deberían decir, responden, indignados, que yo mismo la acabo de pronunciar. Pero la diferencia es el contexto. Es una cosa discutir intelectualmente el sentido y uso apropiado de una palabra y en ese contexto pronunciarla; es otra cosa totalmente diferente usar una mala palabra como expresión de frustración o indignación.

En los capítulos anteriores hemos visto dos problemas relacionados con el contexto. En la práctica de hacer estudios de concordancia resalté el error de usar el extracto de un versículo como si fuera una frase independiente que se pudiera interpretar sin referencia al pasaje de donde vino. Luego cuando discutimos la práctica de memorizar versículos señalé el problema de tratarlos como proverbios; como si cada versículo fuera una verdad aislada de contexto.

Como ya hemos visto, el significado de las palabras está vinculado al contexto en que se usan. El sentido concreto de una palabra no se encuentra en un diccionario (allí se encuentran las posibilidades), sino en relación a las palabras y frases que la rodean. Esto también se aplica a las frases. Otro ejemplo que podría confundir a nuestro vigía del chiste de la flota:

Era una vela larga...
...que pertenecía a un barco gigante.
...pero ¿nos alumbraría toda la noche?

En el primer caso se trata de la vela de un barco que se usa para capturar el viento e impulsar la nave. En el segundo caso se trata de una vela de cera que alumbra la oscuridad con su llama. El contexto señala el sentido de la frase. En algunas instancias es difícil determinar el sentido específico de una palabra en su contexto y en muchas de las discusiones acerca de interpretación bíblica se trata este tipo de determinación. En esas discusiones surgen preguntas como: ¿cuáles son los sentidos posibles de esta palabra? ¿Cuál es la relación entre esta frase y la que sigue? ¿Cuáles son los otros usos de la palabra en el pasaje? ¿Cuál es la relación entre esta oración y la que sigue?

Pero quiero resaltar que a un nivel ya comprendemos intuitivamente el principio de contexto, porque sin ese entendimiento la comunicación oral o escrita sería imposible. Pero por alguna razón, cuando llegamos al análisis del texto bíblico, nos olvidamos de todo esto y tratamos a palabras, frases y oraciones como si tuvieran un sentido desconectado de su contexto. Esto es, creo, por el hecho de que estamos tan acostumbrados a tratar al texto bíblico como una enciclopedia, de citar versículos y frases en polémicas teológicas, de resaltar palabritas y dichos en nuestras Biblias para poder volver a leerlas aisladas y, lo peor, de oír y predicar sermones basados en una sola frase o palabra.

Círculos de contexto

Como ya hemos visto, el contexto no es algo que solo se aplica a las palabras, sino también a frases, oraciones, párrafos —a todas las unidades de sentido que son parte de comunicación oral o escrita. Una buena manera de visualizar esto es el gráfico llamado círculos de contexto, que ilustra este alojamiento de cada componente de comunicación dentro de su propio contexto:

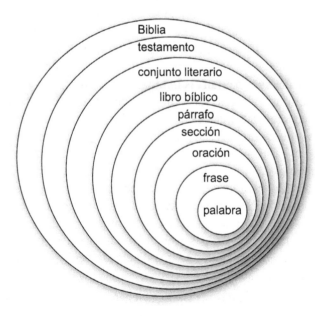

Figura: Círculos de contexto.

Cada círculo se centra dentro de la unidad que provee su contexto inmediato, y por lo tanto también su sentido específico. Cada palabra tiene sentido dentro de su frase, cada frase tiene sentido dentro de su oración, cada oración tiene sentido dentro de su párrafo, etc. Las primeras cinco categorías (de palabra a sección) son estrictamente categorías literarias y se aplican a cualquier tipo de comunicación escrita. Los otros círculos de contexto son únicos al material bíblico y surgen de sus características particulares.

Contexto literario

Ya hemos discutido el sentido de palabras y frases. La oración es realmente la unidad básica de significado, porque la oración, bien escrita, es una unidad de pensamiento. La palabra y la frase son ambas de sentido ambiguo hasta que construyen una oración. Ya hemos discutido un poco los problemas exegéticos que surgen del uso de versículos, y aquí también vale la pena resaltar que el versículo no es la unidad literaria de sentido. Algunos seguramente construirían el círculo de contexto comenzando con un círculo de palabras, luego un versículo y luego un capítulo. Así se concibe la estructura del texto bíblico muchas veces. Pero el versículo es una división artificial del texto que nos ayuda a encontrar pasajes bíblicos y a referirnos más fácilmente a diferentes partes del texto. Los versículos no son una división de cada capítulo en unidades de sentido básico. La unidad básica es la oración. Muchas veces el versículo coincide con una oración y otras veces una oración ocupa dos o tres versículos. Cuando estamos analizando un pasaje bíblico, entonces, es importante prestar atención no tanto a lo que dice cada versículo, sino a lo que dice cada oración.

La mayoría de nuestras Biblias vienen con las otras unidades literarias señaladas: párrafos y secciones. Estas características fueron implementadas por los editores de cada edición de la

Biblia, pues no se usaban párrafos y secciones en las escrituras antiguas. Pero generalmente son una buena guía al sentido del texto. A veces los editores de una Biblia crean secciones que incluyen dentro de ellas un cambio de capítulo. Párrafos y secciones son una buena ayuda para nosotros, y vale la pena usar estas divisiones para demarcar diferentes secciones de un pasaje, por lo menos cuando comenzamos nuestro estudio. Pero también debemos ser conscientes de que estas divisiones no son inspiradas y a veces, al investigar el texto más a fondo, puede ser que queramos hacer estas divisiones de modo diferente. También es interesante comparar las diferentes maneras en que las diferentes ediciones de la Biblia han organizado párrafos y secciones.

Ahí, arriba, abajo

Es importante ser conscientes de estos diferentes círculos de contexto cuando estamos estudiando el texto bíblico, para así estar orientados a lo que está comunicando el autor. Aunque solo estemos interesados en una frase o un versículo, o una palabra, lo ideal sería siempre comenzar con una lectura de la sección en la que se encuentra nuestro pasaje, y así ubicarnos en el texto. Es un buen hábito que como intérpretes debemos cultivar.

Hace unos años di clases de hermenéutica en una pequeñita iglesia en Cuernavaca, Méjico. Se juntaron unas cuantas personas para las reuniones, y yo no estaba seguro de cuál era el nivel de educación tanto de la gente como del pastor, pero era obvio que lo requerido era algo simple y práctico. Entonces, cuando estaba discutiendo esta dinámica de contexto se me ocurrió enmedio de la charla enseñarles la siguiente metodología. "Cuando ustedes están oyendo un sermón", les dije, "o cuando están discutiendo un pasaje bíblico, o quizás tratando de contestar una pregunta y quieren entender mejor lo que dice un pasaje, hagan esto: vayan al principio de esa sección en la Biblia y lean desde allí hasta el versículo que están indagando. Luego continúen leyendo después del versículo hasta el final de la sección. Es algo simple que nos ayuda a aplicar el concepto de contexto. El hecho de que en diferentes ediciones de la Biblia las secciones pueden ser diferentes no es tan importante a este nivel. Lo importante es entrar en el contexto y ser conscientes de la dinámica de contexto".

La gente pareció prestarle buena atención a este consejo, pero el que más entusiasmado estaba era el pastor. Después de la reunión me agradeció la enseñanza. "No sabíamos esto del contexto", me dice, casi asombrado, y después en sus propias palabras resume el principio: "Ahí, arriba, abajo" señalando con su mano medio nivel, alto nivel y bajo nivel. "Ahí, arriba, abajo". Siempre me acuerdo de ese resumen. Una, porque fue uno de esos momentos en que como maestro me hacen sentir bien. Aquí estoy en una situación en la que no estoy seguro de si la audiencia siquiera me va a entender, y resulta que este pastor ha interiorizado la lección casi inmediatamente y la puede repetir en sus propias palabras. Pero también es un resumen perfecto de un principio que ha generado toneladas de páginas. Ya me imagino a este pastor explicándole los principios de interpretación a su congregación hoy día: "Pues claro: para entender el pasaje hay que leer arriba y abajo".

Muchas veces cuando estamos tratando de entender lo que dice un pasaje, una frase o una palabra, lo que hacemos es leer las palabras otra vez, mirarlas otra vez, pensarlas otra vez, mirarlas fijamente, mirarlas muy fijamente. Generalmente esto no ayuda mucho. Pero lo que sí puede ser muy útil es leer el contexto. Si nos acostumbramos a hacer eso, después de un tiempo se convierte en algo automático, algo que uno hace sin pensar.

Me asombra que la gente no consulte el contexto de frases y versículos bíblicos, pero así es. Generalmente la congregación o los participantes de un estudio bíblico solo miran exactamente en el lugar donde nosotros los predicadores o maestros les decimos que miren, y no prestan la más mínima atención al resto de un pasaje. Para ellos, ni siquiera existe el material fuera de lo que está discutiendo el líder. A veces ni los pastores prestan atención al contexto. Una vez oí un sermón acerca de una frase de 2da Corintios 5:9, "Por eso nos empeñamos en agradarle", en el que el pastor explicó que nuestra motivación para obedecer a Dios debería ser un deseo de agradarle y no temor al juico. De esto se trató el sermón entero. Por un lado no estoy en desacuerdo con lo que afirmaba. Pero lo raro era que el siguiente versículo presenta al juicio como motivación para obediencia:

"Porque es necesario que todos comparezcamos ante el tribunal de Cristo, para que cada uno reciba lo que le corresponda, según lo bueno o malo que haya hecho mientras vivió en el cuerpo" (2da Cor. 5:10).

Por lo menos uno esperaría una explicación de parte del pastor de este aparente conflicto entre la tesis principal de su sermón y lo que dice el siguiente versículo. Pero ni siquiera se mencionó. No sé si era que el pastor mismo no había leído más que la mera frase sobre la que estaba predicando, quizás habiéndola encontrado en una concordancia, o si era que él ya sabía que la gente de la congregación no iba a leer ni siquiera un versículo más de lo que él iba a resaltar (ni arriba ni abajo), y por eso no se molestó en mencionarlo —¿por qué complicar las cosas? Ambos casos comprobarían esta tendencia de solo leer lo que se encuentra enfrente de nuestros ojos.

Contexto bíblico

Regresando a los círculos de contexto, los cuatro últimos círculos merecen su propia discusión porque son categorías que se aplican únicamente a la interpretación bíblica, mientras que los primeros círculos se aplican a la interpretación de cualquier texto.

Ya he resaltado en el capítulo cuatro que la unidad literaria de la Biblia es el libro bíblico. Los libros bíblicos fueron escritos con un propósito específico y en un contexto histórico específico. Entonces debemos prestar atención especial a esa unidad. Algunos libros usan fraseología especializada. Por ejemplo, en Isaías se usa la frase "el santo de Israel" para referirse a Dios. Los Salmos tienen sus temas y vocabulario especial, tanto como el libro de Proverbios. En los evangelios figura "el reino de Dios" como una frase importante. En teoría, para hablar acerca de una parte de un libro deberíamos entender la relación entre esa parte y el resto del libro. Esto no es siempre posible, especialmente si estamos intentando contestar una pregunta o un tema que ha surgido en una conversación. Pero nuestra meta como intérpretes debe ser entender por lo menos generalmente de qué trata cada libro de la Biblia. La mejor manera de hacer esto es leerlos frecuentemente.

Otro aspecto importante del libro bíblico es la "situación en vida"[1] de un libro. O sea, la situación de la que surgió el escrito. Bajo esta categoría uno discute la fecha en que fue escrito, la identidad del autor, las razones que él tuvo para escribir y la situación sobre la que está escribiendo. Ser consciente de estas dinámicas es muy importante porque nos ayuda a entender el porqué de las historias, diálogos o argumentos que son parte de un libro y a construir nuestro concepto del tema del libro entero. Aunque hay información histórica y cultural que se debe usar en esta área de estudio, mucha de la información acerca de la situación en que fueron escritos los libros de la Biblia viene de los libros mismos o de otros libros bíblicos. Por ejemplo, la situación

---

[1] Esta frase viene de la frase alemana *zits im leben*, usada frecuentemente en estudios bíblicos para describir esta dinámica.

en la que viven y escriben los profetas del Antiguo Testamento es relativamente fácil de discernir, porque primero nos dicen bajo qué reinado y en qué época vivieron y predicaron. Luego, su mensaje generalmente describe los problemas del tiempo y ofrece la perspectiva de Dios acerca de esos problemas. Los libros históricos nos ayudan a entender la situación de los profetas y viceversa. En el Nuevo Testamento los temas que se abarcan en las epístolas son la mejor guía para discernir la razón por la que se ha escrito la carta, y el libro de Hechos nos da una especie de estructura cronológica para algunas de las epístolas. Fuera del material bíblico también se consideran diferentes tradiciones acerca de estos temas. Los cuatro evangelios no mencionan sus autores. Las atribuciones que tenemos fueron agregadas subsiguientemente, muy temprano en la historia de la Iglesia. En el próximo capítulo discutiremos más el trasfondo histórico y cultural. Aquí quiero resaltar que si leemos el libro bíblico con una conciencia histórica el texto mismo nos dirá mucho acerca de la situación en que fue escrito y el propósito del autor al escribirlo.

El próximo círculo es el conjunto de libros. La mayoría de libros bíblicos son parte de un conjunto de otros libros similares y esos conjuntos o secciones de libros le dan contexto al material en libros particulares. Un ejemplo obvio son los evangelios de Mateo, Marcos, Lucas y Juan. Los cuatro libros tratan el tema de la vida de Jesús (sus hechos y dichos), su muerte y resurrección. Los tres primeros evangelios son más similares todavía, y al conjunto de estos libros se le denomina los evangelios sinópticos. Estos evangelios comparten mucho material, por lo que a veces es importante compararlos para ver en qué recae el énfasis de cada autor. También, si uno tiene una interpretación un poco única de un pasaje, en digamos Mateo, basado en una palabra que él usa, pero los otros dos evangelios no usan, bueno, puede ser que esa interpretación deba ser revisada. Otro conjunto de libros es el Pentateuco (los primeros cinco libros de la Biblia). También los libros proféticos, los libros históricos del Antiguo Testamento, etc.

El conjunto literario más usado es seguramente el de la literatura paulina. El apóstol escribió trece de los libros del Nuevo Testamento y todos comparten terminología similar y tratan temas comunes. Más que en los otros libros de la Biblia, cada libro de Pablo parece ser parte de un total, y muchas veces es posible aclarar lo que dice Pablo en un libro con lo que dice en otro.

El círculo del testamento señala que cada testamento de la Biblia (Antiguo y Nuevo) tiene sus propios temas y también terminología. Como ya vimos fueron escritos en diferentes idiomas. Varios temas son importantes aquí. El sujeto de las enseñanzas y leyes del Antiguo Testamento es la unidad étnica/política de Israel, pero el Nuevo Testamento está escrito para la Iglesia, que es una entidad no política, sin fronteras y constituida por diferentes etnias. Claro, la distinción más importante entre los testamentos es que fueron escritos antes y después de la venida de Cristo. El Antiguo Testamento, generalmente, predice mientras que el Nuevo Testamento trata de cumplimiento. Por eso Pablo afirma que "todas las promesas que ha hecho Dios son 'sí' en Cristo" (2ª Cor. 1:20). Entonces, debemos tener cuidado con mezclar pasajes o frases de los dos testamentos sin prestar suficiente atención a estas diferencias.[2]

Finalmente, tenemos el contexto de la Biblia entera. Un principio de interpretación importante para el protestantismo siempre ha sido la afirmación de que la Biblia es su propio intérprete, y que pasajes difíciles de interpretar pueden ser aclarados por otros pasajes más fáciles de interpretar. Este principio nos ayuda a

---

[2] Es costumbre discutir bajo esta categoría las diferentes teorías de la relación entre los testamentos (teología de pactos y dispensacionalismo) pero en mi opinión esta es una discusión teológica que debe llevarse a cabo después de la investigación del texto, a menos que le insertemos demasiadas presuposiciones teológicas al proceso de exégesis. Aunque es cierto que no se puede hacer una distinción muy fuerte entre teología y hermenéutica (como se ve en este libro mismo), la relación entre los testamentos es una cuestión teológica compleja que debería surgir del estudio bíblico y exegético avanzado, y no ser una premisa que se acepta antes de comenzar a estudiar. Ver "La foto y los píxeles" en el capítulo 10 donde se desarrolla más esta dinámica entre exégesis y teología.

sintetizar el material bíblico. Creemos que el mismo Dios inspiró todos los libros de la Biblia, escritos en diferentes tiempos, idiomas y contextos. Entonces tenemos suficiente base como para poder afirmar tanto la variedad del mensaje bíblico como su unidad. Una de las tareas más importantes de la teología es buscar esos temas panorámicos que conectan las diferentes partes del mensaje de las escrituras. Pero aunque el principio de que la Biblia se interpreta a sí misma es muy bueno, también debemos proceder en el orden delineado por el círculo de contexto para llegar a la síntesis bíblica. Primero determinamos el sentido de palabras, frases, oraciones, etc. El contexto bíblico deber ser una de las últimas cosas que consultamos, no la primera. El problema es que a menudo saltamos directamente a una colección de versículos a la cual comparamos todo lo que leemos o estudiamos, y esa comparación controla el resultado de nuestra interpretación sin dejar que el pasaje mismo impacte el proceso. Ampliaremos más este tema en el capítulo 10.

Todo lo puedo en Cristo

Un ejemplo nos ayudará a ver cómo se usan estos diferentes círculos de contexto. Una frase bíblica bien conocida es el dicho de Pablo en Filipenses 4:13: "Todo lo puedo en Cristo que me fortalece". Es una de esas frases que son fáciles de recordar y que quizás parece tener muchas aplicaciones prácticas, como por ejemplo puede ser una expresión de fe en el poder de Dios para con nosotros. Por otro lado, para algunos parece querer decir que no hay límite alguno para el que está en Cristo. Un predicador afirmó que basándonos en esta frase podemos hasta transformar lo absurdo en lo lógico.

Pero como intérpretes deberíamos preguntarnos: ¿precisamente qué quiere decir Pablo aquí? ¿Es posible aclarar la frase más? Estamos interesados específicamente en la palabra todo. ¿Es literalmente todo? ¿Cualquier cosa? ¿Puedo volar en Cristo que me fortalece? ¿Por qué o por qué no? Pedro caminó sobre el agua cuando Cristo le fortaleció. La frase sola no es suficientemente clara. Entonces debemos acudir al contexto: ahí, arriba, abajo. En vez de escudriñar intensamente la palabra todo, debemos prestar atención al próximo círculo de contexto para ver si nos ayuda a aclarar el sentido.

La mayoría de las Biblias juntan versículos 10-13 de Filipenses 4 en un párrafo:

"[10]Me alegro muchísimo en el Señor de que al fin hayan vuelto a interesarse en mí. Claro está que tenían interés, sólo que no habían tenido la oportunidad de demostrarlo. [11] No digo esto porque esté necesitado, pues he aprendido a estar satisfecho en cualquier situación en que me encuentre. [12] Sé lo que es vivir en la pobreza, y lo que es vivir en la abundancia. He aprendido a vivir en todas y cada una de las circunstancias, tanto a quedar saciado como a pasar hambre, a tener de sobra como a sufrir escasez. [13] Todo lo puedo en Cristo que me fortalece".

Es obvio que Pablo está agradeciendo a los Filipenses algún apoyo que le han dado —han demostrado su interés hacia él. Pero luego explica que aunque esté agradecido por este apoyo, su satisfacción personal no depende de eso porque él ha aprendido a estar satisfecho en cualquier situación. Entonces cuando el párrafo termina con "todo lo puedo en Cristo" ya sabemos a qué se refiere Pablo, cuál es el significado del "todo". Pablo está señalando que por medio de lo que Cristo ha hecho, él experimenta una satisfacción personal que no depende de las circunstancias.

Por un lado creo que debemos tener cuidado en no calificar demasiado una afirmación general como esta. Si Pablo dice que puede hacerlo todo, eso es lo que quiere decir. O sea, "todo lo puedo hacer en Cristo" no quiere decir exactamente y solamente "puedo estar satisfecho en cualquier situación". "Todo lo puedo hacer" es una afirmación general que apoya la situación específica. Por ejemplo, digamos que alguien cite mal un pasaje bíblico y yo le corrija (con toda gentileza, por supuesto), y esa persona responda con: "Y tú ¿cómo sabes eso?". Quizás yo respondería con: "Es porque conozco bien todo ese libro". El conocer el libro entero no iguala a conocer un pasaje específico. Es algo general que apoya una afirmación específica. Esto es lo mismo que tenemos aquí en Filipenses. Una verdad general que se aplica específicamente. Para entender ese principio general uno podría quizás investigar el resto de la literatura paulina (el círculo del conjunto de libros). Pero por ahora nos quedamos en Filipenses, y prestar atención al contexto aquí nos ayuda a entender el espíritu con el que Pablo hace la afirmación y la aplicación específica del principio general.

Vemos en este pasaje una fuerza de carácter que no depende de la situación. Lo interesante es que muchas veces este pasaje se usa en el contexto de cambiar una situación, de salir de alguna circunstancia que nos incomoda porque "todo lo puedo hacer en Cristo". Pero Pablo modela el carácter cristiano al aplicar el poder de Cristo a la obediencia, demostrando su compromiso por la causa del evangelio y su disposición a pasar por cualquier circunstancia como emisario de Jesucristo.

Si ampliamos nuestra lectura en Filipenses 4 a la sección más "arriba" del párrafo (en la NVI), vemos que nuestro pasaje original es una reiteración de un tema que ya ha sido discutido en los versículos 4-7:

"⁴Alégrense siempre en el Señor. Insisto: ¡Alégrense! ⁵Que su amabilidad sea evidente a todos. El Señor está cerca. ⁶No se inquieten por nada; más bien, en toda ocasión, con oración y ruego, presenten sus peticiones a Dios y denle gracias. ⁷Y la paz de Dios, que sobrepasa todo entendimiento, cuidará sus corazones y sus pensamientos en Cristo Jesús".

Pablo anima a sus lectores a que se regocijen en cualquier situación. Y vemos la fuente de su gozo. Es la paz de Cristo que viene por oración y dependencia de Dios.

Ampliando nuestra lectura aún más, hay dos aspectos importantes del libro de Filipenses que también informan a nuestro pasaje. Primero, que Filipenses más que todos los otros libros de Pablo es un libro de gozo. Pablo habla de alegría o alegrarse (o gozo y gozarse en otras versiones) en cada mayor sección. Aunque en español se usan varias palabras, en el griego Pablo usa el verbo griego *xairo* (regocijo) y su nombre *xapa* (gozo) catorce veces en este libro, como puede verse en esta lista:

1:4: "En todas mis oraciones por todos ustedes, siempre oro con **alegría**".
1:18: "¿Qué importa? Al fin y al cabo, y sea como sea, con motivos falsos o con sinceridad, se predica a Cristo. Por eso me **alegro**; es más, **seguiré alegrándome**".
1:25: "Convencido de esto, sé que permaneceré y continuaré con todos ustedes para contribuir a su **jubiloso** avance en la fe".
2:2: "Llénenme de **alegría** teniendo un mismo parecer, un mismo amor, unidos en alma y pensamiento".
2:17: "Y aunque mi vida fuera derramada sobre el sacrificio y servicio que proceden de su fe, me **alegro** y comparto con todos ustedes mi *alegría*" [esta instancia es agregada en el español para aclarar el sentido].
2:18: "Así también ustedes, **alégrense** y compartan su *alegría* [esta instancia es agregada en el español para aclarar el sentido] conmigo".
2:28: "Así que lo envío urgentemente para que, al verlo de nuevo, ustedes se **alegren** y yo esté menos preocupado".
2:29: "Recíbanlo en el Señor con toda **alegría** y honren a los que son como Él".
3:1: "Por lo demás, hermanos míos, **alégrense** en el Señor. Para mí no es molestia volver a escribirles lo mismo, y a ustedes les da seguridad".

4:1: "Por lo tanto, queridos hermanos míos, a quienes amo y extraño mucho, ustedes que son mi **alegría** y mi corona, manténganse así firmes en el Señor".
4:4: "**Alégrense** siempre en el Señor. Insisto: ¡**Alégrense**!".
4:10: "Me **alegro** muchísimo en el Señor de que al fin hayan vuelto a interesarse en mí. Claro está que tenían interés, sólo que no habían tenido la oportunidad de demostrarlo".

Si comparamos el número de veces que Pablo usa estas dos palabras en el resto de sus escritos (en la literatura paulina), vemos que aunque Filipenses es uno de los libros más cortos de Pablo, es el libro en que más se usa esta terminología (ver figura). ¡Con razón le dicen a Filipenses la epístola del gozo! Pablo se goza al pensar en los filipenses, se goza en la predicación del evangelio, en derramar su vida por los filipenses y luego también les manda a los filipenses que se alegren, especialmente en 4:4 donde resalta e insiste en su deseo de que se alegren, "Alégrense siempre en el Señor. Insisto: ¡Alégrense!".

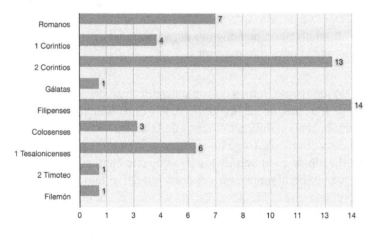

Figura: 'Xairo' y 'xapa' en la literatura paulina[3].

---

[3] Generado en el Sistema de Biblioteca Digital Libronix.

El segundo punto que debemos entender acerca de esta epístola de Pablo es el contexto en que fue escrita (su "situación en vida"). En esta época de su vida Pablo estaba encarcelado (1:12-14). No sabemos mucho acerca de las circunstancias, pero es una encarcelación diferente a la que se cuenta en los capítulos finales del libro de los Hechos. Algunos piensan que terminó en su ejecución por el emperador Nerón, y es evidente que Pablo es consciente de esta posibilidad porque habla de irse a la presencia de Cristo, lo que quiere hacer, o quedarse en este mundo para ser útil a la Iglesia (1:22-26).

Entonces, los diferentes niveles de contexto (los círculos) nos han ayudado a entender mejor la frase con la que comenzamos, y vemos que el significado de la afirmación de Pablo de que él puede hacerlo todo en Cristo está conectado a ricos temas en el contexto inmediato y en la epístola entera. Para Pablo el poder hacerlo todo en Cristo, en este contexto, es poder encontrarse encadenado y bajo amenaza de muerte y no sólo aguantar la situación, sino vivir en ella gozoso. Como para él vivir es Cristo (1:21), él ya tiene lo que necesita y nadie se lo puede quitar. Por eso su satisfacción personal no depende de las circunstancias, ni de las situaciones más extremas.

No todos los círculos de contexto informan del significado de este pasaje, aunque me imagino que hay otras conexiones que uno podría hacer con diferentes partes de la Biblia. No estoy diciendo que cada círculo de contexto siempre informará radicalmente del significado de cada uno de los círculos que contiene. Dependerá del pasaje. En algunos casos el contexto del testamento será más importante que el del libro. En otros casos el contexto de la sección será más relevante. Pero de todos modos es importante ser conscientes de todos los círculos para estar abiertos a las cuestiones y conexiones que surjan de la dinámica de contexto. También es importante seguir la trayectoria de los círculos de contexto. Comenzamos con los detalles del texto, con el significado de palabras, frases y oraciones y subimos la escalera de los círculos, como un anfiteatro romano. Con cada paso el sentido se aclara y surge una vista más panorámica. Pero no debemos cometer el error de comenzar desde la última escalera (la síntesis) y luego bajar a los detalles del texto. Esta tendencia la discutiremos más adelante, pero el problema en breve es que si comenzamos con la vista panorámica muchas veces esa perspectiva influye en nuestra lectura de los detalles y determina el significado de un pasaje más que el contexto inmediato.

8

❖ En su situación histórica y cultural

D ebemos prestar atención a la situación histórica y cultural en la que fue escrita la Biblia por la misma razón por la que estamos interesados en el sentido histórico de las palabras. Dios se ha revelado en un momento particular y en una cultura específica y se ha comunicado por medio de las estructuras de significado de ese tiempo y esa cultura. Es más, el estudio del sentido de las palabras es realmente el estudio de la historia y la cultura, porque las palabras solo tienen su sentido en esos contextos. Solo podemos determinar el sentido de una palabra si observamos cómo fue usada. Pero más que esto, cada momento histórico tiene sus propias maneras de pensar, sus características sociales y políticas, su cosmovisión y también su pasado. Es importante ser consciente de que estas presuposiciones son parte del texto.

No es siempre fácil distinguir entre historia y cultura. La situación histórica se refiere a los acontecimientos que fueron importantes tanto en la época que nos interesa como en los tiempos anteriores a esa época. O sea, la memoria de cada era impacta en su pensar. Cuando intentamos entender un momento histórico debemos preguntarnos cuáles eran los acontecimientos importantes en su pasado y también, claro, los acontecimientos que ocurrieron en sus tiempos. La cultura se refiere a la manera de pensar y a los valores de la comunidad. Como los acontecimientos contemporáneos y pasados tienen una fuerte influencia sobre los valores y la manera de pensar de un grupo de personas, historia y cultura siempre vendrán vinculadas. No debemos hacer distinciones muy fuertes entre las dos. Son como diferentes áreas de enfoque dentro del mismo tema y una siempre implica a la otra.

Historia

En lo que sigue vamos a resaltar la relación entre algunas partes de la Biblia y su contexto histórico, para notar cómo estos eventos nos ayudan a entender mejor el texto de la Biblia.

Jeremías

Las declaraciones de los profetas del Antiguo Testamento fueron hechas en respuesta a las condiciones políticas, sociales y religiosas de sus tiempos. Jeremías, por ejemplo, escribe en un tiempo de graves cambios que para los israelitas eran geopolíticos.

Jeremías parece haber recibido su llamado al ministerio el mismo año en que murió el último rey de Asiria. El imperio de Asiria había dominado el área de Mesopotamia ya por mucho tiempo, y su decadencia abrió lugar al nuevo imperio babilónico. Al pasar los años, Palestina se encontró enredada en un conflicto entre los dos grandes poderes de la era. Al sur estaba Egipto. Esta nación controla a Israel hasta que los babilonios prevalecen contra Egipto en la batalla de Carquemís (605 a.C.). Luego el imperio babilónico controla a Judá a distancia hasta que los judíos deciden liberarse. El resultado es que los babilonios sitian Jerusalén, capturan la ciudad y se llevan muchos de los nobles cautivos a Babilonia. Por unos diez años los judíos siguen bajo el control de Babilonia, pero en 589 a.C. se rebelan nuevamente. Esta vez el rey babilonio Nabucodonosor sitia la ciudad de nuevo, la destruye por completo y se lleva a todos los líderes judíos a Babilonia en 586 a.C. Esta batalla se menciona en Jeremías 46:2.

El mensaje de Jeremías está íntimamente vinculado a esta situación geopolítica porque él desde el principio afirmó que la agresión de Babilonia era una herramienta de Dios para castigar la desobediencia de los judíos. Primero recomendó arrepentimiento. Como muchos israelitas de aquel entonces confiaban tanto en el templo de Dios en Jerusalén, no creían en la posibilidad de su destrucción. El templo era como su talismán, objeto mágico que les salvaría. En contra de esto Jeremías proclama:

"No confíen en esas palabras engañosas que repiten: '¡Este es el templo del Señor, el templo del Señor, el templo del Señor!' Si en verdad enmiendan su conducta y sus acciones, si en verdad practican la justicia los unos con los otros, si no oprimen al extranjero ni al huérfano ni a la viuda, si no derraman sangre inocente en este lugar, ni siguen a otros dioses para su propio mal, entonces los dejaré seguir viviendo en este país, en la tierra que di a sus antepasados para siempre" (Jer. 7:4-7).

Pero luego, después de la derrota de Egipto, Jeremías ya no aconsejaba arrepentimiento para evitar destrucción sino cooperación con los babilonios, porque ya era obvio que su victoria era la voluntad de Dios. "Las cosas irían mejor con nosotros", decía Jeremías, "si cooperáramos con el castigo del señor y no lo resistiéramos". Pero muchos israelitas estaban aferrados a Egipto y a la idea de que Egipto prevalecería nuevamente contra Babilonia. Esto es lo que afirmó el falso profeta Jananías:

"Así dice el Señor Todopoderso, el Dios de Israel: 'Voy a quebrar el yugo del rey de Babilonia. Dentro de dos años devolveré a este lugar todos los utensilios que Nabucodonosor, rey de Babilonia, se llevó de la casa del Señor a Babilonia. También haré que vuelvan a este lugar Jeconías hijo de Joacim, rey de Judá, y todos los que fueron deportados de Judá a Babilonia. ¡Voy a quebrar el yugo del rey de Babilonia! Yo, el Señor, lo afirmo'" (Jer. 28:2-4).

La respuesta de Jeremías a esta profecía fue, para resumir: "Que bueno sería. Pero no lo creo". Luego, como respuesta a Jananías, Jeremías escribe una carta a los judíos que ya están viviendo en el exilio en Babilonia aconsejándoles que "construyan casas y habítenlas; planten huertos y coman de su fruto. Cásense, y tengan hijos e hijas; y casen a sus hijos e hijas, para que a su vez ellos les den nietos" (Jer. 29:5-6). El mensaje es obvio: no van a regresar pronto. Egipto no cambiará nada. El juicio de Dios no será revertido. Habrá un regreso, pero eso será en 70 años (29:10). Al final los líderes de Jerusalén se rebelan otra vez contra Babilonia y huyen a Egipto, llevándose a Jeremías con ellos.

Por un lado conocer el trasfondo histórico es bueno porque nos ayuda a entender mejor el porqué de lo que Jeremías está diciendo. Por qué está aconsejando ciertas cosas, por qué la cooperación con Egipto es contraria a la voluntad de Dios, por qué la jerarquía judía estaba tan en contra de Jeremías; por qué Jeremías les dice a los exiliados que construyan casas y viñas y se casen y tengan hijos. Hay muchos pasajes que tienen más sentido cuando sabemos lo que estaba ocurriendo y podemos ver al libro entero con más claridad. Por otro lado, conocer el trasfondo histórico nos ayuda también, más generalmente, a ser conscientes de que en este libro tanto como en los otros libros proféticos, el autor está interactuando con una situación específica y sus afirmaciones y enseñanzas tienen su sentido más completo en ese contexto. Muchas veces nosotros tratamos a la Biblia como un libro de filosofía religiosa que tiene principios no-históricos, los cuales se aplican directamente a cualquier era o situación. Pero al entender este aspecto histórico leeremos el material de modo diferente. Será menos cosa el discernir principios encapsulados en versículos o dichos y más cosa el descubrir el significado de los eventos para discernir un modelo de comportamiento. ¿Qué hace Dios en esta situación? ¿Cómo responden los seres humanos? ¿Cuáles son las semejanzas entre esa situación y la nuestra? Entonces, es interesante que aunque Jeremías no es principalmente un libro de narrativa, es de todas maneras un libro que es parte de una historia, y conocer esa historia nos ayuda a entenderlo mejor.

Cuando hablamos del contexto histórico de la Biblia muchas veces apelamos a la historia "secular", o sea, a información acerca de la historia que viene de fuera de la Biblia. En el caso de Jeremías hay muchas conexiones que se pueden hacer. Por ejemplo, la Crónica babilónica que viene de esos tiempos dice:

"En el séptimo año en el mes de Kislev el rey de Akkad armó su ejército y marchó a Hattu. Encampó contra la ciudad de Judá y en el segundo día del mes de Adar capturó la ciudad [y] tomó [su] rey. Un rey elegido por él fue designado y tomando tributo vasto lo trajo a Babilonia".

Esta es una descripción de la primera invasión babilónica, antes de la destrucción completa de la ciudad. También se describe en la Biblia:

"En aquel tiempo, las tropas de Nabucodonosor, rey de Babilonia, marcharon contra Jerusalén y la sitiaron. Cuando ya la tenían cercada, Nabucodonosor llegó a la ciudad. Joaquín, rey de Judá, se rindió, junto con su madre y sus funcionarios, generales y oficiales. Así, en el año octavo de su reinado, el rey de Babilonia capturó a Joaquín" (2da Reyes 24:10-12).

Es un paralelo significativo que confirma la veracidad de los eventos descritos en la Biblia. Pero también es de notar que la Biblia misma ya ha dicho estas cosas. O sea, la Biblia misma también describe su propio contexto histórico. En el caso de Jeremías una lectura cuidadosa del libro sería suficiente como para poder deducir la situación política de aquellos tiempos, aunque quizás no con tanto detalle. No estoy diciendo que la investigación histórica "secular" sea innecesaria. Es muy importante porque profundiza nuestra comprensión y a veces resuelve problemas de interpretación que serían imposibles de resolver de otra manera. ¡Pero tampoco quiero dar la impresión de que uno debe convertirse en historiador para entender la Biblia! Más que nada estoy abogando por un cambio de actitud en nuestra lectura del texto, para poder prestar mejor atención a lo que nos dice acerca de cada situación histórica. La Biblia es un documento histórico y generalmente nos da las pistas necesarias para entender el momento particular de cada sección o libro.

Lo más importante para el intérprete bíblico es tener una conciencia histórica cuando lee el texto de la Biblia y prestar atención a la narrativa, a la relación entre los eventos, a acciones y reacciones. Podríamos realmente dividir la relación entre la Biblia e historia en dos y decir primero que estamos interesados en el *contexto* histórico de la Biblia. Con eso queremos decir información acerca de los tiempos bíblicos que nos ayude a entender lo que dice la Biblia. Segundo, estamos interesados en el *aspecto* histórico de la Biblia. Es decir, la dinámica revelatoria que ya observamos: que el carácter de Dios surge de su interacción con eventos en el campo de la experiencia humana.

Samaritanos

Un buen ejemplo de la manera en que la Biblia misma nos da su propio trasfondo histórico es el caso de los samaritanos. Cuando Jesús viaja por el territorio de Samaria (al norte de Jerusalén), descansa en un lugar particular y le pide agua a una mujer samaritana. La mujer se sorprende y dice: "¿Cómo se te ocurre pedirme agua, si tú eres judío y yo soy samaritana?". Esto mismo señala que hay una dinámica entre estas dos gentes, pero el texto nos lo dice explícitamente al comentar que los judíos y los samaritanos no se llevan bien (Juan 4:9).[1] Obviamente hay

---

[1] La NVI dice: "Los judíos no usan nada en común con los samaritanos".

un trasfondo aquí, y conocer esto nos ayuda a ver que Jesús está ignorando barreras culturales comunes cuando evangeliza a la mujer samaritana y a su aldea.

Pero lo que aprendemos en Juan 4 acerca de los judíos y los samaritanos es también importante para entender una dimensión de la parábola del buen samaritano en Lucas, que no hemos explorado en las páginas anteriores. Notamos ahora el hecho de que la historia trata de un *samaritano*. Para muchos hoy día "samaritano" no quiere decir más que "tipo de persona que ayuda a otros como en la historia del buen samaritano". Pero en el contexto histórico de la Biblia, el contexto que la Biblia misma señala, este es un detalle importantísimo.

Si se acuerdan, el propósito de la parábola del buen samaritano era contestar la pregunta del maestro de la ley: ¿quién es mi prójimo? La lección de la parábola es que tu prójimo es cualquier persona con la que te encuentres que necesite tu socorro. Pero contenida dentro de la historia del buen samaritano hay también una polémica en contra de la religión de los judíos de aquel día. ¿Quiénes eran los que cruzaron al otro lado del camino para no ver al pobre hombre caído ahí, medio muerto? Un sacerdote y un levita, ambos funcionarios del templo de Jerusalén. ¿Por qué usa Jesús a esos personajes en particular? ¿Es porque solían haber muchos sacerdotes y levitas viajando entre Jerusalén y Jericó? Lo dudo. Jesús está insertando en la historia una polémica en contra de la jerarquía del templo para demostrar su hipocresía. Estas personas "religiosas" proclamaban ser los representantes de Dios, pero no hacían ni lo más básico. Ignoraban al prójimo y su compasión no alcanzaba ni a ayudar a un hombre medio muerto al lado del camino. Esta parte de la parábola es suficiente en sí como para presionar a los sacerdotes y levitas, y seguramente contribuirá a la enemistad entre ellos y Jesús, que resultará en su muerte. Pero Jesús no para con eso. Va más allá de lo soportable cuando contrasta la falta de caridad de esos judíos religiosos con la bondad del enemigo de los judíos, el samaritano. Con esto Jesús está señalando dos cosas. Primero, que el prójimo no es solamente la persona necesitada que sea "uno de nosotros". El prójimo es cualquier persona, no importa de qué tipo de comunidad, familia, raza o localidad venga. El samaritano, como ejemplo del buen comportamiento hacia el prójimo, ayuda a un extranjero, mientras que los judíos ni se ayudan a sí mismos. Pero segundo, Jesús está también diciendo que los judíos están fuera de la voluntad de Dios, porque mientras deberían ser un ejemplo para otras naciones y etnias, los samaritanos, que no son ni judíos ni pueblo elegido de Dios, saben mejor que los judíos lo que es hacer la voluntad de Dios. En el contexto del siglo I, cuando los judíos se caracterizaban por un nacionalismo y sectarismo intensivo, esta parábola era algo radical y algo que seguramente generaría ir en contra de Jesús.

Interesantemente, Lucas no menciona la enemistad entre los judíos y los samaritanos en la parábola. Más adelante en su evangelio hay un pasaje en el que los samaritanos no dejan que Jesús se aloje en su pueblo porque saben que va a Jerusalén y eso, si estamos prestando atención, nos daría las pistas necesarias, quizás, para determinar que habían conflictos entre judíos y samaritanos. Pero si solo estudiamos la parábola del buen samaritano no vemos esto.

Hay también más información acerca de los samaritanos en el texto bíblico. Samaria fue la capital del reino de Israel cuando la guerra civil dividió a los judíos después de la muerte de Salomón. Luego, en el año 700 a.C., este reino norteño es invadido por Asiria y los judíos de esa zona son trasladados a otra zona del medio oriente, tal y como era la práctica de los asirios. Los samaritanos surgen de la combinación de razas entre los que quedaron en el reino de Israel y otras naciones que fueron trasladadas a esa zona (ver 2da Reyes 17). Luego, cuando los judíos del sur (conocido como Judá) regresaron del exilio babilónico, como había predicho Jeremías, esta gente samaritana resistió la reconstrucción de Jerusalén y el templo (Esdras. 4:1-8). Entonces, se ve que el conflicto entre judíos y samaritanos era ya muy antiguo en los días de Jesús.

Otras dos fuentes históricas, no bíblicas, también nos dan información acerca de los samaritanos: Josefo, un historiador judío del siglo I, y también el libro intertestamental de 2da Macabeos (capítulo 6). Los samaritanos tenían su propio templo en la ciudad de Samaria y también tenían su propia versión del Pentateuco (todavía tenemos copias). En relación a los judíos no eran solo gente con la que había mala sangre. Eran enemigos antiguos, y los judíos veían su religión como una aberración de la suya propia, quizás como nosotros veríamos a una secta. Esto nos ayuda a entender a qué se refiere la mujer samaritana en Juan 4 cuando dice que ellos adoran a Dios en su monte, pero los judíos dicen que se debe adorar a Dios en Jerusalén.

Entonces los samaritanos son un buen ejemplo de la manera en que la Biblia misma nos da el trasfondo histórico si lo estamos buscando y si estamos concienciados acerca de la necesidad de encontrarlo. Pero también vemos que otras fuentes históricas como 2da Macabeos y Josefo nos pueden ayudar.

Cultura

Como ya hemos visto, la cultura se refiere a la manera de pensar y a los valores de una época o una zona geográfica. El caso de la cultura se complica porque a veces pretendemos que cuando estudiamos la Biblia solo sea necesario analizar la "cultura bíblica" para poder discernir el trasfondo de lo que se dice en el texto bíblico. Esto es parte de la tarea. Pero también debemos darnos cuenta de que nosotros hoy también estamos en una situación cultural e histórica, y que esa situación es también el trasfondo de nuestra interpretación de la Biblia. Un buen ejemplo de la interacción entre la cultura pasada y la cultura presente en interpretación bíblica es la cruz.

Cruz y crucifixión

La cruz es un símbolo ubicuo en Iberoamérica. La Iglesia Católica está llena de cruces. Se llevan cruces en procesiones para los santos en Guatemala. Futbolistas españoles hacen la señal de la cruz antes de cada partido. Podemos comprar fotos y arte con cruces. Para los que usan joyería tener por lo menos una cruz, sea en pulsera, anillo o collar, es un estándar. La cruz domina el horizonte de ciudades latinoamericanas, sea en los barrios marginales de Lima, en los brazos extendidos del Cristo redentor de Sao Paulo o en el Cristo de la Concordia en Cochabamba, Bolivia. En nuestro ambiente todos saben lo que es una cruz, o por lo menos tienen una asociación específica con ella como un símbolo religioso cristiano. La cruz es un símbolo cultural, y si un historiador del futuro ha de describir la cultura de uno de nuestros países, una de las características que sin duda encontrará y deberá explicar a su audiencia futura será la preponderancia de este símbolo.

Aunque la cruz puede significar diferentes cosas para diferentes personas (símbolo de perdón, reliquia religiosa ambigua, objeto de arte), una cosa es segura: la cruz hoy día no tiene el significado que tuvo en las diferentes culturas que vivían bajo el gobierno de Roma en el siglo I. En aquel día la cruz quería decir algo brutal: una muerte lenta, dolorosa, y escandalosamente pública. La cruz no era un símbolo religioso. Hoy podríamos comparar la cruz del siglo I con la soga del cuello, la silla eléctrica, la guillotina o la pared de fusilados. Pero aunque cabe en esa categoría de implementos de ejecución, ninguna de nuestras asociaciones modernas son suficientemente lentas o deshumanizadoras para ser comparadas a la crucifixión. La crucifixión se reservaba para los peores criminales, y especialmente para los enemigos del estado romano. El historiador Josefo describe a los crucificados que uno encontraba en todos los caminos de Judea después de la rebelión judía del año 70 d.C. Estos fueron prisioneros políticos ejecutados públicamente por el general romano Tito como ejemplo de lo que le sucede a los que creen poder liberarse de Roma. Josefo también cuenta que en uno de sus viajes encontró a tres personas entre la multitud de crucificados que él conocía, y le pidió a Tito que tuviera misericordia de ellos por su relación con Josefo —cosa que Tito hizo. Desafortunadamente dos de ellos murieron de todos modos.[2] Mientras Tito sitiaba Jerusalén nos dice Josefo que muchos, especialmente los pobres, intentaban escapar de la ciudad, y los romanos capturaron cientos de ellos cada día. Luego los torturaban y los crucificaban en diversas posiciones como broma sádica para intimidar a los judíos que todavía estaban dentro de la ciudad. Josefo agrega que la cantidad de crucificados era tan grande que faltaba lugar para las cruces y faltaban cruces para los cuerpos.[3]

Todo esto sucedía mientras el evangelio se predicaba y los cristianos adoraban a Cristo, el Dios crucificado, y ya había sucedido innumerables veces antes también. Entonces, la ironía: en el siglo I se crucificaba a alguien frente a la ciudad para inspirar terror. Hoy día estatuas de una figura crucificada a la vista de una ciudad son un símbolo de esperanza.

¿Qué significa la cruz en la Biblia? No hay duda de que en algunos pasajes la cruz es más que un método bárbaro de ejecución. El hecho de que Jesús murió por nuestros pecados en la cruz tiene un significado especial, un significado cristiano, y por eso la cruz se convierte en un símbolo, digamos, teológico, un símbolo que tiene un sentido diferente al de la cultura en general. Pero los primeros cristianos tampoco podrían haber perdido por

---

[2] Josefo, *Vida*, 1.420-421.
[3] Josefo, *Guerras*, 5.450-451.

completo la asociación entre la cruz y una muerte violenta, y al no darnos cuenta de esta característica cultural de la época en que fue escrita la Biblia, perdemos el sentido y el impacto del mensaje bíblico.

Cuando Pablo contrasta la sabiduría del mundo con la locura de la cruz en la primera epístola a los Corintios capítulo 1, entendemos la magnitud de la comparación. Para nosotros, por si no prestamos mucha atención a lo que era la cruz en el siglo I, Pablo parece estar comparando mera filosofía humana con la forma de pensar cristiana, simbolizada en la cruz; o el esfuerzo humano implicado en el intelectualismo de los filósofos en contraste con la labor de Cristo por nuestra parte cuando Él murió en la cruz por nuestros pecados. Pero es en realidad algo muy diferente. Dice el apóstol:

> "Los judíos piden señales milagrosas y los gentiles buscan sabiduría, mientras que nosotros predicamos a Cristo crucificado. Este mensaje es motivo de tropiezo para los judíos, y es locura para los gentiles" (1ra Cor. 1:22-23).

Pablo está rechazando el orgullo y la sofistificación del pensamiento elevado de los griegos, que pretenden llegar a la verdad por medio del ejercicio tan cómodo y conveniente de hacer deducciones lógicas. Ese era el ideal griego. El filósofo con el lujo de poder pensar y contemplar (y por eso generalmente una persona de medios) analiza el mundo desde su silla, y desde ya, sin ensuciarse las manos. La labor física era para los esclavos, no para el filósofo. El ideal de los judíos, por otro lado, era el poder de la señal milagrosa; la acción divina que irrumpe gloriosamente en el mundo dando testimonio irrevocable de la verdad. Así lo haría Dios, uno piensa: mostrarles a todos de una vez por todas qué es la verdad, qué es lo falso, y en ese proceso también elevar a los que por todas estas generaciones han sido fieles a esa verdad (los judíos, "nosotros"). Pero Pablo aboga por algo radicalmente desasociado con ambos ideales. No es un balance entre ellos, no está en el medio. La tercera opción se encuentra en un campo completamente diferente, en otra dimensión. La sabiduría divina es revelada en el lugar más inesperado e indigno: en la ejecución lenta, horrorosa y pública del hijo de Dios por el estado romano. Decir que esto es un escándalo casi no cabe. Es algo que nos debería asustar y sacudir, algo que nos deja en un estado de shock. Revuelca todas nuestras prioridades y no cabe dentro de las crucecitas que cuelgan de nuestra joyería. Si esto es la sabiduría de Dios nosotros somos insensatos.

Por otra parte, ¿qué implica ser un discípulo de alguien que fue ejecutado de esta manera, y por el estado? Jesús mismo dijo que el discípulo no puede ser más que el maestro (Lucas 6:40). Entonces, el discípulo debe considerar la posibilidad de seguir el ejemplo de su maestro, lo cual también puede incluir ser ejecutado por las autoridades. Es interesante que antes de su muerte Jesús usó la cruz para resaltar la seriedad del discipulado. "Si no estás dispuesto a tomar tu cruz", dijo, "no eres digno de ser mi discípulo" (Mateo 10:38). ¿Cómo podemos comprender esto en nuestro contexto en donde la cruz es un accesorio? ¿Que si vamos a ser cristianos nos debemos poner un collar con una cruz cada día? O quizás algo más espiritual: ¿que cada día debemos armarnos con el perdón que Jesús obtuvo por su muerte en la cruz? Esto suena bien, pero el problema es que si vamos a tomar seriamente la cronología de los evangelios, cuando Jesús comparó el discipulado con cargar una cruz todavía no había muerto en una de ellas y su muerte no había sido interpretada, y la cruz no era un símbolo cristiano de perdón. En ese momento la cruz solo quería decir una cruz, y Jesús estaba diciendo que si no estás dispuesto a sufrir y a sufrir indignidades e injusticias en las manos de los hombres, no eres digno de ser su discípulo.

Estamos otra vez en esta premisa de que si queremos entender el mensaje bíblico debemos prestar atención a la manera en que la Biblia fue escrita y a los tiempos en que fue escrita. Como ya vimos, el significado de las palabras es algo íntimamente conectado con el contexto histórico en que se usan, y como vemos en este ejemplo, entender las implicaciones culturales que vienen con una palabra puede impactar muchísimo lo que nosotros entendemos cuando oímos o leemos esas palabras.

Poligamia y madres suplentes

También es importante entender que la Biblia muchas veces describe prácticas culturales sin aprobarlas o condenarlas. Si leemos las historias del Antiguo Testamento, veremos algunas cosas que hoy día se considerarían absolutamente prohibidas. Una de ellas es que en esos tiempos un hombre podía tener varias esposas. Se dice que quizás esta costumbre surgió porque había menos hombres que mujeres por las muchas guerras en las que peleaban. Sea la que fuera la razón, es obvio que por muchos siglos la poligamia fue algo normal, moral y aceptado por todos, y la Biblia nunca condena la práctica. Pero como en la historia de la creación la Biblia nos presenta el ideal de un hombre y una mujer, la monogamia parece acertar mejor con el propósito creativo de Dios, y así se ha visto el tema desde los tiempos del Nuevo Testamento. La poligamia es una práctica cultural que encontramos en la Biblia, pero eso no quiere decir que sea una práctica recomendada ni mucho menos obligatoria.

Es interesante ver que hay culturas hoy día en que todavía se practica la poligamia. Estuve una vez en una conferencia en la que un hermano de Mali, un país de África, se presentó al grupo así: "Soy fulano de tal y tengo una sola esposa y cuatro hijos". Todos nos reímos. Pero después le pregunté si en Mali la gente de veras se presentaba así, y me respondió que ¡claro! Muchos viven en estado de poligamia porque así es su cultura. Para la Iglesia en Mali esta es una situación en la que se requiere atención especial a la hermenéutica. ¿Qué le vamos a decir a una persona o familia que practica la poligamia cuando se convierten al cristianismo? ¿Habrá que elegir la mejor esposa y las otras que se vuelvan a casa a encontrar otro marido? Generalmente lo que se hace es reconocer que esto no sería apropiado, porque otra característica de ese ambiente es la pobreza y echar a una mujer de la casa resultaría en una situación muy difícil. Entonces, para no poner a estas mujeres en una situación injusta y peligrosa, se determina que la familia no debería romperse cuando alguien se convierte. La Biblia nos da esa flexibilidad porque así se trata la práctica en sus páginas.

Otro ejemplo de prácticas culturales en la Biblia, este más escandaloso, es el de Abraham, Sarai y su esclava Agar (Gen. 16). Dios le prometió a Abraham un hijo. Pero después de esperar y esperar sin que sucediera nada, se le ocurre a su esposa Sarai que quizás la idea era tener un hijo por medio de su esclava. Todavía sería de Abraham y también sería en un sentido propiedad de Sarai. Para nosotros esto es una locura. ¡Una mujer dándole permiso a su marido para tener relaciones sexuales con otra! ¿Y después poder reclamar al niño como suyo? Por eso no nos sorprende que después de todo este plan termine siendo un desastre para todos. Cuando el hijo, Ismael, crece surgen conflictos entre él y el otro hijo de Abraham, y también entre Agar y Sarai (ahora Sara). Al final Sara los echa de la casa. Pero es importante notar que el problema en esta situación no es el comportamiento sexual de Abraham, sino la declaración por Dios de que el hijo que Él le va a dar será también el hijo de Sara (Gen. 17:18-21). ¿Por qué es esto? No se dice explícitamente pero deducimos que Dios quiere comunicar tanto a Abraham como a sus descendientes que este nuevo pueblo surge de su poder y de su gracia, no del transcurso natural de la vida y tampoco como resultado de ingenuidad humana. Este mismo tema aparece en las generaciones subsiguientes: Rebeca, la esposa de Isaac, también era estéril pero Dios le dio hijos (Gen. 25:20-21); Raquel, una de las esposas de Jacobo, también era estéril y también, igual que hizo Sarai, le da su criada a su marido porque, dice ella, su criada "dará luz sobre mis rodillas, y por medio de ella también yo podré formar una familia" (Gen. 30:3). Pero luego dice que Dios oyó a Raquel, quitándole tanto su esterilidad como su desgracia (Gen. 30:21). De paso, Lea, la otra esposa de Jacobo y hermana de Raquel, también le da su criada a él (Gen. 30:8-10) y el resultado es que Jacobo es un hombre muy ocupado.

Es obvio que en esa cultura tener hijos era para la mujer de suma importancia. Sin hijos una mujer se consideraba desgraciada y avergonzada y no tenía su propio lugar en la sociedad. Tener hijos era tan importante que, de hecho, era preferible compartir la intimidad matrimonial con otra mujer para por lo menos tener algún tipo de conexión significativa con los hijos de su marido. Pero después de todas las descripciones de estas prácticas, es muy interesante saber que en la cultura del medio oriente en los tiempos en que vivió Abraham esto de usar una criada en lugar de la esposa para poder dar a luz un hijo era algo aceptado. Inclusive, se han encontrado contratos de esa era en los cuales se especifica que si la mujer no puede darle un hijo a su esposo, estará obligada a proveer una substituta.[4] Esto nos ayuda a ver que en la Biblia no tenemos ni por un lado descripciones idealizadas en donde todo lo que hace un protagonista es automáticamente permitido, ni tampoco una situación en que se condenan todas las prácticas culturales que a nosotros nos parecen escandalosas. Lo que tenemos en la Biblia son recuentos y enseñanzas que nos ayudan a entender a Dios —ese es el propósito primordial. Pero lo que nos dice acerca de Dios sólo es discernible en un contexto cultural específico y debemos aprender a entender la diferencia entre el mensaje bíblico y el contexto en que se ha dado ese mensaje.

---

[4] Ver el libro de Bright, *The History of Israel*, 79.

Cuberturas y el ósculo santo

Un ejemplo un poco más controversial es la cuestión de la cubertura de la cabeza de la mujer en el culto. Esto viene de 1ra Corintios 11 donde Pablo dice que una mujer que ora o profetiza delante de la iglesia con la cabeza descubierta deshonra a su marido. El razonamiento de Pablo es el siguiente: "Si la mujer no se cubre la cabeza, que se corte también el cabello; pero si es vergonzoso para la mujer tener el pelo corto o la cabeza rasurada, que se la cubra". (1ra Cor. 11:6) Basado en esto algunos han afirmado que una mujer no puede ir al culto con la cabeza descubierta, aunque si tomamos el pasaje lo más literalmente posible, sería solo que la mujer no puede orar o profetizar en esa condición. Otros, prestando atención especial a la justificación en el versículo 6, dicen que lo que Pablo está dando como base de su comando es claramente una sensibilidad cultural, puesto que nosotros hoy día no sentimos que una mujer con la cabeza descubierta sea algo inapropiado y tampoco hay otros pasajes que discutan este principio. Entonces, en esta interpretación cubrirse la cabeza al orar o profetizar era algo importante para la cultura del siglo I porque quería decir algo importante en ese contexto. Sería algo como en los años ochenta en los Estados Unidos, cuando se entendía que si un hombre llevaba un arete en una oreja particular (no recuerdo cuál era), eso significaba que era homosexual. En ese contexto no sería apropiado para un cristiano imitar esa práctica porque tiene un sentido no-cristiano.

Bueno, no voy a resolver el debate acerca de la cubertura de la cabeza aquí porque ese no es mi propósito. Lo que estoy resaltando es esta dinámica en interpretación. La cuestión importante en 1ra Corintios 11 es determinar si Pablo se está refiriendo a algo cultural que solo se aplica literalmente en una situación histórica particular, o si está dando un principio bíblico universal.

Un ejemplo un poco menos controversial es el del "ósculo santo". En varios lugares, Pablo anima a sus lectores a saludarse con un beso santo (Rom. 16:16, 1ra Cor. 16:20, 2da Cor. 13:12, 1ra Tes. 5:25, y Pedro también en 1ra Ped. 5:14). En Argentina la gente lee esto y suena perfectamente normal porque la costumbre allí es siempre dar un beso en la mejilla al saludarse —inclusive hombres y mujeres. Pero cuando personas de otros países van a Argentina y todas las mujeres u hombres les empiezan a dar besos puede resultar algo incómodo y a veces también sorprendente. O inclusive puede darse un mal entendimiento. ¡El hecho de que te ha saludado con un beso no quiere decir que está enamorada de ti! Culturalmente, lo de dar besos así no se practica en todos los países. Por tanto, algunos ven estos mandamientos de Pablo e intuitivamente se dan cuenta de que esto no es algo que se aplica en cada situación. En algunos lugares es una broma muy popular pretender insistir que deberíamos tomar este mandamiento literalmente, especialmente entre jóvenes. Pero no es que los argentinos sean más bíblicos porque se besan cuando se saludan antes o después del culto. Es realmente pura casualidad que una práctica cultural suya se integre tan bien en la cultura mediterránea del siglo I. Quizás la podríamos conectar a culturas europeas que a la vez vinieron de prácticas relacionadas con el ambiente cultural del siglo I. Pero en esta cultura la práctica del beso no viene de la Biblia. Es algo relacionado con la cultura. Por otro lado, no sabemos si lo que hacen los argentinos es realmente lo mismo que mandan Pablo y Pedro porque no tenemos suficiente información al respecto. Quizás el beso santo para ellos quería decir besar la frente de una persona. Quizás no se hacía entre los diferentes sexos. La verdad, no sabemos.

Hay prácticas descritas y también recomendadas en la Biblia que no seguimos hoy día porque solo tienen sentido en relación a una situación particular. Por otro lado el hecho de que algo en la Biblia sea cultural no quiere decir que lo podamos ignorar por completo, porque si hay una práctica cultural que la Biblia prescribe o prohíbe es porque hay un principio bíblico detrás de esa práctica o abstención. El principio detrás del ósculo santo es que al reunirnos para el culto deberíamos afirmarnos los unos a los otros de manera personal. Este es un principio importante que muchas iglesias podrían aprender, porque muchas veces uno va al culto el domingo y nadie le saluda, y después de la reunión todos corren afuera como si el show hubiera terminado y sea tiempo de proceder al próximo evento, y no hay contacto personal. Al ver eso Pablo diría, creo: "salúdense con afección".

Para resumir lo que hemos cubierto, cuando hablamos de cultura en interpretación hay tres áreas importantes que debemos atender. Primero, al conocer mejor la cultura en la que fueron escritos los diferentes libros de la Biblia estamos mejor preparados para entender lo que dicen esos mismos libros. Por eso el estudio de historia y cultura van mano a mano con interpretación bíblica. Segundo, debemos reconocer que el problema no es solo que no conocemos las culturas antiguas de los tiempos bíblicos, sino que también nuestra propia cultura y nuestros propios tiempos igualmente nos pueden desviar del sentido bíblico, como hemos visto en el ejemplo de la cruz. Por eso debemos también estar preparados para hacer autocrítica cultural en el proceso de interpretación bíblica. Finalmente, como la Biblia fue escrita en situaciones específicas, mucho de lo que dice viene contextualizado a esa situación y debemos discernir entre lo que es meramente cultural y lo que es universal.

9

❀ De acuerdo con el tipo de literatura

Formas literarias en la Biblia

Tomás de la Fuente describe un encuentro con un joven que estaba preocupado por la influencia del modernismo sobre la interpretación de la Biblia. El muchacho estaba indignado porque "¡los modernistas dicen que en la Biblia hay poesía!". Cosa que a él no le parecía que fuese posible porque la poesía es un tipo de lenguaje exagerado que no se puede tomar literalmente.[1] En el último siglo muchos cristianos compartieron esta perspectiva, aunque no tanto como para negar que hay poesía ¡solo hay que abrir la Biblia por el libro de los Salmos para ver que hay grandes secciones de poesía! Pero no obstante muchos han afirmado que como la palabra de Dios es algo que se debe tomar literalmente, no hay lugar para considerar los diferentes tipos de literatura en la Biblia. Que, por ejemplo, afirmar que algo en la Biblia es figurativo es un truco de interpretación para negar el "verdadero sentido" de la Biblia.

Hay dos problemas con esta perspectiva. Primero, es una contra reacción exagerada al liberalismo o modernismo del siglo XX.

---

[1] Tomás de la Fuente, *Claves de interpretación bíblica* (El Paso, Texas: Editorial Mundo Hispano, 1985), 137.

Este mismo interpretaba la Biblia como cualquier otro tipo de literatura antigua y por eso prestaba atención especial a sus características humanas. Como hemos visto, esto es perfectamente apropiado si consideramos que Dios ha usado comunicación humana para revelarse al mundo. Pero la otra característica muy problemática del liberalismo era que negaba el aspecto milagroso de la Biblia. Como se consideraba nada más que era un antiguo libro religioso escrito en una época crédula, se dio por sentado que todo lo sobrenatural tenía una explicación natural. Por eso, algunos intérpretes modernos le daban un sentido figurativo a algunas partes de la Biblia que relataban milagros. O sea, en vez de decir que la Biblia miente cuando describe milagros se intentaba explicar los milagros como verdaderos "en un sentido", pero no literalmente. Entonces, en este modelo hermenéutico el milagro de la alimentación de los 5000 no era que Jesús le diera de comer a toda esa gente con cinco panes y dos pescados, sino que al compartir esos escasos recursos toda la gente presente se quedó conmovida y todos empezaron a compartir lo suyo. Al final, como resultado de ese "milagro" de generosidad, todos pudieron comer bien y hasta sobraron 12 canastas de comida. Otro ejemplo es decir que cuando Jesús caminó sobre el agua estaba en realidad caminando por la orilla del mar, pero como la tormenta ocultaba la vista de los discípulos en el barco, y como también estaban agotados y asustados, pensaron que Jesús estaba caminando sobre el agua.

Estas son interpretaciones pésimas de los pasajes que no serían reconocidas ni por los autores bíblicos ni por los cristianos que han interpretado la Biblia por 2000 años. No es lo que dicen los pasajes. Son pura invención, basados en la premisa de que los milagros no ocurren, cosa que es imposible de comprobar. Entonces, para los que toman seriamente el mensaje de la Biblia, negar esa interpretación naturalista o moderna es completamente apropiado. Pero afirmar en contra de esto que como la Biblia es la palabra de Dios todo debe tomarse siempre literalmente, es solo crear otra teoría de interpretación que no tiene sentido. Hacer esto es reemplazar la observación del texto bíblico con ideología y al final, mientras los dos campos disparan sus armamentos ideológicos de un lado a otro, la Biblia queda ignorada enmedio del conflicto. Brent Sanday nos ayuda a aclarar el tema:

"Desde el 'Iluminismo' y la resultante tendencia de algunos eruditos de cuestionar la literalidad de la Biblia en el sentido histórico, muchos cristianos han defendido el significado literal de ella. El intento no es negar que la Biblia puede ser figurativa sino afirmar que *donde ella se propone hacerlo* es históricamente veraz".[2]

Una vez mencioné lo que ya he resaltado en el primer capítulo, que "la palabra de Dios" en la Biblia misma no quiere siempre decir "la Biblia" y que a veces se refiere a la palabra de Dios a nosotros en nuestra situación. Un hermano me dijo que esa interpretación le preocupaba porque al decir esto yo estaba abriendo la puerta a que haya dos palabras de Dios —la Biblia y la palabra de Dios en el presente—, y que debemos mantener la Biblia sola como la palabra de Dios. La reacción mía fue señalar que yo había hecho una afirmación interpretativa —una explicación de lo que dice el texto bíblico— y él había respondido con una afirmación ideológica. Sean las que fueran las razones de la preocupación de este hermano, esto no cambia el hecho de que cuando la Biblia dice "la palabra de Dios" no siempre se refiere a "la Biblia". Afirmar una posición ideológica en contra de esto, y para colmo en defensa de la Biblia misma, me parece demasiado inconsistente. Si vamos a respetar el texto de la Biblia debemos respetarlo en más que en la mera afirmación de que es la verdad de Dios. También debemos respetar lo que dice, también debemos respetar la manera en que lo dice. Me pregunto muchas veces cuando oigo afirmaciones pesadamente ideológicas acerca

---

[2] Brent Sandy, *Profecía bíblica y literatura apocalíptica* (El Paso, Texas: Editorial Mundo Hispano, 2004), 45.

de la Biblia si las personas que las hacen han leído este texto que tanto pretenden venerar, porque muchas veces lo que ellos dicen acerca de la Biblia no coincide bien con lo que dice la Biblia misma.

Esto me lleva al segundo problema, el ignorar los diferentes tipos de literatura en la Biblia en el nombre de lo literal, y es que es imposible leer la Biblia sin ver que en ella se usan muchos diferentes tipos de literatura, y que dentro de esos tipos de literatura las cosas se expresan de acuerdo a las estipulaciones de esas formas de comunicación: narrativa, proverbio, poesía, parábola, evangelio, epístola, visiones apocalípticas. Todas estas son diferentes maneras de comunicar, e ignorar esta realidad ha resultado en todo tipo de malinterpretación y tontería exegética.

Como descripciones de los diferentes tipos de literatura en la Biblia ya abundan en otros libros de interpretación, solo resaltaremos aquí las características más importantes de algunos tipos de literatura. Mi propósito es más que nada concienciarnos acerca de la existencia de diferentes tipos de literatura en la Biblia y resaltar la importancia de atender a las características de cada uno en interpretación.

Epístola o carta abierta

Las epístolas son los libros que componen la segunda parte del Nuevo Testamento. Si comenzamos con el libro de Romanos todos los otros libros hasta el final de la Biblia, con la excepción de Apocalipsis, son epístolas. La epístola es generalmente una carta abierta a una iglesia, pero también hay cartas a individuos (las epístolas a Timoteo, Tito, Filemón, y 3ra Juan). Es posible que las cartas escritas a individuos también fueran escritas con la idea de que serían leídas por las iglesias bajo su cargo. Así por ejemplo, aunque Pablo dirige sus instrucciones a Timoteo o a Tito, el hecho de que vienen de él y pueden ser verificadas sirve para confirmar la autoridad del recipiente.

Nosotros los protestantes evangélicos estamos muy aferrados a las epístolas, especialmente a las de Pablo. Esto tiene sus desventajas porque a veces tratamos a estos libros como si fueran la base doctrinal de la Iglesia, y las otras partes de la Biblia se interpretan por medio de ellos. Pero una de las características de las epístolas señala que tengamos cuidado con este uso: las epístolas son correspondencia ocasional. Fueron escritas por razones particulares, para resolver algún problema, para preparar planes, para dar instrucciones. Lo que ya hemos notado en relación a la Biblia en total es especialmente importante en las epístolas: no son escritos que surgen al azar, no son tratados teológicos que anuncian la verdad directamente al mundo entero. Claro que sí anuncian la verdad al mundo, pero lo hacen por medio de una situación particular.

Por suerte las epístolas tienen todas un formato particular. Cuando nosotros nos ponemos a escribir una carta comenzamos con "Estimado Don Fulano", nos introducimos, explicamos el tema de la carta, damos algún deseo y luego terminamos con "cordialmente" y nuestro nombre. En el mundo antiguo las cartas también tenían su formato. Generalmente seguían este modelo: introducción (quién escribe y a quién), deseos personales, tema de la carta, cuerpo de la carta y conclusión con más deseos. Las epístolas no son siempre exactamente así, pero la carta griega o "helenística" definitivamente está en el trasfondo. Veamos, por ejemplo, cómo comienza el libro de Judas:

Introducción (quién escribe a quién):	[1] Judas, siervo de Jesucristo y hermano de Jacobo, a los que son amados por Dios el Padre, guardados por Jesucristo y llamados a la salvación:
Deseos	[2] Que reciban misericordia, paz y amor en abundancia.

Tema de la carta	[3] Queridos hermanos, he deseado intensamente escribirles acerca de la salvación que tenemos en común, y ahora siento la necesidad de hacerlo para rogarles que sigan luchando vigorosamente por la fe encomendada una vez por todas a los santos.

Figura: Introducción a Judas.

Esta epístola fue escrita por Judas, el hermano de Jacobo y por lo tanto también hermano de Jesús, y parece haber sido para la circulación general entre todas las Iglesias Cristianas ("a los que son amados por Dios", etc.). En el segundo versículo Judas expresa el deseo de que sus lectores reciban misericordia, paz y amor. Luego en el tercer versículo describe la razón por la que está escribiendo: para animar a sus hermanos a que sigan luchando por la fe, pues es evidente que hay peligro, como vemos más adelante en la carta. Entonces, ya tenemos una idea introductoria al tema de este libro. Judas no sigue la forma de la carta antigua completamente, porque no termina con deseos finales, sino con una doxología que sirve de despedida.

Otro buen ejemplo es la carta a los Gálatas:

Introducción (de quién a quién)	[1]Pablo, apóstol, no por investidura ni mediación humanas, sino por Jesucristo y por Dios Padre, que lo levantó de entre los muertos; 2 y todos los hermanos que están conmigo, a las iglesias de Galacia:

Deseos	³ Que Dios nuestro Padre y el Señor Jesucristo les concedan gracia y paz. ⁴ Jesucristo dio su vida por nuestros pecados para rescatarnos de este mundo malvado, según la voluntad de nuestro Dios y Padre, ⁵ a quien sea la gloria por los siglos de los siglos. Amén.
Tema	⁶ Me asombra que tan pronto estén dejando ustedes a quien los llamó por la gracia de Cristo, para pasarse a otro evangelio.
Saludos finales	6:18 Hermanos, que la gracia de nuestro Señor Jesucristo sea con el espíritu de cada uno de ustedes. Amén.

Figura: Introducción y final de la carta a los Gálatas.

La epístola se dirige de Pablo a las iglesias de Galacia. Pablo expresa sus deseos para ellos y también glorifica a Dios en el proceso. Finalmente entra en el tema: las iglesias de Galacia están dejando el evangelio. El problema específico y la solución al problema vienen más adelante, pero el tema de la comunicación ya está claro. Luego Pablo termina la carta con deseos finales.

Entender que las epístolas siguen una forma particular nos ayuda un poco a quitarle misterio a su significado. No tenemos que buscar, casi al azar, alguna pista escondida en un versículo que nos explique de qué tratan estos libros de la Biblia. Ya sabemos que generalmente el tema principal de la epístola aparece al principio, después de los deseos. No es siempre exactamente así —Efesios parece pasar ese paso por alto y entrar directamente en la majestuosa descripción de la obra de la Trinidad. Pero quizás esto también se explica con el género literario: Pablo está tan inspirado con este majestuoso tema que pasa por alto las reglas normales de la carta. Pero por lo general las epístolas sí usan el modelo de la carta antigua.

También debemos acordarnos de que como las epístolas son ocasionales no dicen siempre todo lo que se puede decir acerca de un tema. La epístola de 1ra Corintios es una comunicación de Pablo a la iglesia de Corinto basada, por lo menos en parte, en el informe de "algunos de la familia de Cloe" (1ra Cor 1:10). Luego en varios lugares introduce nuevos temas con referencias a conocimientos previos, especialmente en 7:1: "Paso ahora a los asuntos que me plantearon por escrito: 'Es mejor no tener relaciones sexuales'". Interesantemente, prestar atención a esta dinámica nos ayuda a ver que Pablo no está afirmando aquí, como podría parecer, que es mejor no tener relaciones sexuales, sino que al contrario está citando una de las cosas que se ha dicho en una carta que alguien, quizás la iglesia entera, le ha escrito. Rodear la frase en comillas, no incluidas en el griego, cambia mucho el sentido. Como 1ra Corintios es una carta ocasional, no es un compendio de doctrina. No pretende decir todo lo que se puede decir acerca de un tema, solo lo que es relevante a la situación en la iglesia en Corinto. Claro, al fin y al cabo es también relevante para nosotros. Pero para entender cómo se aplica a nosotros debemos entender primero cómo se aplica a ellos.

Otro buen ejemplo de esta "ocasionalidad" de las epístolas es el contraste entre la manera en que Pablo habla de Jesucristo y su obra de salvación en Romanos y en Colosenses. En la carta a los romanos Pablo describe la obra de Jesucristo en relación al Antiguo Testamento, mientras que en la carta a los colosenses el enfoque está en la supremacía cósmica de Jesucristo y su triunfo sobre todos en existencia. ¿Por qué será esto? Si prestamos atención al propósito de las cartas es claro. En el libro de Romanos Pablo está defendiendo su ministerio a los gentiles, como señala en varios pasajes en su introducción:

- "Por medio de Él, y en honor a su nombre, recibimos el don apostólico para persuadir a todas las naciones que obedezcan a la fe" (1:5).

- "Quiero que sepan, hermanos, que aunque hasta ahora no he podido visitarlos, muchas veces me he propuesto hacerlo, para recoger algún fruto entre ustedes, tal como lo he recogido entre las otras naciones" (1:13).
- "A la verdad, no me avergüenzo del evangelio, pues es poder de Dios para la salvación de todos los que creen: de los judíos primeramente, pero también de los gentiles. [17] De hecho, en el evangelio se revela la justicia que proviene de Dios, la cual es por fe de principio a fin, tal como está escrito: 'El justo vivirá por la fe'" (1:16-17).

En Colosenses Pablo entra en una discusión diferente a la de Romanos. Dice que Cristo "nos libró del dominio de la oscuridad y nos trasladó al reino de su amado Hijo, en quien tenemos redención, el perdón de pecados" (Col. 1.13-14). Surge una discusión acerca de la supremacía de Jesucristo en relación a otros poderes. Pablo no habla aquí de justificación como en Romanos, sino de triunfo, porque los colosenses estaban luchando una especie de filosofía que negaba la supremacía de Jesucristo y le acordaba autoridad a otros poderes y potestades:

- "Cuídense de que nadie los cautive con la vana y engañosa filosofía que sigue tradiciones humanas, la que va de acuerdo con los principios de este mundo y no conforme a Cristo" (2.8).
- "Él anuló esa deuda que nos era adversa, clavándola en la cruz. [15] Desarmó a los poderes y a las potestades, y por medio de Cristo los humilló en público al exhibirlos en su desfile triunfal" (2.14-15).

Entonces es importante prestar atención al tema de cada epístola para orientarnos al mensaje.

Poesía hebrea

La poesía hebrea es un tipo de literatura muy importante en la Biblia. Es usada no solo en los "libros poéticos" (Job – Cantares), sino también en los libros proféticos, y además hay partes de los libros de narrativa en las que se encuentran secciones de poesía. No hay debate sobre esto y no vale la pena negarlo. La Biblia viene con mucha poesía. Como protestantes tenemos una predilección por las epístolas. En la preparación para este libro he notado también que en algunos libros de interpretación la mayoría de los ejemplos vienen de las epístolas del Nuevo Testamento, mientras que el resto de la Biblia queda en el trasfondo. Creo que nos gustan las epístolas porque parecen enseñar conceptos de una manera explícita o didáctica. Pero para poner las cosas en contexto quiero mencionar una estadística interesante. El apóstol Pablo cita el Antiguo Testamento 93 veces en sus escritos y de estas citas, 19 son de los Salmos y 25 son del libro de Isaías, que también está compuesto principalmente de poesía.[3] En total, Pablo cita libros de poesía 54 veces. O sea, más de la mitad de sus citas del Antiguo Testamento vienen de los libros de poesía. Es evidente que estos libros y pasajes en este género literario son una base significativa para las enseñanzas de las epístolas.

Pero algunos seguramente preguntarán como el muchacho del ejemplo por qué Dios usó poesía, que parece ser tan impreciso, en su revelación. ¿Por qué no hay más material didáctico que nos enseñe doctrinas claramente? Vale la pena señalar que el propósito de Dios no fue dar un libro sólo compuesto de ideas y de proposiciones. La poesía es especialmente buena para la expresión íntima, personal y emocional, lo cual se nota mucho en los Salmos:

---

[3] Esta estadística viene del Earle Ellis, *Paul's Use of the Old Testament* (El uso del Antiguo Testamento por Pablo) (Grand Rapids, Michigan: Baker Book House, 1981), 11.

"Cansado estoy de sollozar;
toda la noche inundo de lágrimas mi cama,
¡mi lecho empapo con mi llanto!
Desfallecen mis ojos por causa del dolor;
desfallecen por culpa de mis enemigos.
¡Apártense de mí, todos los malhechores,
que el Señor ha escuchado mi llanto!
El Señor ha escuchado mis ruegos;
el Señor ha tomado en cuenta mi oración" (Sal. 6,6-9).

Esta forma de expresión es mucho más impactante que una mera descripción intelectual como: "Me persiguió gente mala y lloré mucho. Pero Dios me va a ayudar". La poesía también sirve para ayudar a la imaginación, y creo que esto es por lo menos parte de la razón por la que fue usada por los profetas. Ellos a menudo están tratando de explicar —aunque nadie lo quiere oír— las consecuencias desastrosas del comportamiento del pueblo de Israel. A veces una imagen brutal nos puede despertar a la realidad:

"¿Para qué recibir más golpes?
¿Para qué insistir en la rebelión?
Toda su cabeza está herida,
todo su corazón está enfermo.
Desde la planta del pie hasta la coronilla
no les queda nada sano:
todo en ellos es heridas, moretones,
y llagas abiertas,
que no les han sido curadas ni vendadas,
ni aliviadas con aceite" (Is. 1.5-6).

O una imagen positiva puede expresar lo atractivo de recibir el perdón de Dios:

"Vengan, pongamos las cosas en claro
—dice el Señor—.

¿Son sus pecados como escarlata?
¡Quedarán blancos como la nieve!
¿Son rojos como la púrpura?
¡Quedarán como la lana!
¿Están ustedes dispuestos a obedecer?
¡Comerán lo mejor de la tierra!" (Is. 1.18-19).

Como dice el profesor de Antiguo Testamento Tremper Longman III:

"...la poesía apela más directamente a toda la persona que la prosa. Estimula nuestra imaginación, despierta nuestras emociones, alimenta nuestros intelectos y se dirige a nuestras voluntades. Quizás, sea esto por lo que la poesía es el modo preferido de comunicación de los profetas, cuyo propósito cuenta con capturar la atención de sus oyentes y con persuadirlos de que su mensaje es urgente".[4]

El uso de poesía en la Biblia nos recuerda que el mensaje bíblico no es solo para la mente, no solo para doctrina, sino para la persona entera y afecta tanto nuestra vida intelectual como nuestra imaginación, voluntad y emociones. Nuestra interacción con Dios, siguiendo el modelo de la expresión poética, debería ser también una interacción de la persona completa.

La poesía hebrea es algo diferente a la poesía que nosotros escribimos y leemos hoy día. Para nosotros las características fundamentales de la poesía son metro y rima y también el uso de imágenes, aunque metro y rima son menos importantes en la poesía moderna. La poesía hebrea no usa ni metro ni rima, pero sí usa muchas imágenes. La característica más sobresaliente de este tipo de literatura es el paralelismo, o sea la repetición de ideas con diferentes palabras. Por ejemplo:

---

[4] Tremper Longman III, *Cómo leer los Salmos: una introducción a la poesía hebrea* (Barcelona: CLIE, 2000), 110.

"¿Quién, Señor, puede habitar en tu santuario?
¿Quién puede vivir en tu santo monte?" (Sal. 15:1).

"Yo no convivo con los mentirosos,
ni me junto con los hipócritas" (Sal. 25:4).

La segunda línea repite la idea de la primera pero con diferentes palabras o imágenes. Es importante ver que cada conjunto de paralelos es una unidad de significado. Aunque se están diciendo dos cosas, son dos cosas acerca del mismo tema. Pero a veces el paralelo es en realidad un contraste:

"El odio es motivo de disensiones,
pero el amor cubre todas las faltas" (Pr. 10,12).

También es importante ver tanto en los Salmos como en los libros proféticos que las secciones de poesía suelen estar organizadas en estructuras de repetición. Este tipo de estructura se puede ver especialmente bien en Isaías 44:1-5. Para resaltar las repeticiones he alineado las palabras y frases que se repiten en columnas.

Pero ahora, Jacob,
      mi siervo,
      Israel,
      a quien he escogido,
¡escucha!
Así dice el Señor,
      el que te hizo,
      el que te formó en el seno materno
      y te brinda su ayuda:
'No temas, Jacob,
      mi siervo,
      Jesurún,
      a quien he escogido,

que regaré
    con agua la tierra sedienta,
    y con arroyos el suelo seco;
derramaré
    mi Espíritu sobre tu descendencia,
    y mi bendición sobre tus vástagos,
    y brotarán como hierba en un prado,
    como sauces junto a arroyos'.

Uno dirá: 'Pertenezco al Señor';
otro llevará el nombre de Jacob,
y otro escribirá en su mano: 'Yo soy del Señor',
y tomará para sí el nombre de Israel".

Una de las cosas que se nota especialmente es que el derramamiento del agua en la tierra, y los arroyos y la vegetación que resultan de ese derramamiento, todo ello es una imagen que representa el derramamiento del Espíritu de Dios. Por lo cual insistir en una interpretación literal de este pasaje sería un desastre. Esta no es una predicción de que habrá lluvia, sino de la venida del Espíritu Santo cuando Dios rescate a su pueblo Israel. Para una descripción más detallada de las características de la poesía hebrea vea el libro de Tremper Longman III *Cómo Leer los Salmos*.

Parábolas

Generalmente entendemos que una parábola es una historia inventada para enseñar una lección.[5] No es esencial que la parábola sea inventada para que pueda funcionar como tal, pero es difícil de ignorar la sensación de que estas son historias que nosotros comenzaríamos con *había una vez*: "Un sembrador salió a

---

[5] Para esta sección he usado material en Robert H. Stein, *An Introduction to the Parables of Jesus* (*Una introducción a las parábolas de Jesús*) (Philadelphia, USA: Westminster, 1981), especialmente el primer capítulo.

sembrar", nos dice Jesús (Lucas 8:5). O, "Bajaba un hombre de Jerusalén a Jericó" (Lucas 10:30). O, "Dos hombres subieron al templo a orar" (Lucas 18:10). No se trata de alguien específico, los personajes no tienen nombre y lo único que sabemos acerca de ellos es la información que sirve para contar la historia. Otras parábolas señalan específicamente que son figuras, como en Mateo 13 donde varias parábolas comienzan con "El reino de los cielos es como...". Por otro lado, hay muchas otras parábolas que se introducen como tales, usando la palabra griega *parabolei*. Este es un término flexible en el griego del Nuevo Testamento que significa "un dicho o narrativa, diseñado para ilustrar una verdad"[6]. Entonces una parábola no es solo una "historia terrenal con un mensaje celestial", como se suele decir. Puede ser un dicho como: "Seguramente ustedes me van a citar el proverbio (*parabolei*): '¡Médico, cúrate a ti mismo!'" (Lucas 4:23). O una imagen sin narrativa: "Les contó esta parábola: —Nadie quita un retazo de un vestido nuevo para remendar un vestido viejo. De hacerlo así, habrá rasgado el vestido nuevo, y el retazo nuevo no hará juego con el vestido viejo" (Lucas 5,36).

Interesantemente, esta práctica de usar figuras, proverbios e historias tiene un trasfondo en el Antiguo Testamento, y seguramente ese trasfondo tuvo algo que ver con el uso de Jesús. Allí se usa la palabra hebrea *mashal* para describir el mismo tipo de cosa: un proverbio (Ez. 16:2-3), o una imagen como la de la cena que Dios manda a Ezequiel preparar (Ez. 24:2-5). También hay historias que aunque no se use la palabra *mashal* para denominarlas, son parábolas. Por ejemplo, cuando Natán le cuenta a David la historia de la oveja que un hombre rico le quita a una familia pobre (2da Sam. 12:1-4).

Entonces, una parábola es algo más general que una historia. Es idioma simbólico o figurativo. Por otro lado, hay muchas

---

[6] Arndt, Danker y Bauer, *Greek-English lexicon,* 760.

parábolas en los evangelios que sí son historias y la verdad es que estamos muy interesados en cómo interpretar esas historias.

Como ya hemos visto, las parábolas se han interpretado alegóricamente en el pasado. En una alegoría cada elemento tiene una equivalencia específica. Por eso es que Agustín quiso asignarle un sentido a cada cosa mencionada en la parábola del buen samaritano. Pero hoy día se reconoce generalmente que una parábola, aunque puede tener aspectos alegóricos, no es una alegoría. Es especialmente importante entender que cada detalle no tiene necesariamente un significado espiritual, sino que ayuda a establecer la escena de la parábola. El hecho de que un hombre iba de Jerusalén a Jericó en la parábola del buen samaritano no representa un principio espiritual. Es solo un detalle que construye la escena. Al leer una parábola estamos buscando el punto principal, no un montón de diferentes metáforas y figuras. La historia misma es la figura, y los detalles rellenan esa figura. Aún en las parábolas que son muy alegóricas, como la del sembrador y las semillas donde casi cada elemento tiene su interpretación, hay un solo punto principal de la historia: ilustrar la dinámica entre el anuncio del evangelio y los corazones de los que lo oyen.

Como ya hemos visto, el contexto es de suma importancia, y esto es especialmente importante en la interpretación de parábolas porque muchas veces es precisamente el contexto el que nos ayuda a discernir cuál es esta lección principal que Jesús está enseñando. El ejemplo clásico es la parábola del hijo pródigo. Ese es el nombre que nosotros le damos, pero en realidad podríamos llamarla mejor la parábola del hijo mayor. Muchas veces esta parábola se predica y se usa para ilustrar el gran amor del Padre hacia los que han pecado en contra de Él, que si volvemos a Dios, Él nos acepta, no importa lo que hayamos hecho. Y no se puede negar que la parábola sí incluye esto. Pero la lección acerca del perdón del padre es parte del trasfondo requerido para poder llegar al punto principal. Este punto es también desarrollado a través del capítulo 15 de Lucas.

El capítulo comienza con la acusación de parte de los fariseos y los maestros de la ley de que Jesús "recibe a pecadores y come con ellos" (15:2). Luego Jesús responde con tres parábolas que crecen hacia un clímax. La primera trata de una oveja perdida, rescatada por su dueño. Al encontrarla, el protagonista junta a sus amigos para una fiesta. ¿Cuál es el punto principal de la parábola? Jesús mismo nos dice "que así se regocijan en el cielo cuando un pecador se arrepiente". La segunda parábola trata de una mujer que ha perdido una moneda preciosa y al encontrarla celebra con sus amigos. ¿Cuál es el punto principal? También nos dice Jesús: "Así se alegra Dios con sus ángeles cuando un pecador se arrepiente".

La tercera parábola es una historia más desarrollada que las otras dos pero con el mismo tema. Un hijo por su rebeldía en contra de su padre, cae en una vida miserable y es luego "encontrado" por el padre. También hay una fiesta. Pero al final de esta historia se agrega una escena importante que no aparece en las otras dos. El hermano mayor del hijo pródigo está enojado y no quiere participar en la celebración porque le molesta la facilidad con que se ha perdonado a su hermano menor. El padre responde con un resumen de las primeras parábolas: es más importante celebrar lo recuperado que lo que no se ha perdido nunca. "Tú siempre estás conmigo", le dice al hermano mayor, "y todo lo que tengo es tuyo. Pero teníamos que hacer fiesta y alegrarnos, porque este hermano tuyo estaba muerto, pero ahora ha vuelto a la vida; se había perdido pero ya lo hemos encontrado" (Lucas 15:31-32).

Realmente podríamos llamar a este capítulo de Lucas "La importancia de festejar", porque la fiesta es el tema que las une a todas: la queja con que comienza todo es que Jesús está comiendo, o festejando, con los pecadores. Luego cada una de las tres historias culmina en una celebración por haber encontrado algo perdido. El hecho de que el hermano mayor en la última historia no quiera participar en la fiesta es una clara identificación de este con los fariseos y los maestros de la ley, que tampoco se querían unir a comer con Jesús y los pecadores.

Las parábolas son especialmente susceptibles de ser interpretadas fuera de contexto porque son historias evocativas que uno puede repetir fácilmente. ¡Y también son buen material para el predicador porque son interesantes! Esta fuerza de las parábolas, es también su debilidad, si se puede así decir. Parecen ser figuras y metáforas que tienen un sentido desligado de su contexto. La parábola de la oveja perdida tiene ya una fama increíble como imagen de la ardua labor de Jesús en encontrarnos cuando nos habíamos alejado de Él. Seguramente representaciones artísticas de un pastor (muy parecido a ese Jesús de las imágenes cristianas) que alcanza a una ovejita atrapada en un arbusto colgado de un precipicio también han ayudado a crear esta interpretación. Y quizás eso esté un poco más de acuerdo con la versión de la parábola en Mateo 18:12-14. Pero, ¿por qué no tenemos pinturas de una fiesta donde se celebra la recuperación de la oveja perdida? Porque no hemos siempre interpretado la parábola en contexto. No digo que es falsa la idea de que Jesús nos rescató y, en un sentido, igual que un pastor rescata a una oveja. Está implicado en todas estas parábolas de Lucas 15 que Dios, y por implicación Jesús, viene a salvar al perdido. Pero también hay un sentido en que hemos hecho algo similar a lo que se hace en interpretación alegórica al superponer una interpretación sobre el pasaje e ignorar la lección principal.

Por otro lado, no podemos pretender que todas las parábolas están tan íntimamente ligadas a su contexto. Algunas sí parecen flotar, sin conexión al texto que las rodea. Pero primero, si vamos a leerlas así asegurémonos de que este es realmente el caso. Segundo, las parábolas que están vinculadas a su contexto comprueban el principio hermenéutico de que las parábolas deben ser interpretadas como historias figurativas con una enseñanza principal.

Literatura apocalíptica

El libro de Apocalipsis parece describir un futuro lleno de terrores globales después del cual vendrá el fin del mundo. Pero el temor que surge del estudio de este libro es más que el temor del fin del mundo. Es un temor hermenéutico. ¿Quién sabe cómo se deben entender todas esas fantásticas imágenes? ¿Cuándo vienen? ¿Cómo surgirán? ¿Qué significa en categorías prácticas? Parece que nadie puede decir de todos modos cómo se interpretará. Hay muchas teorías, muchas opiniones, muchas proclamaciones. Pero al fin y al cabo no hay acuerdo. Hay acuerdo acerca de la interpretación de las parábolas, las epístolas y los libros históricos —por lo menos en el sentido de que la forma literaria misma no está en juego. Pero cuando llegamos a Apocalipsis, como dijo una misionera que conocí una vez, "problemas, problemos, problemos".

Debo resaltar que existe un género literario denominado *literatura apocalíptica judía* del cual el libro de Apocalipsis es parte. En esta literatura generalmente el autor del libro describe visiones misteriosas y crípticas que él ha experimentado y que tienen que ver con el clímax de los tiempos. Hay en esta literatura una fuerte distinción entre el presente y el futuro. El presente es malvado y no se redimirá, sino que el reino de Dios irrumpirá en el futuro, destruyendo este mundo malvado con la inauguración de una nueva era. Algunos han contrastado esta perspectiva apocalíptica con el mensaje de los profetas, que por lo general parece haber estado más enfocado en la transformación ética del mundo presente por su énfasis en justicia práctica. Pero los profetas también tienen una consciencia de finalidades, especialmente notable en el uso de "el día del Señor" y también en la frase "en aquel Día" para describir la acción futura y final de Dios. La literatura apocalíptica parece haber surgido de esa esperanza futura que vemos en los profetas e hizo más explícito el contraste entre las dos eras.

Aunque encontramos algunos rasgos del género apocalíptico en los libros del Antiguo Testamento, el libro de Daniel nos presenta varias visiones de este tipo y podría tomarse, quizás, como una de las fuentes de la literatura apocalíptica. Como el interés nuestro es la interpretación del género, vale la pena notar algunas de las características de las visiones apocalípticas de Daniel. Como este libro es más corto y está dividido en varias visiones que son fáciles de ver, es quizás más fácil ver las características de este tipo de comunicación aquí. Daniel está dividido en dos secciones. En los capítulos 1-6 se recuentan las experiencias de Daniel bajo varios diferentes reyes. Luego 7-12 es una sección de visiones que Daniel recibió en diferentes etapas de su vida. Entonces, para indagar este tema basado en los datos bíblicos vamos a resumir cada una de las visiones de Daniel y luego ver qué se puede decir acerca de este género literario.

Primera visión: Cuatro bestias (7:1-28)— Daniel ve cuatro bestias que salen del mar y la cuarta, especialmente horrible, vence a las otras. Esta bestia tiene diez cuernos y otro más surge entre ellos proclamando blasfemias. Luego este monstruo es descuartizado y aparece también alguien "con un aspecto humano" (7:13), y se establece un reino eterno bajo él. Aunque estas visiones son verdaderamente crípticas no tenemos que leer mucho más adelante en Daniel para encontrar su significado, pues Daniel se acerca a "uno de los que estaban allí" (7:15) y le pregunta cuál es el significado de estas cosas. Nos enteramos de que la cuarta bestia es un reino especialmente poderoso que "devorará toda la Tierra" (7:23), los diez cuernos son reyes y el undécimo es otro rey que triunfará sobre ellos y que después de un período de tres años y medio será derrotado por el reino de Dios.

Segunda visión: El carnero y el macho cabrío (8:1-27)— Daniel observa un conflicto entre un carnero y un macho cabrío, que le derrota. Después se rompe uno de los cuernos del macho cabrío y de allí salen cuatro cuernos más y luego sale un cuerno con poder extraordinario que "creció hasta alcanzar al ejército de los cielos, derribó algunas estrellas y las pisoteó" (8:11). Luego, como en la primera visión, tenemos una interpretación. El ángel Gabriel explica que el carnero representa los reinos de los persas y los medos y el macho cabrío el imperio griego. Los cuatro cuernos son reinos que surgen de ese imperio y luego, como esperaríamos, el cuarto rey es un personaje especialmente poderoso y malvado.

Tercera visión: La profecía de Jeremías (ver capítulo 9 en este libro)— Daniel lee en el libro de Jeremías donde se predice el retorno de los judíos a Palestina después de 70 años de exilio en Babilonia, y basado en eso ora, confesando los pecados de la nación y rogando por la acción de Dios. Esto no es literalmente una visión, pero Gabriel se declara listo para explicar la "visión" (9:23), lo que se refiere a la profecía de Jeremías. Para resumir su explicación (demasiado complicada para reproducir en detalle), diré que se trata de diferentes cosas que sucederán en un período de 70 semanas. Al final de 62 semanas habrá un tiempo de destrucción y sufrimiento.

Cuarta visión: El hombre resplandeciente (10:1-12:4)— En esta visión Daniel ve un hombre resplandeciente a orillas del río Tigris. La visión es tan potente que Daniel se encuentra agotado, pero el mensajero le da fuerza y entra en una extendida descripción de eventos futuros, con enfoque especial en un conflicto entre el rey del norte y el rey del sur. Luego aparece otra vez el personaje especialmente poderoso y malvado que es derrotado por el ángel Miguel después de un gran conflicto.

Visión final: Los dos hombres (12:5-13)— Daniel ve dos hombres en orillas opuestas del río y uno declara que estas cosas sucederán en tres años y medio. Pero como Daniel no entiende esto, se le explica cómo podrá reconocer la venida de los eventos. Termina con la promesa de resurrección.

Visión de Nabucodonosor (capítulo 2)— Aunque esta no es una visión del mismo tipo que las otras y aparece en una sección diferente del libro, vale notarla. El rey Nabucodonosor tiene un sueño en el cual hay una gran estatua hecha de diferentes materiales. Luego, una roca cae del cielo, destruye la estatua, y se convierte en una gran montaña. Daniel es llamado para explicar tanto el sueño como su interpretación al rey: cada material de la estatua representa un reino humano (por implicación, la estatua representa los reinos humanos). Luego la piedra que cae del cielo es el reino de Dios que será alzado al final de los días y durará para siempre.

¿Qué podemos determinar acerca de la interpretación de este tipo de literatura basándonos en estas diferentes visiones? Una característica de Daniel es que las visiones vienen con interpretaciones, y estas interpretaciones señalan que las visiones no son "películas del futuro" sino experiencias simbólicas. No entendemos en verdad que en el futuro habrá cuatro grandes bestias que saldrán del mar para ser dominadas por la que también tiene diez cuernos, etc. No creemos que habrá un gran conflicto entre un carnero y un macho cabrío. No podemos hacer eso porque el texto mismo nos dice que estas bestias representan reinos. El misterio del pasaje no es el significado de las bestias sino la identificación específica de los reinos que ellas representan. Pero interesantemente, no todo el material visionario está compuesto de visiones fantásticas. En el capítulo 9 tenemos una explicación de la profecía de Jeremías y el significado de las 70 semanas, pero no hay visión. El texto mismo señala que no podemos estar hablando de semanas literales ni tampoco de años, porque Daniel ya ha notado que los 70 años se han cumplido. Lo difícil de entender del pasaje no es si se deben de tomar literalmente o figurativamente las semanas, sino qué significado figurativo le daremos a esas semanas. ¿Son décadas, siglos, conjuntos de siete años? Todas estas son posibilidades y el pasaje es difícil de comprender precisamente porque no está claro qué significado darle a las semanas. Por eso otra de las posibilidades es que las semanas no están describiendo plazos de tiempo específico, sino épocas.

Luego, en la visión de los reyes del sur y del norte tenemos algo realmente diferente. Es una descripción específica del conflicto entre dos reyes a través del tiempo y se entiende que esta no es una visión críptica, sino una explicación literal, aunque también un poco ambigua, de eventos futuros. Sería difícil de interpretar esto figurativamente, especialmente porque las explicaciones de las otras visiones han tratado de movimientos históricos de reyes y reinos.

Un principio que surge de estas observaciones es que es imposible declarar que este tipo de literatura debe ser interpretado siempre literalmente. Las *interpretaciones* de las visiones generalmente sí se han de tomar literalmente. Pero hasta aquí hay figuras. Uno de los hombres en la última visión pregunta cuánto tiempo falta para que se cumplan estas cosas y la respuesta del otro hombre es: "Levantó las manos al cielo y juró por el que vive para siempre: 'Faltan tres años y medio'" (12:7). Si eso debe de tomarse literalmente, tenemos problemas. ¡Emergencia hermenéutica!

El significado de las semanas en la tercera visión ha sido algo controversial. Algunos intérpretes afirman que aunque es obvio que las unidades de tiempo en Daniel no son literales, deben equivaler a alguna unidad que pueda ser sumada y convertida a un plazo de tiempo específico. Por eso la idea de que las semanas se refieren a plazos de tiempo no específicos no se considera una opción. Pero esto es inconsistente con el material. Ya hemos acordado que estamos en territorio de figura, visión y representación no literal. Esta insistencia en figuras matemáticamente sumables parece inapropiado, aunque también debemos admitir que es una de las posibilidades.

Ahora, alguien dirá: "Eso es Daniel y quizás estoy de acuerdo contigo allí. Pero Apocalipsis es otra cosa completamente diferente". No lo creo. Aunque el libro de Apocalipsis tiene diferencias con Daniel (por ejemplo tiene la introducción y conclusión de una epístola e incluye cartas a iglesias), el género es similar. Se trata de una persona, Juan, que experimenta visiones crípticas acerca del futuro; a veces son explicadas, a veces no. Hay bestias que salen del mar, reinos que se alzan y caen, plazos de tiempo crípticos y una culminación de la historia en que el Reino de Dios desciende desde el cielo y se establece para siempre en la Tierra. Es el mismo paradigma de Daniel, con elementos similares. Es material visionario que por lo general no se puede tomar literalmente. Entonces, aunque Juan vio que Jesús tenía una espada que salía de su boca (1:16), no afirmaríamos que esta es la apariencia literal del señor. La espada es un símbolo.

Creo que lo que nos confunde mucho es que algunas veces los símbolos representan cosas más concretas que otras veces. Por ejemplo, cuando Juan se presenta frente al trono de Dios y ve al cordero que es digno de abrir los siete sellos (capítulo 5). Parecería un poco raro afirmar que esto no es literal porque no tenemos la más mínima idea de cómo explicar lo que representaría si no lo es. Pero por otro lado, si es literal, ¿es algo en el presente de Juan? ¿Viajó por el tiempo hasta el final del mundo? ¿Es verdad que Jesús tiene la apariencia de un Cordero en los salones del cielo? Debemos admitir que estamos fuera de nuestro ámbito y no insistir ni en literal ni en figurativo y solo ver la visión con Juan y dejar que nos impacte. Por otro lado, el significado teológico nos es muy misterioso tanto si lo tomamos literalmente o como figura. Pero cuando llegamos a la marca de la bestia, a los dos testigos, a la bestia (obvio), a la mujer embarazada, a la nueva Jerusalén que viene del cielo y a sus calles de oro (¿qué nos importaría oro en el más allá?) —creo que si insistimos en interpretar todo esto literalmente estamos ignorando lo que ya sabemos acerca de este tipo de literatura. Otros pasajes no son tan claros. Por ejemplo, quizás el milenio se refiera a un tiempo futuro literal.

Al fin y al cabo siempre habrá un elemento de ambigüedad en la interpretación de la literatura apocalíptica y debemos acordarnos de que hay tanto elementos figurativos como elementos literales.

Literatura y literalismo

Como ya he señalado, el propósito de esta sección no ha sido cubrir significativamente los diferentes tipos de literatura en la Biblia, sino demostrar primero la existencia de diferentes tipos de literatura y luego resaltar la importancia de prestar atención a esos géneros. Casi todos los otros libros acerca de hermenéutica en existencia hoy le ayudarán a conocer más acerca del tema.[7]

Pero en este capítulo también he desarrollado una polémica, a veces sutilmente y a veces no tan sutilmente, en contra del *literalismo*. Como ya hemos visto, la idea de que para ser verdad todo debe ser literal no cabe con la realidad de lo que encontramos en la Biblia. Solo se puede mantener esto con un fuerte compromiso ideológico que no presta suficiente atención al texto bíblico. Hay una larga sección del Antiguo Testamento escrita en figuras, repeticiones y descripciones evocativas. Las parábolas también usan metáforas e historias inventadas para enseñar un principio. Finalmente, es imposible interpretar la literatura apocalíptica de la Biblia sin por lo menos tomar algunas cosas en ellas figurativamente.

Debemos tener cuidado de no defender una especie de racionalismo que solo confía en conceptos abstractos, productos de la lógica, como si esto fuera una defensa de la fiabilidad de la Biblia. Primero atendamos a lo que es la Biblia, cómo fue escrita, y cómo se entendió en su primer contexto. Luego a defenderla. No pretendo que mi perspectiva acerca de la literatura apocalíptica convenza a todos mis lectores y esa no es mi meta. Lo que sí

---

[7] Fee, *Lectura Eficaz* y Martínez, *Hermenéutica* tratan bien a fondo los diferentes tipos de literatura.

espero es que podamos discutir diferentes maneras de interpretar este y otros géneros literarios de la Biblia sin la imposición artificial de una especie de ortodoxia literaria en que algunos géneros literarios se consideran inapropiados por no ser suficientemente literales.

10

 **Conexiones**

¿Conexiones o imaginaciones?

Una de las prácticas interpretativas comunes que tenemos nosotros los evangélicos es contestar una pregunta acerca de un pasaje con una cita de otro pasaje de la Biblia que aclara el sentido.

Por ejemplo, en Efesios 5:18 Pablo manda a sus lectores que "sean llenos del Espíritu" pero no dice precisamente qué quiere decir eso, excepto que es algo antitético a estar emborrachado. Resulta que en el tercer capítulo de Colosenses, Pablo discute varias cosas paralelas al contexto de Efesios 5 y allí manda "que habite en ustedes la palabra de Cristo" (3:16). Como hay paralelos específicos entre el contexto inmediato de las dos frases es obvio que para Pablo estos dos conceptos (estar lleno del espíritu y dejar que la palabra de Cristo habite en nosotros) están interrelacionados:

Efesios 5:18-20	Colosenses 3:16-17
No se emborrachen con vino, que lleva al desenfreno. Al contrario, **sean llenos del Espíritu.** Anímense unos a otros con salmos, himnos y canciones espirituales. Canten y alaben al Señor con el corazón, dando siempre gracias a Dios el Padre por todo, en el nombre de nuestro Señor Jesucristo.	**Que habite en ustedes la palabra de Cristo** con toda su riqueza: instrúyanse y aconséjense unos a otros con toda sabiduría; canten salmos, himnos y canciones espirituales a Dios, con gratitud de corazón. Y todo lo que hagan, de palabra o de obra, háganlo en el nombre del Señor Jesús, dando gracias a Dios el Padre por medio de Él.

Aunque este es uno de los ejemplos buenos, y aunque esta práctica es necesaria no solo para exégesis de un pasaje sino también para síntesis bíblica, desafortunadamente muchas veces las conexiones que hacemos entre pasajes no son tan buenas. Lo peor es que no tenemos una buena manera de evaluar la práctica.

En psicología hay una terapia que se llama "asociación de palabras" en que uno responde a una palabra con lo primero que se le ocurre. La idea es que este proceso nos puede ayudar a descubrir las motivaciones del subconsciente. En fin, muchas veces nuestras conexiones entre pasajes bíblicos no son más que asociación de palabras, o "asociación de versículos". Nos sentamos a estudiar para un sermón y antes de darnos cuenta de lo que ha ocurrido hemos hecho una gira por la Biblia entera por medio de "asociación de versículos". Otra palabra que se ha usado para describir este fenómeno es *paralelomanía*, que es ver paralelos en cualquier lugar, basado en casi cualquier aspecto de un pasaje. No es que sea algo malo trazar un tema por varios libros bíblicos, si es realmente lo que estamos haciendo, y si sabemos de qué se trata cada pasaje que estamos usando. Pero en la asociación de

versículos muchas veces se conectan pasajes bíblicos superficialmente, sin prestar suficiente atención a la trayectoria del círculo
de contexto. Igual que en la terapia de asociación de palabras, al
fin y al cabo la asociación de versículos nos dice más acerca de
nosotros que de la Biblia, quizás desvelando nuestras creencias
subconscientes. Pero si vamos a conectar un pasaje bíblico con
otros debemos primero discernir lo que quiere decir un pasaje en
su contexto literario (los primeros cinco círculos de contexto),
y luego también lo que quiere decir en su conjunto de libros, el
contexto del testamento y el contexto bíblico. Cada pasaje tiene
sus propios círculos de contexto. La Biblia no es un libro llano
con una sola categoría. No podemos conectar cualquier cosa con
cualquier otra con tal de que se nos ocurra una razón. Es un libro
complejo e interpretarlo bien requiere estudio y consideración
detenida.

Hacer conexiones superficiales entre citas desconectadas es
más que mala metodología: es perezoso. En vez de hacer el trabajo de determinar cuál es el sentido de un pasaje y cuál es el uso
de las palabras que estamos conectando, usamos la primera cosa
que se nos ocurre. Usamos las palabras y frases de la Biblia para
construir nuestra teoría, nuestra visión o nuestros principios. En
vez de usar la Biblia como nuestro cimiento, la tratamos como
decoración —frases bíblicas se convierten en la fachada, la pin-
tura, la presentación de la casa en vez del fundamento. Cuando
hacemos esto estamos bautizando nuestras propias ideas con terminología bíblica para darles más peso o autoridad.

Versículos
y frases Bíblicas

Figura: Filtración de nuestras opiniones.

En el campo de la lógica hay una especie de falacia llamada la "falacia compleja", en donde alguien presenta tanta información y tan de prisa que no es humanamente posible contestar todas las afirmaciones. Esta falacia es como un aviso para el intérprete: el hecho de que uno pueda hacer una cantidad de conexiones y tirar al aire otra cantidad de frases bíblicas y referencias no resulta necesariamente en buena interpretación o en buena teología. ¡A veces no resulta ni en interpretación! No es nada más que una sopa de letras. Los datos son importantes, pero invertir tiempo en su interpretación también es esencial. Esto es sabiduría: no solo el manejar frases y versículos sino también entenderlos a fondo.

Interpretar un pasaje con otros

La Biblia es su propio intérprete

Un principio importante en la exégesis protestante siempre ha sido que *la Biblia es su propio intérprete*. Esto quiere decir que cuando no estamos seguros de lo que quiere decir un pasaje la mejor manera de resolver el problema es consultar otra parte de la Biblia que pueda aclarar el sentido. Es un buen principio y tiene aún más sentido cuando lo juntamos con el principio de la claridad de las escrituras. Claridad significa que la Biblia "es clara en cuanto a todo lo que el cristiano necesita conocer para su salvación y para llevar una vida piadosa".[1] Entonces, si algo no es claro debemos tratar de interpretarlo a la luz de lo que es más claro. Tampoco debemos basar grandes doctrinas o prácticas en un pasaje ambiguo.

Desafortunadamente "la Biblia, su propio intérprete" también ha sido mal usado para conectar pasajes ligeramente, antes de determinar lo que quiere decir algo en su propio contexto, y llegar a conclusiones predeterminadas. Entonces quiero resaltar un ejemplo

---

[1] Blank, *Hermenéutica*, 78. Ver una buena discusión acerca de este tema en páginas 77-80.

del mal uso de "la Biblia, su propio intérprete" porque temo que a veces este principio resulta en conexiones no tan buenas.

¿Quién es la roca?

El libro de E. Lund nos presenta el pasaje donde Jesús le dice a Pedro: "Sobre esta roca edificaré mi iglesia" y la cuestión de la identificación de la roca.[2] Este pasaje ha sido la fuente de mucha controversia entre católicos y protestantes porque en la Iglesia Católica se afirma que la roca es Pedro y como se supone que Pedro era el primer obispo de la Iglesia de Roma, se usa el pasaje como legitimización del papado. La interpretación católica, entonces, es que Pedro como primer papa es la roca sobre la cual será edificada la Iglesia. Se supone, luego, que los otros papas siguen en esta línea establecida por Jesús.

Lund, por otro lado, afirma que la roca debe de ser Jesús porque varios otros pasajes presentan a Jesús como el fundamento de la Iglesia: en Mateo 21:42-44 Jesús es la piedra fundamental:

"Les dijo Jesús:
—¿No han leído nunca en las Escrituras:
'La piedra que desecharon los constructores
ha llegado a ser la piedra angular;
esto es obra del Señor,
y nos deja maravillados'?
Por eso les digo que el reino de Dios se les quitará a ustedes y se le entregará a un pueblo que produzca los frutos del reino. El que caiga sobre esta piedra quedará despedazado, y si ella cae sobre alguien, lo hará polvo".

---

[2] E. Lund, "Hermenéutica", en E. Lund y A. Luce, *Hermenéutica-Introducción Bíblica* (Miami: Vida, 1975), 57-58.

Luego Pedro también lo repite: "Cristo es la piedra viva, rechazada por los seres humanos pero escogida y preciosa ante Dios" (1ra Pedro 2:4, ver también v. 8). Pablo también lo afirma directamente en relación a la Iglesia: "...edificados sobre el fundamento de los apóstoles y los profetas, siendo Cristo Jesús mismo la piedra angular" (Efesios 2.20).

Finalmente, la misma idea aparece en 1ra Corintios 3:10,11:

"Según la gracia que Dios me ha dado, yo, como maestro constructor, eché los cimientos, y otro construye sobre ellos. Pero cada uno tenga cuidado de cómo construye, porque nadie puede poner un fundamento diferente del que ya está puesto, que es Jesucristo".

Primero quiero resaltar un problema superficial con este método, y es que cuando uno hace varias aseveraciones con referencias bíblicas juntadas entre paréntesis (como Juan 3:16, Gen. 1:1, Is. 34:5-6) es impresionante, y muchas veces nos convence solo porque nos intimida buscar todas esas referencias para ver si en realidad se trata de lo que afirma el autor. Pensamos, bueno, si el autor piensa que lo dice, así es. Aceptamos la afirmación y continuamos. Pero muchas veces un autor o maestro ha juntado referencias que no son necesariamente tan firmes. A mí, desde una perspectiva pedagógica, no me gusta este método porque solo nos dice que lo deberíamos creer sin mostrarnos bien el porqué. Yo prefiero explicar bien un pasaje particular que enseña un principio o una doctrina para que la gente aprenda bien la lección de ese pasaje y se pueda acordar de dónde viene. Nadie se puede acordar de una larga fila de referencias bíblicas. Por eso, aunque Lund sólo lista las referencias bíblicas en su argumento yo he listado el texto de cada versículo aquí.

Segundo, ya hemos discutido en varios lugares el problema de la versificación y de usar versículos como unidades de verdad independientes. Este método de hacer conexiones tiene la tendencia de confirmar esta perspectiva tan problemática, al usar referencias bíblicas casi como fórmulas que comprueban la verdad de una afirmación.

Otro problema es que tenemos aquí un buen ejemplo del "la Biblia llana" en que se pretende que toda parte de la Biblia tiene que ver directamente con toda otra parte de la Biblia. En este caso, se presenta una frase de un pasaje ("sobre esta roca edificaré mi iglesia") y saltamos inmediatamente a los pasajes paralelos sin considerar por un segundo las cuestiones interpretativas del contexto inmediato, el sentido de la palabras, el "ahí, arriba, abajo" del texto. Para colmo el autor ni siquiera nos da la referencia al pasaje de donde surge la pregunta (Mateo 16:13-20).

Aunque a primera vista los paralelos son impresionantes en realidad no quieren decir mucho si no sabemos de qué trata el pasaje original. Es obvio que Jesús sí es descrito como el fundamento de la Iglesia en varios pasajes del Nuevo Testamento. Pero esto no quiere decir que es imposible usar esa imagen diferentemente en otro pasaje. También es de notar que aunque los pasajes paralelos todos describen a Jesús como el fundamento o la piedra principal, en Mateo solo se habla de una roca, sin recurrir a la terminología de arquitectura.

Entonces, ¿de qué trata el pasaje en donde Jesús dice "sobre esta roca edificaré mi iglesia"? Revisemos la sección comenzando en Mateo 16:13. Jesús les ha preguntado a sus discípulos quién creen que es, y Pedro ha respondido que Jesús es el Cristo, el Hijo del Dios viviente (16:16). Jesús responde a esta proclamación con tres cosas (v. 17-19):

1. que esta respuesta de Pedro es algo revelado por Dios,
2. que sobre "esta roca" Jesús edificará su iglesia,
3. y que Jesús le dará a Pedro las llaves del reino de los cielos.

Es importante notar que Jesús está haciendo un juego de palabras cuando habla de la roca. La palabra "Pedro" quiere decir, literalmente, una piedra pequeña, pero la palabra para "roca" quiere decir una roca grande o formación de rocas. Jesús le está diciendo a Pedro, en efecto: "Tú eres piedrita, y sobre esta formación masiva de roca edificaré mi iglesia". Ahora, el juego de palabras es entre palabras etimológicamente relacionadas: *petros* es el nombre y quiere decir piedrita, *petra* quiere decir roca o formación de rocas. Para mí, este juego de palabras y el hecho de que las dos palabras estén tan vinculadas sugiere que Pedro es la roca. Él es piedrecita, pero por medio de la confesión de Jesús como Cristo se ha convertido en roca. No es natural insertar otra cosa a la que se refiere la roca. Si la roca fuera Jesús esperaríamos alguna otra señal o aclaración (como "Jesús señalándose a sí mismo dijo 'y sobre esta roca…'"). También es importante notar que las tres cosas que dice Jesús en respuesta a la confesión de Pedro tienen que ver con Pedro. Él ha recibido revelación, él es la roca y a él se le darán las llaves del reino. Seguramente las llaves se le dan al que tiene precedencia, a Pedro, la roca.

El problema interpretativo en este pasaje es que nosotros los protestantes ya sabemos lo que no queremos que diga. Si acordamos que Pedro es el cimiento de la Iglesia parecemos estar apoyando la doctrina católica del papado. Entonces queremos encontrar cualquier razón posible para interpretarlo de modo diferente. Pero en interpretación debemos dejar eso de lado y enfocarnos en el texto. Interpretación viene primero, teología segundo. Por otro lado reconocer que Pedro es la roca sobre la cual se edificará la Iglesia no quiere decir que ahora tenemos que convertirnos al catolicismo. Afirmar que Pedro es la roca no es lo mismo que aceptar esto como justificación del papado. El pasaje dice algo acerca de Pedro, y si leemos el libro de Hechos parece haberse cumplido. Pero no dice nada acerca de papas o jerarquía eclesiástica o un papado.

Entonces, ahora que hemos investigado el pasaje mismo de donde surge la cuestión interpretativa, ¿qué hacemos con los paralelos? ¿No tenemos un conflicto aquí? ¿Puede haber dos diferentes cimientos de la Iglesia? ¿No debería Jesús ser la roca sobre la cual se edifica la Iglesia? La verdad es que ahora podemos ver que los paralelos no son tan significativos. El pasaje mismo es suficientemente claro —tan claro que sospecho que la controversia acerca de su interpretación tiene más que ver con polémicas católico-protestantes que con exégesis. El hecho de que en otros contextos se refiere a Cristo como fundamento de la Iglesia no es un problema para este pasaje. Tiene sentido que Jesús es el fundamento de la Iglesia. Pero en un sentido Pedro juega una parte importante en la construcción de la Iglesia. También creo que es Pedro *el confesador* quien es la roca, no Pedro el discípulo inepto. La confesión es lo que lo transforma de piedrita a piedra masiva. La próxima cosa que sucede después de esta maravillosa escena entre Jesús y Pedro es que Pedro intenta impedir el proceso de Jesús de su muerte en Jerusalén y Jesús le llama un Satanás. Pedro sólo será la roca si confiesa a Jesús y le obedece. Si no, es el diablo. De igual manera Pedro sólo puede caminar sobre el agua si mira a Jesús.

Buenas conexiones

Tenemos que comparar pasajes bíblicos. El no compararlos no es una opción. ¿Entonces cómo podemos determinar qué pasajes son realmente buenos paralelos y no solamente "asociación de versículos"? Quiero sugerir dos categorías de conexiones que nos ayudarán con este proceso. Primero tenemos *conexiones concretas.* Estas son las que el autor bíblico mismo hace cuando, por ejemplo, cita otra parte de la Biblia. Una conexión concreta también puede ser cuando los pasajes son tan similares que obviamente se tratan del mismo tema. La otra categoría es *conexiones intuitivas*, y estas son las que hacemos nosotros mismos cuando estamos estudiando o pensando o dialogando acerca de la Biblia, y la conversación o la trayectoria de nuestros pensamientos nos lleva de un pasaje a otro, o juntamos varios pasajes en relación a un tema. Al decir que estas conexiones son intuitivas no estoy sugiriendo que no son apropiadas, solo que son conexiones que nosotros como estudiantes de la Biblia hacemos, no conexiones que necesariamente estuvieron en la mente del autor humano que escribió la Biblia. Por ejemplo, la conexión que hice entre Pedro como roca si confiesa a Cristo y su habilidad de caminar sobre el agua si confía en Él, es una conexión intuitiva. Estoy notando una semejanza entre pasajes, pero no estoy afirmando necesariamente que el autor humano estaba tratando de hacer esa misma conexión.

Conexiones concretas

En su libro acerca de hermenéutica Martínez señala tres niveles de conexiones que aunque él no use la misma terminología, yo denominaría *concretas*. También funcionan bien en conjunto con el círculo de contexto que hemos usado.[3]

1. **En el libro**. Las conexiones de primera importancia se encuentran en el mismo libro. Martínez da el ejemplo de fe. Si estamos estudiando ese concepto en el libro de Romanos no deberíamos saltar primero a Hebreos o a Santiago donde el uso de la palabra es diferente. Primero debemos establecer lo que la palabra quiere decir en el contexto de Romanos. La comparación con otros libros se haría más adelante. También, si encontramos la frase "el siervo del Señor" en Isaías 42:19 tiene sentido ver si hay paralelos en ese libro o qué otras cosas se dice allí acerca de un siervo antes de saltar al libro de Josué,

---

[3] Ver Martínez, *Hermenéutica*, 158.

donde también se usa la frase pero con un significado diferente. En la segunda parte de Isaías, el siervo del Señor es una figura compleja que incluye al Mesías, en Josué el siervo del Señor se refiere a Moisés.

2. **Temas similares**. De segunda importancia es hacer conexiones a pasajes "de iguales temas o de cuestiones afines". Ya hemos visto que Colosenses y Efesios cubren temas similares. Los evangelios tienen sus paralelos. En el Antiguo Testamento los cuatro últimos libros del Pentateuco (Éxodo, Levítico, Números, Deuteronomio) tratan de la carrera de Moisés, del éxodo del pueblo de Israel, de su tiempo en el desierto y de la revelación de la ley. Los libros históricos también están repletos de estas conexiones. Los dos libros de Crónicas cubren el mismo período histórico que 1ra y 2da Samuel y 1ra y 2da Reyes juntos. El primer libro de Crónicas es paralelo a los libros de Samuel. El segundo libro de Crónicas relata la historia de los reinos de los reyes de Judea después de David, mientras que los libros de Reyes cubren el mismo período pero cuentan la historia de los reyes de Judá y los reyes de Israel (o sea, los dos reinos que surgieron después de la guerra civil). Otra área muy importante es la relación entre los libros proféticos y los libros históricos, porque casi todos los profetas vivieron en un tiempo descrito en los libros históricos y muchos mencionan personas y situaciones descritas en esos libros.

3. **Género literario**. Finalmente, es bueno hacer conexiones entre libros del mismo género literario: los evangelios, las epístolas, la literatura apocalíptica, libros de poesía, etc. También podríamos agregar los conjuntos de libros por el mismo autor, especialmente en el caso de la literatura paulina. Pero también Lucas y Hechos fueron escritos por el mismo autor.

Citas intrabíblicas

Una categoría de conexiones concretas que es inmediatamente obvia la constituye las citas del Antiguo Testamento en el Nuevo. Estas son tan frecuentes que hay una sub-disciplina en los estudios bíblicos enfocada en el fenómeno, y es realmente una mina exegética que es frecuentemente ignorada. Cuando un autor del Nuevo Testamento cita un pasaje del Antiguo Testamento ya sabemos que la conexión entre los dos pasajes es íntima y vale la pena investigarla.

Cuando Pablo describe su ministerio en Hechos 13 lo hace con una cita al libro de Isaías:

"Así nos lo ha mandado el Señor: 'Te he puesto por luz para las naciones, a fin de que lleves mi salvación hasta los confines de la Tierra'" (Is. 49:6).

Si vamos a ese capítulo en Isaías vemos que en ese contexto se está describiendo la obra futura del Mesías (el siervo del Señor). Qué interesante es que Pablo ve su ministerio como una participación en la labor mesiánica de Jesús, tanto que puede aplicar una profecía acerca de Cristo directamente a su propio ministerio. En Filipenses 2 Pablo dice que Dios exaltó a Jesús para que "ante el nombre de Jesús se doble toda rodilla en el cielo y en la tierra y debajo de la tierra, y toda lengua confiese que Jesucristo es el Señor" (10-11). Esta fraseología viene también de Isaías donde Dios dice:

"Yo soy Dios, y no hay ningún otro. He jurado por mí mismo, con integridad he pronunciado una palabra irrevocable: ante mí **se doblará toda rodilla, y por mí jurará toda lengua**" (Is. 45:22-23).

Esta conexión es muy importante porque demuestra la relación íntegra entre Dios el Padre y el Hijo, y es uno de los pasajes que apoyan la deidad de Jesús. Si Dios ha jurado que ante Él se doblará toda rodilla y Pablo afirma que toda rodilla se doblará ante Jesús tenemos dos opciones: o Pablo está cometiendo el peor tipo de blasfemia, o hay una identificación tan íntima entre Jesús y Dios que lo que se le atribuye a uno puede ser también atribuido al otro. Pero si no prestamos atención a la conexión a Isaías no nos damos cuenta de que Pablo está afirmando más de lo que es inmediatamente obvio en Filipenses.

Otro ejemplo de este tipo se encuentra al final de Juan 8, donde Jesús está debatiendo con los judíos y afirma que Él conoce a Abraham. Los judíos no le creen y Él responde con: "Ciertamente le aseguro que, antes de que Abraham naciera ¡yo soy!" (8:58). Y nos preguntamos, ¿por qué la mala gramática? ¿No sería, "antes de que Abraham naciera yo era"? Resulta que esta es una alusión a Éxodo 3:14 donde Dios se revela a Moisés como YHWH. Esta es la palabra hebrea detrás de "Jehová", que traducida es algo como "yo soy". Entonces Jesús no está sólo proclamando haber vivido en el pasado. ¡Eso ya sería algo! Más que eso se está identificando con el mismo ser que se reveló a Moisés, el mismo ser que siempre existe y al cual por lo tanto solo se puede referir en el tiempo presente.

Vale notar que en el Antiguo Testamento también hay muchas referencias a material de otros libros en el mismo Testamento, especialmente al Pentateuco. Por ejemplo, Salmos 96 anima al lector a que no endurezca su corazón como lo hicieron los judíos en Meriba y en Masah, dos incidencias que son parte de la historia del éxodo (Éx. 17:2-7; Núm. 20:13 y Deut. 6:16). Luego el autor de Hebreos discute tanto las incidencias de Meriba y Masah como la discusión en el Salmo (Hebreos 4).

Desde ya, el Antiguo Testamento está repleto de referencias, a veces generales, a los hechos del Éxodo y los libros del Pentateuco porque esta historia es la fuente de la identidad del pueblo judío.

Por eso cuando Isaías proclama "¡Aténganse a la ley y al testimonio!" se está refiriendo a la ley de Moisés. Como cimiento y fundación de la sociedad judía, la ley de Moisés era la base desde la cual los profetas armaban sus condenas del estado actual de su sociedad. En Amós 2:8 notamos un detalle interesante (y triste). El profeta acusa: "Junto a cualquier altar se acuestan sobre ropa que tomaron en prenda, y el vino que han cobrado como multa lo beben en la casa de su Dios". Es difícil de comprender por qué es tan grave el acostarse sobre ropa obtenida en prenda, excepto que uno debería tener más cuidado con algo que tiene en confianza. Pero en Éxodo 22:26 una de las leyes que debería haber controlado los préstamos es que "si alguien toma en prenda el manto de su prójimo, deberá devolvérselo al caer la noche". Claro, si alguien está dando un manto como prenda quiere decir que es pobre. Entonces para que esta persona sin recursos no tenga que dormir sin manto, es justo devolvérselo al final del día —aun si el préstamo no ha sido pagado. Pero en el día de Amós, la prenda del pobre no se devolvía. Peor —Amós pinta la imagen de una fiesta en un templo pagano en donde los ricos se acomodan sobre los mantos de los pobres tomados en prenda, mientras se emborrachan con vino mal adquirido. Es una buena ilustración de la relación entre idolatría e injusticia. Pero sin entender el trasfondo en la ley de Moisés, la tendencia del intérprete sería solo notar la idolatría descrita en el pasaje, y no ver también la injusticia.

A veces citas al Antiguo Testamento en el Nuevo Testamento son obvias y se introducen con una fórmula como "Dicen las escrituras" o algo así. Por ejemplo, cuando Jesús es tentado por el diablo, Él responde tres veces con citas del Antiguo Testamento introduciendo cada una: "Escrito está" (Mateo 4:4), "También está escrito" (v. 7), y "Porque escrito está" (v. 10). Estas declaraciones, de paso, nos muestran la gran autoridad que Jesús le otorgó al Antiguo Testamento. Otras veces se insertan citas al Antiguo Testamento sin una declaración, como por ejemplo en Hebreos 10:26-27:

"Si después de recibir el conocimiento de la verdad pecamos obstinadamente, ya no hay sacrificio por los pecados. Solo queda una terrible expectativa de juicio, *el fuego ardiente que ha de devorar a los enemigos de Dios"*.

Las palabras que he puesto en cursiva son basadas en Isaías 26:11[4]:

"Levantada está, Señor, tu mano,
pero ellos no la ven.
¡Que vean tu celo por el pueblo, y sean avergonzados;
que sean consumidos por el fuego
destinado a tus enemigos!".

Hay otras veces en las que hay una alusión pero debemos prestar atención para verla (ver por ejemplo la descripción de Jesús en Apocalipsis 1:13-16).[5] En el Antiguo Testamento casi todas las conexiones son de este último tipo. A estas "citas" les podemos también decir "ecos verbales". Son una repetición de algo que se ha dicho en el pasado, pero no es exactamente una cita y el eco no está necesariamente repitiendo lo que se ha dicho en el pasado. Lo puede estar expandiendo, o aplicando. Luego podríamos también hablar de ecos conceptuales, cuando se está repitiendo una idea o se está construyendo sobre una idea mencionada en otra parte de la Biblia, pero no hay conexión lingüística. O sea, no se usan las mismas palabras.[6]

Entonces, si vamos a hacer conexiones entre pasajes de la Biblia un área que no podemos ignorar es estas citas, tanto del

---

[4] Es de notar que generalmente hay diferentes traductores para el AT y en NT en cualquier versión de la Biblia y que no siempre se intenta traducir pasajes originales y sus citas en el NT de la misma manera.

[5] Una buena herramienta para este tipo de análisis es *La Biblia de Las Américas*, que tiene muchas referencias cruzadas y siempre lista el pasaje del Antiguo Testamento de donde viene una cita o una alusión. Pero nótese que no lista todas las posibles conexiones.

[6] Las categorías de ecos viene de Gordon Fee, *Pauline Cristology* (Peadody, MA: Hendrikson, 2007), 19. También ver nota 45 en esa página.

Antiguo Testamento en el Nuevo, como referencias en el Antiguo Testamento a otras partes del mismo. Uno de los retos que surge de atender a estas conexiones "intertextuales" es que a veces cuando miramos el contexto de una cita en el Antiguo Testamento, no tenemos claro exactamente cómo coincide ese sentido con lo que se afirma en el Nuevo. No podemos explorar esto a fondo en este libro, pero vale la pena señalar que muchas veces los comentarios nos pueden ayudar en esta área.

Conexiones intuitivas

Un profesor de seminario mío hablaba de "resonancias" bíblicas. Este profesor, que tenía muy buenas credenciales académicas, se entusiasmaba mucho por las conexiones que se le ocurrían entre diferentes partes de la Biblia y era especialmente dado a descripciones de la panorámica bíblica. Como era bien educado, no inventaba cosas completamente raras, pero a veces uno pensaba: "suena bien, pero ¿pueden haber tantas conexiones a este pasaje?". Lo que salvó a este profesor de acusaciones de "asociación de versículos" o de paralelomanía era primero que conocía bien la Biblia, y los temas que a él le entusiasmaban eran temas que realmente se encontraban allí. Pero segundo, también aclaraba que algunas de las conexiones que él hacía eran más bien resonancias. No eran necesariamente cosas que los autores humanos estaban contemplando cuando fueron inspirados.

Es verdad, y creo que "resonancia" es una buena categoría. Hay tantos temas bíblicos y tanta riqueza de contenido en esos temas que muchas veces detectamos cosas similares entre diferentes partes de la Biblia que no fueron la intención del autor humano. Si se acuerda, el principio detrás de nuestro método de interpretación es que Dios se ha comunicado por medio de los autores humanos, en su tiempo, cultura e idioma. Por eso nos interesa saber si un autor ha hecho una conexión explícita a otra parte de la Biblia, porque nos ayudará a entender lo que él está tratando de comunicar. Esas son las conexiones concretas. Pero como los autores de la Biblia fueron inspirados por el mismo Dios y fueron parte de la misma historia de la salvación, las cosas que ellos afirman tienen conexiones, a veces sutiles y a veces complejas, al resto del material bíblico. Estas son las resonancias. O sea, hay conexiones entre diferentes partes de la Biblia que surgen de la unidad en diversidad de su material. Como la Biblia entera tiene un mismo tema, y sus partes juntas crean una panorámica coherente, habrá temas, descripciones, eventos y terminología similar que sugieren la integridad del texto y la integridad de la mente del autor divino. De la misma manera, el mundo físico, aunque creado por Dios y gobernado bajo su cuidado providencial, tiene diferentes características, contrastes y semejanzas. Como estas características son consistentes entre sí y forman parte de un panorama integrado, podemos explorar contrastes y semejanzas, tamaños, pesos, medidas, comportamiento, etc. Siempre convencidos de que todo lo que encontramos legítimamente (es decir, todo lo que realmente está allí) es parte de una realidad consistente que estamos descubriendo.

Pero la riqueza de las resonancias entre los temas bíblicos es también uno de los problemas que tenemos. Como vemos que hay muchas conexiones que se pueden hacer entre diferentes partes de la Biblia nos entusiasmamos y multiplicamos las conexiones, y lo que resulta muchas veces en vez de resonancias son *disonancias*. Hay una gran diferencia entre la continuidad temática que ve un intérprete maduro que ya ha investigado el texto bíblico a fondo por años y las conexiones que hace alguien que recién comienza a leer la Biblia.

Desafortunadamente, la mayoría de las conexiones entre pasajes bíblicos con las que yo me encuentro suelen ser no tan buenas. La razón no es porque haya falta de temas panorámicos y resonancias verdaderas en la Biblia. Generalmente es porque uno viene a la Biblia con sus propios temas e ideas, los cuales se imponen sobre el texto bíblico. Vamos a la Biblia buscando comprobación, no buscando lo que dice el texto por sí mismo.

Por ejemplo, ¿cómo se puede conocer la voluntad de Dios en cuanto a una decisión específica en mi vida, como por ejemplo, con quién me caso o qué tipo de carrera debo seguir? La respuesta que recibimos a menudo es que debemos encontrar la opción que nos dé paz, y esa será la voluntad de Dios. Esto se basa en varios pasajes:

- **Romanos 8:6**— "...la mentalidad que proviene del Espíritu es vida y *paz*".
- **Colosenses 3:15**— "...que gobierne en sus corazones la *paz* de Cristo".
- **Filipenses 4:7**— "...la *paz* de Dios, que sobrepasa todo entendimiento, cuidará sus corazones y sus pensamientos en Cristo Jesús".

Al conectar estos pasajes se proclama que para saber la voluntad de Dios uno debe buscar paz. Pero, ¿cuál es el problema con estas citas? Es que aunque todas tratan de paz, ninguna trata de discernir la voluntad de Dios. En Filipenses la paz de Dios viene cuando oramos por cualquier situación. Como ya hemos visto, Pablo en este contexto está hablando más que nada de paz en situaciones difíciles. En Colosenses se trata de paz externa entre personas, no paz interna, lo que se ve fácilmente cuando leemos la oración completa: "Que gobierne en sus corazones la paz de Cristo, a la cual fueron llamados en un solo cuerpo" (ver también 3:12-16). El versículo en Romanos es quizás el que tiene más mérito porque Pablo está comparando la diferencia entre estar enfocado en los deseos de la naturaleza pecaminosa y los deseos del espíritu. Entonces, la mentalidad del espíritu es de paz. Pero es obvio por el contexto que Pablo no está discutiendo la voluntad de Dios en decisiones importantes de la vida sino el contraste entre vivir en pecado y vivir en justicia.

El problema más profundo es que el tema se ha definido fuera de la Biblia. Se ha dado por sentado que Dios tiene un plan detallado para nuestras vidas, que debemos discernirlo y que la Biblia nos da una metodología para hacerlo. Pero, ¿se puede verificar todo esto? ¿De dónde vienen estas ideas? Algunos piensan que vienen del famoso folleto de las cuatro leyes espirituales donde uno pregunta: "¿Sabes que Dios te ama y tiene un plan para tu vida?". Otros han afirmado que la idea de discernir la voluntad de Dios para decisiones específicas de nuestras vidas viene del paganismo. Los pasajes mencionados solo comprueban que un sentido de paz es una guía a la voluntad de Dios, si ya hemos aceptado varias cosas acerca de las cuales la Biblia es a lo mejor ambigua, o a lo peor no dice nada. Estas premisas son, que Dios tiene una voluntad específica para todos, que podemos y debemos discernirla, que la Biblia nos muestra cómo hacer esto.

En verdad la metodología para hacer buenas conexiones intuitivas no es tan difícil. Se trata más de una actitud, creo, que de un gran conocimiento o una serie de pasos. La actitud apropiada es buscar primero lo que la Biblia dice por sí misma, sin referencia a nuestras preguntas o inquietudes. Luego, cuando hemos contemplado el mensaje de la Biblia podemos formular nuestras preguntas, y la primera no será "¿qué dice la Biblia acerca de...?" sino "¿dice algo la Biblia acerca de...?". Así podremos hacer conexiones entre temas realmente bíblicos y no solo entre temas que nosotros hemos traído al texto.

Karl Barth, personificando la Biblia, habla de esta tendencia cuando se imagina la respuesta de la Biblia al intérprete que viene a ella buscando las respuestas a sus propias preguntas:

"Mi querido amigo [dice la Biblia], estos problemas son tuyos: ¡No me preguntes a mí!... Si no te importa entrar en mis preguntas encontrarás, seguramente, todo tipo de argumento y casi-argumento para una perspectiva u otra, pero no encontrarás lo que realmente está allí".

Luego agrega: "Nos encontraremos solo enmedio de una vasta controversia humana y muy lejos de la realidad".[7]

La foto y los píxeles

Los dos tipos de conexiones que estamos discutiendo —concretas e intuitivas— deben estar relacionadas con el círculo de contexto. Como ya hemos visto, el contexto de una palabra, frase, oración, párrafo, etc., siempre crece en círculos que se expanden. Esa es la misma trayectoria que deberían seguir nuestras conexiones. Hay conexiones en el contexto inmediato que nos ayudan a entender mejor una palabra, una frase, una oración o un párrafo. Estas conexiones más inmediatas nos ayudan a esclarecer el sentido de un pasaje. Pero también hay un nivel de coherencia panorámico. Una vez que estamos satisfechos de haber comprendido lo que dice un pasaje, estamos listos para integrar eso en nuestra síntesis bíblica (lo que se llama la "teología bíblica"). Todos hacemos esto automáticamente porque es una característica de la mente humana el que siempre nos movamos más y más hacia síntesis y generalización. Queremos discernir el "big picture", como se dice en inglés, o sea "la gran foto" o la *foto panorámica*. Esta "foto" es el concepto que tenemos de la Biblia en su totalidad y es un estilo de resumen al cual nos referimos cuando leemos el texto bíblico, cuando oímos sermones, cuando hablamos con otras personas, o cuando en un sinfín de circunstancias comparamos lo que nosotros entendemos con lo que otros piensan.

Para entender mejor la dinámica entre los pasajes específicos y nuestra gran foto de la Biblia vamos a digitalizar esta gran foto y llevarla al ambiente de la computadora. Cuando se genera una foto en la pantalla de una computadora, esa foto está compuesta

---

[7] Barth, *The Word of God and the Word of Man*, 47.

de cientos o miles de píxeles, que son puntitos de luz. Estos píxeles son la unidad de luminosidad de la pantalla, y cada uno de ellos es de un color determinado. Todo lo que vemos en la pantalla viene de la combinación de píxeles de diferentes colores.

Entonces, si la panorámica del mensaje bíblico es una gran foto, imaginemos que es una gran foto en una pantalla de computadora y que está hecha de miles de píxeles. Los píxeles equivalen a los pasajes específicos de la Biblia, y estos se combinan para formar la imagen. Así, si algunos píxeles brillan con el color equivocado, la foto no aparecerá bien. Si muchos de los píxeles están mal puestos, será difícil discernir la imagen y si todos los píxeles están mal puestos el resultado será un caos total. De aquí surge la importancia de la relación entre lo específico y lo general, entre los píxeles y la foto, entre pasajes y teología.

Lo que sucede casi siempre es que comenzamos la vida cristiana con una foto panorámica de la Biblia que alguien nos ha explicado y que hemos aceptado como la verdad. Y bien. En algún lugar se debe comenzar. Luego empezamos a leer la Biblia y "descendemos" de esa foto panorámica a pasajes específicos, buscando los colores de la gran foto en detalle. Pero resulta que a veces un píxel no coopera con nuestra idea preconcebida de lo que debería ser la foto panorámica, y tenemos un problema. Y en vez de dejar que ese píxel se quede así (porque así es), la tendencia es querer cambiar el píxel para que concuerde con nuestra idea de la foto panorámica. Usamos el *photoshop* hermenéutico.[8] Claro, no lo hacemos literalmente. Nadie va a cambiar las palabras de la Biblia o remover partes de sus páginas con tijeras. Pero hay otras maneras de cambiar el sentido de un pasaje, y una es esta: en vez de conectar el sentido de una palabra o una frase a su círculo inmediato de contexto, ignoramos esto y volamos alto

---

[8] *Photoshop* es el programa más popular para editar imágenes en la computadora. Alguien que sabe usarlo bien puede hacer muchos cambios y ajustes a una fotografía.

como un cohete, guiados por nuestra gran foto, a otro pasaje en la Biblia que parece cambiar el sentido de lo que no cabe. Luego, una vez que hemos ajustado ese píxel tan irritante, podemos volver a contemplar la bonita foto a la que estamos tan acostumbrados. Pero desde ya, esto no es interpretación. Es acomodación. Esto no es discernir lo que dice la Biblia, es *decidir* lo que dice la Biblia. Y la frecuencia con que esta dinámica ocurre en discusiones, en sermones y en libros (¡hasta en algunos libros de hermenéutica!) es un escándalo, porque es una manipulación de la palabra de Dios. Tenemos que dejar que los píxeles creen su propia foto panorámica, no que la foto presumida controle a los píxeles.

Hay una dinámica entre lo específico y lo general que es difícil de resumir y categorizar, y por eso no quiero decir que deberíamos comenzar con el mero texto bíblico sin una foto panorámica y desde allí construir poco a poco la gran foto. Eso sería imposible porque como cristianos somos herederos de las perspectivas y grandes fotos de los cristianos de otras generaciones, y al entrar en la Iglesia entramos en esa tradición. En un sentido muy positivo la herencia de la foto panorámica formulada por nuestros antepasados es una bendición y aprenderla es ser discipulado. El problema surge cuando dejamos que una foto panorámica recibida controle por completo nuestras interpretaciones.

Esta tendencia se ha denominado "hermenéutica dogmática" o "interpretación teológica", porque se comienza con la premisa de que la verdad ya ha sido establecida y nada puede negar los dogmas que ya existen. Por un lado estoy de acuerdo con que la verdad ha sido establecida, ciertamente en las doctrinas básicas de la fe como creación, salvación, la persona de Cristo, etc. Pero en interpretaciones dogmáticas muchas veces se afirma demasiado, mucho más que lo básico. O no se reconoce que hay varias posibles maneras de configurar la foto panorámica que son lo suficientemente similares como para poder decir que básicamente estamos de acuerdo. Surge un dogmatismo cerrado. Diferencias de opinión no pueden ser discutidas. De hecho, la categoría "opinión" ni existe, solo se conciben dos categorías: la verdad (lo que "nosotros" creemos) y la falsedad (todo lo otro). Pero la Biblia misma no es suficientemente clara acerca de muchas de las cosas que los sistemas de dogma quieren afirmar. Pretender que lo es solo resultará en "ajustamiento de píxeles". Nadie tiene todas las respuestas y nadie ha interpretado la Biblia entera perfectamente. Debemos construir nuestra foto panorámica humildemente, prestando atención a la tensión entre lo específico y lo general, acordándonos de que algunas de las partes de la foto son bien claras mientras que otras no lo son.

La dinámica entre lo específico y lo general es más arte que ciencia y por eso es difícil de describir. Siempre experimentaremos esta tensión entre la foto panorámica y los píxeles de la imagen. La gran foto controla nuestra comprensión de los pasajes, y los pasajes controlan la gran foto. Debemos aprender a manejar la tensión entre dos impulsos opuestos: por un lado el impulso de interpretar lo específico completamente por medio de lo general, y por otro lado el impulso de reorganizar lo general por completo cada vez que encontramos algo que no parece caber. En mi experiencia he visto vez tras vez el problema de darle demasiado énfasis a lo general, de aferrarse a un panorama y quedarse ahí, no importa la realidad de lo específico. Cuando alguien dice, por ejemplo, que alguna interpretación no cabe con "la idea general de la Biblia" esto siempre señala cuidado para mí. Muchas veces "la idea general de la Biblia" no es nada más que una imagen que uno tiene en su mente y que no se sabe ni de dónde vino. Debemos preguntarnos si nuestra "idea general" tiene sentido en relación a cosas específicas que se enseñan en la Biblia.

Esta dinámica entre lo específico y lo general nos ayuda a entender de dónde proceden algunos de los desacuerdos interpretativos que tenemos en la Iglesia. Hay algunos pasajes que debatimos en ronda tras ronda hasta que ya no los podemos aguantar más. Ya estamos listos para sacarlos de la Biblia. Y nunca vamos a llegar a un acuerdo porque aunque estemos *discutiendo* pasajes bíblicos, lo que realmente controla nuestra interpretación no es el pasaje, sino una foto panorámica de acuerdo con la cual ese píxel debe ser rojo. "A ti te parecerá azul, pero es obvio que tiene que ser rojo o no vale. Si es azul se arruina la foto".

Esta es la fuente de la "vasta controversia humana" de la cual habló Barth, que surgiría al usar la Biblia para nuestros propósitos sin prestar atención a la agenda que ella misma tiene. Dispensacionalismo, calvinismo, arminianismo, pentecostalismo, anglicano, luterano, carismático, hermanos libres y bautistas (¿me olvidé de alguien?). Todos tienen su gran foto. Está bien, pues somos todos seres humanos imperfectos buscando la verdad. Pero debemos también tener permiso de interpretar las escrituras de acuerdo con su contexto, inclusive hasta cuando parece decolorar la foto panorámica. Tampoco nos olvidemos de que en un sentido todos tenemos la misma foto. Hay suficientes píxeles alineados como para discernir bien los contornos básicos del mensaje de la Biblia. Quizás uno de nuestros problemas es que mientras nosotros intentamos crear una foto completa, la Biblia solo nos da detalles acerca de algunas partes de nuestras fotos. En vez de tratar de crear esa imagen completa quizás deberíamos enfocarnos juntos en las áreas más claras.

11

❀ **Tres famosas malinterpretaciones**

V oy a hacer algo un poco peligroso en este capítulo, algo que quizás no debería de hacer. Voy a aplicar los principios de la hermenéutica histórica a varios pasajes populares para demostrar primero cómo se procede paso a paso en la interpretación de pasajes, y segundo para comprobar que si uno aplica la hermenéutica delineada en este libro se notará una diferencia. Ofrezco estos ejemplos y su análisis con humildad y en un espíritu de convivio, no como polémica en contra de un grupo particular.

Cuando llegue lo perfecto

Una de las famosas controversias en el ambiente latinoamericano es la cuestión de si los dones milagrosos son para hoy. Por un lado se afirma que sí son para hoy porque la Biblia los describe como dones para la Iglesia y no dice que cesarán algún día. Pero otros dicen, por contrario, que los dones milagrosos, y especialmente los de profecía y lenguas, no son para hoy porque estos solo rigieron antes de que la Iglesia tuviera la Biblia completa. Con esa revelación final ya no es necesario, se afirma, tener milagros y especialmente revelaciones proféticas o lenguas.

Sin indagar todos los aspectos de este debate quiero enfocarme en uno de los pasajes bíblicos que se presenta para decir que los dones sobrenaturales solo existieron hasta que llegó la Biblia. Viene de 1ra Corintios 13:

> "[8] El amor jamás se extingue, mientras que el don de profecía cesará, el de lenguas será silenciado y el de conocimiento desaparecerá. [9] Porque conocemos y profetizamos de manera imperfecta; [10] pero cuando llegue lo perfecto, lo imperfecto desaparecerá".

La posición "cesacionista" (la que mantiene que estos dones han cesado) nota que hay tres dones temporarios mencionados: profecía, lenguas y conocimiento, y que solo se practicarán hasta que venga "lo perfecto". La clave del pasaje es entonces este descriptor. ¿Qué es "lo perfecto" y en qué momento llegará, o ha llegado ya? Para los cesacionistas la respuesta es que lo perfecto es la Biblia, y que como ya la tenemos los dones de profecía, conocimiento y lenguas ya no rigen.

Para evaluar este pasaje debemos apelar a los principios de contexto. Como ya hemos visto, las palabras tienen su sentido en sus círculos de contexto. Entonces debemos investigar el material alrededor de este versículo para ver si nos ayuda a entender el sentido de "lo perfecto".

La palabra misma ("perfecto") solo se usa esta vez en el capítulo, pero es importante notar que tenemos lo que son básicamente sinónimos a "lo perfecto" en el contexto inmediato, el párrafo que va desde 13:8 al 12. Aquí Pablo está desarrollando una serie de contrastes entre el presente, en donde rige una especie de conocimiento, y el futuro, en donde hay otro modo de conocer. Entonces, continuemos con los versículos 11 y 12 que, otra vez, explican más a fondo lo imperfecto y lo perfecto con diferentes maneras de decirlo:

" [11] Cuando yo era niño, hablaba como niño, pensaba como niño, razonaba como niño; cuando llegué a ser adulto, dejé atrás las cosas de niño. [12] Ahora vemos de manera indirecta y velada, como en un espejo; pero entonces veremos cara a cara. Ahora conozco de manera imperfecta, pero entonces conoceré tal y como soy conocido".

Podemos resumir los contrastes en este pasaje entre lo imperfecto y lo perfecto de la siguiente manera:

Presente (rigen)	Futuro (no rigen)
(El amor no cesará).	Profecía, lenguas y conocimiento cesarán.
Conocemos y profetizamos de manera imperfecta.	Lo perfecto llegará y cesarán otras especies de conocimiento.
Cuando era niño pensaba como niño.	En adultez dejé estas cosas por atrás.
Ahora vemos oscuramente.	Entonces veremos cara a cara.
Ahora conozco de manera imperfecta.	Entonces conoceré como soy conocido.

Como tenemos cuatro (o quizás cinco) paralelos a "lo perfecto" aquí mismo en el contexto inmediato de la palabra, tenemos que asegurarnos de que cualquier significado que le demos a "lo perfecto" también tenga sentido como significado de los paralelos. Otra manera de decirlo es que lo perfecto llegará cuando también: en la metáfora del niño se llegue a adultez, cuando veamos cara a cara, y cuando Pablo tenga el mismo conocimiento de sí mismo que Dios tiene de él. Estas son diferentes maneras de describir ese momento en que vendrá "lo perfecto".

Vemos muy de prisa que si consideramos estos paralelos hay problemas con interpretar a "lo perfecto" como la Biblia. Es difícil saber qué podría querer decir Pablo al describir la llegada de la Biblia como un momento en que "veremos cara a cara". Para revisar: el mensaje de la Biblia fue escrito en un momento histórico particular y tiene su significado en ese momento. Cuando Pablo dice "veremos" se está refiriendo a él mismo y a los destinatarios de su carta en el siglo I en la ciudad de Corinto. No se está refiriendo a todos los cristianos en la historia del mundo que han de leer su carta. Pablo les está diciendo "vemos… veremos" a esos lectores en Corinto o a las personas analfabetas a quien se les leerá la carta. Y he aquí el problema: Pablo está contemplando algo que aplica a personas en su tiempo, pues ellos son los que ven y los que también verán. Si así es no puede ser una referencia a la finalización de la Biblia. Primero, que Pablo seguramente murió antes de que se completara el canon del Nuevo Testamento. Segundo, sería algo raro afirmar que todos los miembros de la Iglesia en Corinto sobrevivieron hasta que se terminó el Nuevo Testamento. También sería controversial establecer exactamente cuándo ocurrió ese evento. Pablo está pensando en un evento en que todos los cristianos en Corinto y él también participarán, y si se aplica tanto a él mismo como a los habitantes de Corinto no puede ser la fecha en que se cerró el canon de la Biblia. ¿Qué evento podría aplicarse tanto a Pablo como a todos los cristianos en Corinto? ¿En qué momento futuro se podría decir que todos ellos verían claramente lo que solo habían visto a oscuras? Solo puede ser la segunda venida o muerte si el Señor tarda. También hay otro problema: si afirmamos que Pablo ahora ve a oscuras y que al terminarse el Nuevo Testamento la Iglesia verá las cosas más claramente, estamos implicando algo medio raro acerca de Pablo. ¡Él mismo es el que escribe una significativa porción de "lo perfecto" pero ahora ve a oscuras! No tiene sentido.

En la última estrofa (por así llamarla) Pablo aplica los contrastes a sí mismo, confirmando las observaciones anteriores —que él espera ser parte de este proceso de iluminación. Ahora conoce de manera imperfecta (otra vez: ¿autor bíblico que no sabe lo que está escribiendo? No puede ser), pero entonces en ese momento futuro tendrá conocimiento completo de sí mismo. Debemos notar el tipo de conocimiento al que se está refiriendo Pablo: no a la fe completa entregada a la Iglesia en la forma de la Biblia, sino a su conocimiento acerca de sí mismo.

Entonces solo es posible identificar "lo perfecto" aquí con la Biblia si tomamos estas descripciones generalmente y no prestamos atención al aspecto histórico de este libro bíblico. Sea lo que sea lo perfecto, debe de ser algo que tanto Pablo como los miembros de la Iglesia en Corinto puedan experimentar, y ellos no pueden experimentar la finalización de la Biblia. La conclusión correcta parece ser que "lo perfecto" se refiere al encuentro final del individuo con la persona de Cristo y la transformación que surge del mismo.

También podemos conectar esta interpretación al mensaje del capítulo 13 de 1ra Corintios. ¿Qué está haciendo Pablo aquí? En el capítulo 12 vemos que ha habido conflictos relacionados con el uso de los dones espirituales. Luego, en el capítulo 14, Pablo regresa al tema de lenguas, profecía y su uso. Entonces el capítulo 13 es una especie de paréntesis en el cual Pablo les recuerda a sus lectores qué es lo más importante. La sección comienza, de hecho, con la frase al final de 12:31: "Ahora les voy a mostrar un camino más excelente". Es decir, el camino del amor. El tema de Pablo es que el amor es superior porque es lo único que durará para siempre. Los dones son buenos para esta era, pero en la era futura ya no tendrán sentido porque perderemos las limitaciones humanas que los dones nos ayudan a sobrepasar. Finalmente, el amor es también superior a fe y esperanza porque esos también pasarán. Al ver a Dios cara a cara, la fe ya no será necesaria, y nuestras esperanzas serán cumplidas. Pero el amor no para nunca. El amor no es un arreglo temporario. Es para siempre. Lo perfecto es ese evento después del cual sólo quedará el amor.

Finalmente debemos notar que el insertar a la Biblia aquí en este capítulo es algo al azar. El tema es la superioridad del amor en contraste con los dones. ¿De dónde vendría la Biblia? ¿Qué tendría que ver la Biblia con la superioridad del amor? No está en el pasaje y no cabe con el tema. Debemos acordar con el comentarista que dijo que esta interpretación "parece estar todavía viva más por necesidad polémica que por integridad exegética".[1]

Logos y rhema

Hay dos términos principales en griego que se traducen al español como "palabra": *logos* y *rhema*. Algunos afirman que en el Nuevo Testamento estas palabras se usan para comunicar conceptos diferentes, los cuales no se pueden discernir tan fácilmente en el español porque solo usamos un término para "palabra". En esta interpretación se asevera que *logos* se refiere siempre a la verdad de Dios que no cambia, primordialmente la Biblia. Por otro lado el término *rhema* se considera una palabra para el momento, una palabra inspirada por el Espíritu Santo que viene del Logos y que trae con ella vida, poder y fe para cumplirla.[2] Esta definición de *rhema* está vinculada también a la idea de que Dios hoy da revelaciones específicas por medio de profecías inspiradas por el Espíritu Santo. Uno oye también a menudo la crítica de que algunos cristianos se han quedado solo con la Biblia (*logos*), pero que eso es solo parte de lo que Dios tiene para nosotros porque también existe la palabra profética para hoy (*rhema*). Como dice Bill Hammon, uno de los defensores de esta posición:

"Eruditos del griego y teólogos bíblicos han debatido la cuestión de que si estas palabras son sinónimos, pero

---

[1] Richard Oster, *1 Corinthians* (Joplin, MO: College Press Publishing Company: 1995), 1 Co 13.10. Versión electrónica sin números de página.

[2] Ver Bill Hammon, *Prophets and Personal Prophecy* (*Profetas y Profecías Personales*) (Shippensberg, Pennsilvannia EE.UU: Destiny Image, 1990), 31.

muchos creen que los autores inspirados de la Biblia eligieron cada una de estas palabras para expresar un diferente sentido".[3]

Un ejemplo del uso de *logos* sería: "Esfuérzate por presentarte a Dios aprobado, como obrero que no tiene de qué avergonzarse y que interpreta rectamente la palabra [*logos*] de verdad" (2da Tim. 2:15). Mientras que un ejemplo del uso de *rhema* sería, "Tomen el casco de la salvación y la espada del Espíritu, que es la palabra [*rhema*] de Dios" (Ef. 6.17). Inclusive, el diccionario de Vine afirma:

> "El significado de [*rhema*], en su distinción de logos, queda ejemplificado en la instrucción a tomar 'la espada del Espíritu, que es la palabra de Dios' (Ef. 6.17); aquí la referencia no es a la Biblia entera como tal, sino al pasaje individual de las Escrituras que el Espíritu trae a nuestra memoria para su utilización en tiempo de necesidad, siendo el prerrequisito de ello la lectura habitual y memorización de las Escrituras".[4]

Otro pasaje que se usa mucho en esta perspectiva es Romanos 10:8: " 'La palabra [*rhema*] está cerca de ti; la tienes en la boca y en el corazón'. Esta es la palabra [*rhema*] de fe que predicamos".

Debo notar que ya desde la primera vez que oí esta teoría de *logos* y *rhema* experimenté cierto nivel de escepticismo, y si el lector ha leído el capítulo acerca de palabras ya sabe por qué. Esta descripción del sentido y uso de *logos* y *rhema* me parece un poco demasiado conveniente, parece estar tratando palabras griegas de una manera anormal, dándole demasiado sentido

---

[3] Hammon, *Prophets*, 30.

[4] W.E. Vine, *Vine Diccionario Expositivo De Palabras Del Antiguo Y Del Nuevo Testamento Exhaustivo* (Nashville: Editorial Caribe, 1999), 624. En Vine se deletrea la palabra como *jrema*, pero en la cita cambié la palabra a la forma más común.

teológico. Pero bueno. Como buenos intérpretes suspenderemos la incredulidad hasta investigar los datos.

El hermano Hammon ha declarado que hay un debate entre eruditos acerca de la cuestión de si estas palabras son sinónimas, pero no es así. Son sinónimos. Eso está establecido. No son palabras que quieren decir exactamente la misma cosa, sino palabras cuyos campos semánticos coinciden en parte. Hay pocas palabras que quieran decir exactamente la misma cosa. Entonces, vamos a usar otra vez el gráfico de los campos semánticos para ilustrar la relación entre estas dos palabras.

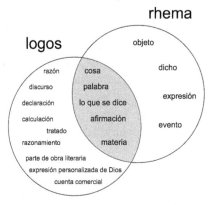

Figura: Campos semánticos de 'logos' y 'rhema'.

Como podemos ver, las dos palabras tienen mucho en común y *rhema* cabe casi completamente dentro del campo semántico de *logos*. *Logos*, por otro lado, es una palabra con muchos y diferentes sentidos, y tampoco he listado todos los sentidos posibles. Sería un poco raro pensar que una palabra como *logos*, que tiene tantos diferentes sentidos solo se usa en la Biblia para designar "la verdad eterna". No es así. Logos es una palabra importantísima en el idioma griego que tiene muchos diferentes usos y aparece un total de 330 veces en el Nuevo Testamento. También vale notar que los sentidos atribuidos a estas palabras en la teoría *logos-rhema* no son definiciones de diccionario. Ningún diccio-nario lista la definición de *logos* como la "palabra eterna de Dios, o la Biblia" y la de *rhema* como la "palabra profética para el momento". Estas definiciones son implicaciones que algunos han derivado de la manera en que los autores de la Biblia usan las palabras, y eso es algo muy diferente. Eso es más interpretación bíblica que semántica. Podemos ilustrar las diferencias entre uso y definición así: si yo digo "me voy al auto" y resulta que mi auto es un Toyota no se puede concluir por esto que para Rob "auto" siempre quiera decir "Toyota" —hasta si se ha documentado que yo dije eso cien veces. Es solo que "auto" es algo general y Toyo-ta es algo más específico bajo ese género. Es la diferencia entre lo que quiere decir la palabra y cómo se usa la palabra.

Lo que sí podemos afirmar, quizás, es que aunque las dos pa-labras quieren decir "lo que se dice", parece ser que en varias ocasiones un autor bíblico elije la palabra *rhema* en lugar de *lo-gos* para dar énfasis en el aspecto declarativo, resaltando que la palabra está siendo pronunciada.

La palabra *rhema* se usa 68 veces en el Nuevo Testamento. Si observamos todas las instancias en contexto surgen los siguientes usos o sentidos de la palabra:

- 33 veces: es una palabra en relación a la acción de hablar (decir, preguntar, oír, etc.).
- 17 veces: es una palabra sin referencia a la acción de hablar.
- 9 veces: es una cosa o asunto.
- 8 veces: es un dicho o afirmación.

Parece confirmar que el uso preferido de *rhema* está relacio-nado con la acción de hablar. Por ejemplo, en 1ra Pedro 1:25 dice:

"Y ésta es la palabra [*rhema*] del evangelio que se les ha anunciado a ustedes".

El contexto mismo señala que estamos hablando de la palabra de Dios en el sentido del evangelio, porque es el evangelio que ha sido anunciado. Pero también es instructivo ver el contexto más amplio porque Pedro se ha referido a "palabra" ya dos otras veces, y este pasaje es en realidad un pasaje acerca de la palabra de Dios:

> " [23] Pues ustedes han nacido de nuevo, no de simiente pere-
> cedera, sino de simiente imperecedera, mediante la palabra
> [*logos*] de Dios que vive y permanece. [24] Porque
> 'todo mortal es como la hierba,
> y toda su gloria como la flor del campo;
> la hierba se seca y la flor se cae,
> pero la palabra [*rhema*] del Señor permanece para siempre'".

En la primera instancia se usa *logos* y este uso coincide con la idea de que *logos* es la verdad eterna de Dios: "la palabra de Dios que permanece para siempre". Pero luego Pedro cita un pasaje del Antiguo Testamento para apoyar su afirmación y allí la palabra griega no es la que esperábamos: "La palabra [*rhema*] de Dios permanece para siempre". Debería haber sido *logos*, porque de acuerdo con la teoría la palabra eterna es *logos*. Este es un buen pasaje para ilustrar que aunque sí hay sutiles diferencias entre las palabras, estas diferencias no son realmente tan significativas y es difícil creer que los autores bíblicos las usaron tan específicamente como se asevera.

Otro ejemplo significativo de *rhema* está en Hebreos 11:3 donde se declara que "el universo fue formado por la palabra [*rhema*] de Dios". Seguramente se usa *rhema* para dar énfasis en el hecho de que en la narrativa de la creación Dios usó palabras o declaraciones para crear el mundo. Pero afirmar que *rhema* aquí significa que esta era una palabra "para el momento" sería un poco raro. Obviamente no tiene nada que ver con profecía personal.

Otro pasaje donde se usan las dos palabras nos muestra esta tendencia de usar *rhema* para describir lo dicho:

> "Pero yo les digo que en el día del juicio todos tendrán que dar cuenta de toda palabra [*rhema*] ociosa que hayan pronunciado. Porque por tus palabras [*logos*] se te absolverá, y por tus palabras [*logos*] se te condenará" (Mateo 12:36-35).

La única diferencia de sentido es que en la primera se da énfasis a lo que se ha pronunciado. Los otros usos hablan de palabras abstractas, no del acto de ser pronunciadas. Pero por otro lado, usar *rhema* para dar énfasis en la palabra dicha no es una regla invariable. En Juan 12:48, se usan las palabras al revés y la teoría de *logos-rhema* no tiene el más mínimo sentido aquí:

> "El que me rechaza y no acepta mis palabras [*rhema*] tiene quien lo juzgue. La palabra [*logos*] que yo he proclamado lo condenará en el día final".

Otro lugar en el que también es al revés es en Hechos 5 donde Ananías y Safira intentan engañar a la Iglesia y al Espíritu Santo. Observen lo que le dice Pedro a Ananías y lo que sucede:

> "³Ananías —le reclamó Pedro—, ¿cómo es posible que Satanás haya llenado tu corazón para que le mintieras al Espíritu Santo y te quedaras con parte del dinero que recibiste por el terreno? ⁴ ¿Acaso no era tuyo antes de venderlo? Y una vez vendido, ¿no estaba el dinero en tu poder? ¿Cómo se te ocurrió hacer esto? ¡No has mentido a los hombres sino a Dios!
> ⁵ Al oír estas palabras [*logos*], Ananías cayó muerto. Y un gran temor se apoderó de todos los que se enteraron de lo sucedido".

Si este no es un ejemplo de una palabra profética de Dios para el momento y para el individuo en su situación personal ¡no sé qué tipo de declaración lo sería! Pero las palabras de Pedro se denominan *logos* no *rhema*.

Uno de los problemas con esta cuestión es que hay tantos usos de ambas palabras en el Nuevo Testamento, y tantas diferentes traducciones de cada una que la tarea de comparación es monumental. Eso quiere decir que si uno inventa una teoría como la de *logos-rhema* no será muy difícil encontrar algunos pasajes en que parece tener sentido. Además solo alguien que conoce el griego y tiene el tiempo libre para hacer la investigación podrá negar tal teoría. Para colmo, ¿a quién le interesa oír largas discusiones técnicas acerca de semántica cuando la teoría de *logos-rhema* ya ha capturado el corazón? Muchas interpretaciones rigen por el mero hecho de ser más interesantes que sus negaciones.

Creo que lo que ha sucedido es que algunos han observado el uso de *rhema* en instancias donde literalmente se hablan palabras, y se ha interpretado eso como algo mucho más significativo de lo que es. No es nada más que una sutileza del idioma griego que (no siempre, pero a veces) cuando uno describe la acción de decir una palabra se usa el término *rhema*. Pero no es una regla fija y no significa nada más profundo que eso. No se refiere a enseñanzas, profecías, palabras de conocimiento o revelaciones personales. Para colmo el diccionario de Vine no es fiable en su "definición" de *rhema*. Como hemos visto, se dice que basado en el sentido de *rhema*, cuando Pablo habla de la espada del espíritu quiere decir un pasaje bíblico que se nos va a ocurrir en el momento en que lo necesitamos. Pero esto es especulación que va mucho más allá de lo que dice el pasaje. Aún si aceptáramos la teoría *logos-rhema* esto no implicaría que Pablo está hablando de un pasaje de la Biblia que Dios trae a la mente en el momento oportuno.

¿Por qué usa Pablo *rhema* aquí cuando todas las otras veces que habla de la palabra de Dios usa *logos*? No está claro. Algunos sugieren que es porque se trata de la palabra de Dios como "el evangelio" y eso sería algo proclamado. La otra idea es conectarlo con la respuesta de Jesús al diablo cuando es tentado: "Escrito está: 'No sólo de pan vive el hombre, sino de toda palabra [*rhema*] que sale de la boca de Dios'" (Mateo 4:4).

Pero regresando a Efesios 6, hay otra razón por la que no deberíamos dar demasiado énfasis a *rhema* en el versículo 17. En el versículo 19 Pablo pide a los lectores de la carta que oren por él para que "cuando hable, Dios me dé las palabras [*logos*] para dar a conocer con valor el misterio del evangelio". No se trata de traer pasajes bíblicos a la memoria, sino de la inspiración del Espíritu Santo para compartir el evangelio en el momento preciso. ¡Y para colmo Pablo describe el resultado de esa inspiración con *logos, no rhema!*

Después de todo esto, y a pesar de que estoy en desacuerdo con la teoría del *logos-rhema*, no estoy diciendo que los temas que se han proclamado por medio de esas falsas distinciones son completamente sin mérito. Ya hemos visto en la primera parte del libro una distinción similar a la que se hace con *logos-rhema*: que por un lado tenemos el canon de las escrituras —cerrado, establecido y finalizado— pero que por otro lado todos los creyentes afirman que Dios todavía se comunica con nosotros de una manera u otra. ¡Si es por palabras de profecía o no es una pregunta en la cual no me voy a meter en este libro!

Ustedes son dioses

Una de las doctrinas fundamentales del mormonismo es que Dios una vez fue un ser humano como nosotros y que nosotros los seres humanos podemos un día ser como Él es ahora. O sea, nosotros podemos también ser Dios. La doctrina fue promulgada primero por Joseph Smith en el Discurso del Rey Follet y luego desarrollada más por subsiguientes líderes de la Iglesia Mormona. Muchos mormones hoy día afirman que es una doctrina bíblica. Uno de los pasajes centrales que se usa para comprobar esta idea es Juan 10:34 en conjunto con Salmos 82:6. Como las cuestiones son complejas y combinan el Nuevo Testamento con el Antiguo, será un buen ejemplo para aplicar varios de los principios que hemos aprendido.

El argumento mormón es que en Juan 10:34 Jesús está afirmando que todos somos dioses:

"[31] Una vez más los judíos tomaron piedras para arrojárselas, [32] pero Jesús les dijo:
—Yo les he mostrado muchas obras irreprochables que proceden del Padre. ¿Por cuál de ellas me quieren apedrear?
[33] —No te apedreamos por ninguna de ellas sino por blasfemia; porque tú, siendo hombre, te haces pasar por Dios.
[34] —¿Y acaso —respondió Jesús— no está escrito en su ley: "Yo he dicho que ustedes son dioses"? [35] Si Dios llamó "dioses" a aquellos para quienes vino la palabra (y la Escritura no puede ser quebrantada), [36] ¿por qué acusan de blasfemia a quien el Padre apartó para sí y envió al mundo? ¿Tan solo porque dijo: "Yo soy el Hijo de Dios"? [37] Si no hago las obras de mi Padre, no me crean. [38] Pero si las hago, aunque no me crean a mí, crean a mis obras, para que sepan y entiendan que el Padre está en mí, y que yo estoy en el Padre".

Los judíos estaban acusando a Jesús de blasfemia porque dijeron que Él se estaba haciendo pasar por Dios. Los mormones entienden que la respuesta de Jesús se puede resumir así: "¿Por qué me están acusando de blasfemia? Las escrituras mismas llaman 'dios' a otros humanos, por cuanto en realidad somos todos dioses. En ese caso, no soy culpable de blasfemia". Debemos aclarar que la doctrina mormona no es que los seres humanos son dioses en el presente, sino que son dioses potencialmente. A veces se dice "dioses en embrión".

¿Cómo procederemos para evaluar esta interpretación? Primero debemos asegurarnos de que entendemos el pasaje bien. Se trata de un debate acerca de la identificación de Jesús como el Hijo de Dios. Jesús se defiende con la afirmación ya notada de que si a otros se les puede decir "hijos de Dios", ¿por qué no a Él? Pero una de las cosas que no se menciona en la interpretación mormona es que Jesús está haciendo un argumento *a fortiori*, o sea un argumento que dice, si tal cosa es verdadera cuánto más verdadera será otra cosa. Si "aquellos para quienes vino la palabra" son dioses, cuánto más será aquel individuo que el Padre ha separado y enviado al mundo. Este es un detalle importante porque señala que el argumento aplica a Jesús como persona especial, enviada por Dios, no a todo ser humano. Regresaremos a esto más adelante.

De todos modos quedamos con la cuestión de esta cita al Antiguo Testamento y su significado. Vale notar que lo que dicen ambos pasajes es un poco sorprendente. Si consultamos nuestra "foto panorámica" la gran mayoría, sino todos los cristianos, vamos a notar un píxel fuera de orden al leer esto, porque se da por sentado en la doctrina cristiana que los seres humanos no son dioses. Pero por otro lado, es lo que el texto dice y debemos tratar de entenderlo y no solo ignorarlo porque "ya sabemos que eso no puede ser". Entonces el sentido del pasaje y especialmente la veracidad de la interpretación mormona cuelga de lo que Jesús quiere decir cuando cita este pasaje del Antiguo Testamento, y la única manera de investigarlo más a fondo es ir a Salmo 82:

" [1] Dios preside el consejo celestial;
entre los dioses dicta sentencia:
[2] '¿Hasta cuándo defenderán la injusticia
y favorecerán a los impíos? Selah

³ Defiendan la causa del huérfano y del desvalido;
al pobre y al oprimido háganles justicia.
⁴ Salven al menesteroso y al necesitado;
líbrenlos de la mano de los impíos.
⁵ »Ellos no saben nada, no entienden nada.
Deambulan en la oscuridad;
se estremecen todos los cimientos de la Tierra.
⁶ »Yo les he dicho: "Ustedes son dioses;
todos ustedes son hijos del Altísimo".
⁷ Pero morirán como cualquier mortal;
caerán como cualquier otro gobernante'.
⁸ Levántate, oh Dios, y juzga la Tierra,
pues tuyas son todas las naciones".

La primera cosa que debemos notar es que este no es un pasaje muy claro. Sin referencia a la doctrina mormona el tema y la identidad de los protagonistas de Salmo 82 han sido debatidos por muchos eruditos y todavía no hay acuerdo entre ellos. Por eso la primera respuesta a la interpretación mormona será apelar al principio de no basar doctrinas tan importantes como esta en un pasaje tan ambiguo y difícil de descifrar. Otros pasajes hacen una distinción muy clara entre Dios y los seres humanos. Dios es el creador del ser humano (Gen. 1:26-27), y es único y no hay otro Dios (Isaías 43:10). La diferencia entre Dios y el ser humano es la premisa detrás de muchos conceptos básicos como por ejemplo el pecado y la idolatría. Necesitamos algo más explícito que lo que se dice en este Salmo para acordar con la idea de la deidad del ser humano.

Pero bueno, esto no borra la necesidad de por lo menos intentar una buena exégesis del pasaje y ver si quizás podemos aclarar las cosas. Dejando al lado por el momento la identidad de los "dioses", el Salmo trata de un juicio divino sobre un grupo de individuos con autoridad que no han cumplido su deber de contrarrestar la injusticia. Por eso ellos sufrirán la sentencia de muerte y luego Dios, en el lugar de ese grupo de individuos injustos, juzgará las naciones.

La identidad de los dioses en el versículo 6 (donde dice "Ustedes son dioses") está ligada a la identidad de los dioses en el primer versículo del Salmo. Aquí se usa la palabra hebrea *elohim* tanto para describir a Dios que preside sobre el consejo celestial, como para describir a los dioses sobre los cuales dicta su sentencia.

Esta palabra hebrea es interesante porque aunque en forma es plural generalmente se usa para referirse a Dios, o sea, a Jehová. Pero en este pasaje el contexto señala que tiene que ser singular la primera vez y plural en la segunda, pues el primer *elohim* se encuentra entremedio de un consejo celestial de *elohim*.

Como el pasaje mismo no nos da suficiente información como para identificar a los dioses, tendremos que acudir directamente a los pasajes paralelos. En comparación con otros pasajes, entonces, surgen dos opciones básicas para la identificación de los dioses, y una tercera que merece mención.

Puede ser que sean los jueces de Israel, los cuales están bajo el juicio de Dios por haber fallado en el cumplimiento de su deber de mantener justicia. Para apoyar esta interpretación podemos señalar que hay otros pasajes en donde *elohim* se debe traducir como "juez", como en Éxodo 21:6 donde las instrucciones para un procedimiento legal especifican ir delante de los *elohim*.[5] Como no puede ser ir delante de Dios mismo, debe de querer decir ir delante de los jueces, quienes juzgan en el lugar de Dios. Esto cabe con el enfoque del Salmo en justicia, y la implicación sería que los jueces de Israel, como laboraban bajo la autoridad de Dios eran "casi como dioses".

_____
5 Otras instancias son Éxodo 22:8, 9 y 28.

La otra opción es decir que los dioses son exactamente lo que se dice: dioses. Criaturas sobrenaturales, sean los dioses reales de las naciones o los dioses que no existen pero se tratan como si existieran para demostrar su inutilidad. Esta interpretación presta atención especial al "consejo celestial", que se encuentra en varios otros pasajes del Antiguo Testamento. Por ejemplo, en Job los hijos de Dios se presentan ante Él para darle informes, dar sugerencias y oír sus decisiones (1:6, 2:1). En Salmo 89:5-7 también hay una asamblea de los santos en los cielos que también son denominados los hijos de Dios. En esta interpretación el Salmo trata de un juicio divino sobre las potestades espirituales que están detrás de la injusticia y opresión en el mundo.

Finalmente, se ha visto que en la literatura judía o rabínica había una interpretación del Salmo 82 en que se interpretaba a los dioses como el pueblo de Israel cuando recibió la ley en Sinaí.

Me parece a mí que la mejor interpretación es la segunda, en donde se ve a los dioses como seres sobrenaturales —dioses, pero no el Dios supremo. Primero, las conexiones a los otros pasajes que mencionan el consejo divino son muy buenas y tratan de la misma cosa. Son conexiones concretas. También es importante notar que los otros pasajes acerca del concilio divino llaman a esos seres "hijos de Dios" (*beney elim*), lo cual también se hace en Salmo 82:6:

"Yo les he dicho: 'Ustedes son dioses;
todos ustedes son hijos del Altísimo.'"

De paso, este es un buen ejemplo del paralelismo en la poesía hebrea. Otra característica del pasaje que también apoya esta interpretación es que aunque estos seres son dioses, y por lo tanto seres inmortales, su castigo será la muerte: "pero morirán como cualquier mortal" (v. 7). Este no es un juicio que se le pasa a un juez mortal. O sea, quizás se le condenaría a muerte, pero no a morir en general. Finalmente, está el hecho de que tanto los problemas como el juicio que son parte del Salmo son globales, son problemas que tienen más sentido si los conectamos a seres sobrenaturales, los cuales tienen influencia sobre las naciones, que a los jueces de una nación en particular: el resultado de la falta de conocimiento de los dioses es que "se estremecen los cimientos de la tierra" (v. 5), y al final, después del juicio, Dios se levanta y juzga a la Tierra y a todas las naciones (82:8), tomando el lugar de los dioses que han fallado. Creo que esta segunda opción explica mejor todas las características del Salmo. Por otro lado, nos quedamos también con un misterio porque aunque el consejo divino parece ser real, no tenemos suficiente información como para decir exactamente de qué se trata.[6]

Ahora, regresando a Juan 10, ¿cuáles son nuestras opciones? ¿Cómo impacta esta interpretación del Salmo 82 lo que Jesús está diciendo aquí, y qué dice también acerca de las afirmaciones de los mormones?

Primero, Juan 10 y Salmo 82 están más íntimamente conectados de lo que nos habíamos dado cuenta al principio. La conexión que Jesús hace es a la frase "Yo he dicho que ustedes son dioses", pero estos seres que son dioses también son hijos de Dios y esa es la misma frase por la que los judíos quieren matar a Jesús. Además de esto, sabemos por los escritos de los judíos de la época que las tres posibles interpretaciones del Salmo que hemos discutido aquí también eran conocidas en aquel entonces. Por eso, lo que propongo es lo siguiente. Jesús aquí está razonando con los judíos en sus propias ideas y categorías. Ellos le han acusado de blasfemia por decir que Él es el Hijo de Dios. Jesús

---

6 El tema del consejo celestial no es muy discutido en círculos evangélicos. Si maneja el inglés puede referirse a dos artículos por Michael Heisser, quien estudió este tema en su doctorado, que yo he usado en mi preparación:
http://www.thedivinecouncil.com/Introduction%20to%20the%20Divine%20Council%20MTIT.pdf
También http://www.thedivinecouncil.com/Psalm_82_overview.pdf

responde: "¿No se están contradiciendo? Ustedes mismos afirman que habían hijos de Dios en el Antiguo Testamento, y eso no lo consideran blasfemia". Pero lo que no está claro es cuál de las interpretaciones del Salmo acepta Jesús. La respuesta es, creo, que Él está usando la terminología más ambigua posible cuando se refiere a los dioses del consejo divino como "aquellos para quienes vino la palabra" (Juan 10:35). Quizás es porque no quiere elegir una de las opciones y porque para lo que quiere decir no es importante la identidad de los dioses. El argumento de Jesús es, otra vez, que si se le podía decir a estos otros individuos que eran hijos de Dios, cuánto más es apropiado llamarle "Hijo de Dios" al que fue enviado especialmente por Él. El argumento es más fuerte si los seres son sobrenaturales porque Jesús está implicando que Él es más alto que ellos. Pero todavía tiene sentido si se interpreta a los dioses como jueces.

Al fin y al cabo, ¿qué nos dice todo esto acerca de la interpretación mormona? Primero, parece más probable que en el Salmo 82 se trate de seres sobrenaturales y por eso no puede tener aplicación a seres humanos. ¡No podemos concluir que todos los humanos son dioses si "ustedes son dioses" no se aplica a seres humanos! Pero aun si aceptáramos que los dioses son jueces queda otro problema para la interpretación mormona: que el argumento de Jesús no tiene implicaciones para todos los seres humanos. Interprétenlo como quieran, todas las opciones se refieren a un grupo limitado, no a toda la humanidad. Jesús no está diciendo que como todos los seres humanos son dioses está bien decirle a Él "Hijo de Dios". No puede estar diciendo eso, porque en el Salmo no se trata de todos los seres humanos. El argumento de Jesús tiene que ver con lo que Él es en comparación a ese grupo limitado que se menciona en el Salmo. Si a ellos se les puede llamar "dios", tanto más a Él.

Aunque este pasaje ha sido, quizás, un poco difícil, me pareció importante discutirlo porque ilustra muchos de los principios que hemos cubierto en este libro. Pero también me pareció importante indagar a fondo uno de estos temas que suelen ser discutidos con otra religión o secta, para mostrar cuánto lío se puede armar con afirmaciones raras basadas en pasajes ambiguos. Muchas veces es exactamente este tipo de pasaje no bien conocido y con muchas posibles complicaciones el que se usa para afirmar una nueva doctrina. La cosa se pone tan complicada que parece imposible contestar las afirmaciones (la falacia compleja que discutimos arriba). Pero tenemos dos estrategias principales que podemos usar. Primero, el principio de que es mejor darle prioridad a pasajes claros que a pasajes ambiguos. Segundo, tenemos a nuestra disposición varias diferentes maneras de analizar un pasaje para poder llegar a entenderlo mejor: atención al contexto, a las palabras, a las conexiones concretas y al argumento del pasaje.

12

❈ Hermenéutica, cosmovisión y transformación

Interpretación y cultura

C ada ser humano tiene un conjunto de ideas, perspectivas y actitudes que influye en sus decisiones y opiniones. Estas ideas están relacionadas con el ambiente en que el individuo vive. Por ejemplo, podríamos preguntarnos por qué es que opiniones e ideas siempre parecen estar vinculadas a culturas y localidades geográficas. ¿Por qué es que las religiones orientales se pueden denominar así, como de un área particular, del *Oriente*? ¿Por qué es que el mundo musulmán se puede definir geográficamente? ¿Por qué es que podemos hablar de filosofía europea, o de "la perspectiva latinoamericana"? Es porque los seres humanos viven en comunidad y sus interacciones siempre crean un mundo común de ideas e interpretaciones. Somos seres "enculturados". Esto quiere decir que tenemos ideas en común con las personas con quienes vivimos.

Una de las influencias más significativas de esa enculturación es la familia. Generalmente creemos lo que nuestros padres creen, decimos las cosas que nuestros padres dijeron, y heredamos los problemas y las bendiciones de nuestros antepasados. Racismo, violencia, nacionalismo, actitudes hacia mujeres, dinero, trabajo, gobierno, guerra y sí —debemos afirmarlo— opiniones religiosas son heredadas no solo de nuestros padres sino también de nuestro contexto cultural. Estas ideas son una parte tan importante de lo que somos que, como el pez que nunca se dio cuenta de que vivía en el agua, nunca se nos ha ocurrido dudarlas. El conjunto de ideas que nos rodea se llama cosmovisión. Como hemos visto, la palabra griega *kosmos* quiere decir mundo. Entonces, cosmovisión es nuestra visión del mundo (etimología técnica). Es nuestra filosofía, teología y hermenéutica por defecto. Uno no puede afirmar que no cree en nada porque no es verdad. Todos creemos en algo y todos tenemos una cosmovisión. Si afirmamos que no creemos nada solo estamos admitiendo que nunca hemos considerado lo que creemos.

"Bueno", dirá alguien. "Qué interesante esta discusión acerca de estos temas tan elevados. ¿Qué tiene que ver esto con el estudio de la Biblia?". La conexión es que nosotros interpretamos la Biblia en nuestro contexto. Como dice un erudito cristiano:

"Desde nuestro "mundo", desde nuestra perspectiva y desde nuestros conceptos interpretamos el mundo, la vida, la historia, el destino, y también, a qué negarlo, la Palabra de Dios".[1]

Nuestra cosmovisión —nuestra manera de ver el mundo— controla significativamente lo que entendemos cuando leemos la Biblia. Un ejemplo nos ayudará a ver el impacto que la cosmovisión puede tener sobre la interpretación bíblica.

Le preguntaron a Jesús cuál era el mandamiento más importante (Mateo 22:34-40), y Él respondió que en realidad era un mandamiento doble: "Amar a Dios con todo nuestro corazón, ser y mente, y amar a nuestro prójimo como a nosotros mismos".

---

[1] Daniel Carro, "Principios de interpretación bíblica," en José Tomás Poe, Rubén O. Zorzoli y Daniel Carro, *Comentario Bíblico Mundo Hispano: Génesis* (El Paso, TX: Editorial Mundo Hispano, 1993-1997), 11.

Parece una instrucción bien clara. ¿Qué hay, diríamos, que no es fácil de entender en estos mandamientos? Pero en una cultura inundada por sexo y romanticismo, en un mundo en que la radio nos enseña lo que es el amor por medio de canciones, la televisión nos muestra lo que es el amor en telenovelas y el amor se usa para manipular nuestros deseos y nuestros hábitos de consumo por medio de todo tipo de propagandas y carteles, debemos considerar detenidamente si tenemos la primera idea de lo que es el amor. Los que han crecido en familias quebrantadas o con abuso, los que han sido heridos por quienes proclamaban amarle, los que nunca han experimentado amor, ¿saben qué quiere decir Jesús cuando dice que amemos a Dios y a nuestro prójimo? La primera evidencia de que realmente no lo entendemos es que a nosotros nos parece raro que Jesús nos dé un comando para amar. ¿No es una emoción el amor? ¿No es algo que surge así, maravillosamente al azar, como nos cuentan las historias románticas? Y, ¿no es algo que cuando, también misteriosamente, desaparece libera a uno de toda responsabilidad hacia la otra persona? ¿Cómo va Dios a *mandar* este tipo de reacción emocional?

La respuesta es que la Biblia misma explica lo que es el amor, y es algo muy diferente al amor que vemos en los medios masivos del mundo moderno. El amor en la Biblia no es una emoción, aunque tampoco tiene que carecer de emoción. En la Biblia amor es abandonar nuestro interés propio para el beneficio del otro —quienquiera que sea. El sumo ejemplo es, por supuesto, el de Jesús, quien en la noche antes de ser crucificado les dice a sus discípulos: "Este es mi mandamiento: que se amen los unos a los otros, como yo los he amado. Nadie tiene amor más grande que el dar la vida por sus amigos" (Juan 15:12-13). El mandamiento de Jesús de que nos amemos debe ser interpretado a la luz de lo que Él hizo cuando dio su vida en la cruz. Esta es una noción completamente diferente del amor a la que estamos acostumbrados, es amor divino no amor humano. Pero cuando Dios entra en nuestras vidas, ese amor divino es lo que Él quiere producir.

No es un amor basado en emoción sino en compromiso. Es un amor que, al contrario, puede producir emociones negativas. Jesús no se sintió emocionalmente inspirado antes de dar su vida en la cruz. Le encontramos en el jardín sudando sangre. Este es al amor que Dios exige e inspira y tiene muy poco que ver con lo que se presenta en el mundo como amor.

Hay una interpretación del mandamiento de amar al prójimo en la que se afirma que, como dice que hay que amar al prójimo como a nosotros mismos, uno debe aprender a amarse a sí mismo antes de amar al prójimo. A mí esto me parece más una racionalización que una interpretación. Que debemos aprender a amarnos a nosotros mismos es una idea completamente ajena al texto bíblico, producto de la psicología moderna, que se introduce en el pasaje para domesticarlo. La idea de que debemos aprender a amarnos a nosotros mismos está basada en una noción cultural del amor. Amor propio es la cultivación de un tipo de bienestar emocional interno que tiene más en común con la definición cultural de amor que con la de idea bíblica de amor. La definición bíblica de amor no se puede aplicar al amor propio, porque la definición bíblica está relacionada a otros.

El lector cristiano, entonces, viene a la Biblia con una idea del amor que ha heredado de su contexto cultural y tendrá que ajustar sus ideas antes de poder realmente entender lo que dice Jesús. No es gran sorpresa que venimos a la Biblia con ideas incorrectas y formas de pensar mundanas. Ya se sabe que como cristianos debemos crecer en la fe, en sabiduría y en discernimiento espiritual. Pero muchas veces limitamos lo que Dios nos puede enseñar porque algunas ideas nunca cambian. Algunas partes de nuestra cosmovisión son sagradas y no las puede tocar nadie, ni Dios.

¿Cómo es posible que en diferentes épocas históricas la Biblia haya sido usada para justificar guerras, esclavitud y las injusticias de los poderosos contra los débiles? ¿Cómo podemos comprender el desastre de Ruanda, un país lleno de iglesias y personas que profesaban ser creyentes, en donde se cometió uno de los peores crímenes contra la humanidad en el siglo XX?

El otro gran crimen de ese siglo, el holocausto nazi, también ocurrió en una nación cristiana. ¿Cómo podemos explicar estas horribles inconsistencias? Una de las respuestas es la existencia de una cosmovisión que no fue suficientemente cristiana; la presencia de ideas y actitudes pecaminosas que no se podían cuestionar y que se usaban para interpretar el resto de la realidad. La superioridad de la raza alemana, la maldad de los judíos o conflictos tribales antiguos fueron ideas e influencias tan poderosas en esos ambientes que silenciaron la voz de Dios y distorsionaron el testimonio bíblico.

Estos son quizás ejemplos extremos. Seguramente la mayoría de cristianos reprobaría el homicidio masivo. Pero la verdad es que siempre es fácil ver las inconsistencias de otras personas y otras culturas. Es fácil ver la premisas inconsistentes de otros. ¿Cuáles son las nuestras?

La promesa de transformación

Entonces, ¿qué podemos hacer acerca de esto? Si tenemos estas ideas, casi incógnitas, que afectan al resto de nuestras opiniones y controlan lo que entendemos cuando oímos un sermón o leemos la Biblia, ¿podemos realmente pretender que somos capaces de cambiar y de crecer? Algunos dicen que no; dicen que somos lo que somos basado en nuestro ambiente y que aunque pretendamos cambiar nuestra manera de pensar, o pretendamos convertirnos, no pueden haber cambios significativos en nuestras formas de pensar y actuar. El ser humano, se dice, es cautivo de su situación cultural y no puede cambiar su manera básica de ver al mundo.

Es muy importante enfrentarnos a esta realidad humana de ser "enculturados" y oír bien esta pregunta y entender este problema, porque el primer paso en este proceso de cambiar nuestra hermenéutica personal es sentir la necesidad de arrepentimiento. Nuestros pecados no son sólo pecados de hacer; son también pecados de pensar. No me refiero solamente a maneras de pensar que son obviamente malas, como meditar en pornografía. Esto hablando de formas de pensar que nos protegen contra la palabra de Dios, esa espada tan afilada que puede abrirnos y cortarnos hasta lo profundo. Parece increíble que mientras por un lado afirmemos la autoridad divina de la Biblia, por otro la estemos también subvirtiendo y resistiendo. Pero es verdad, como señala Rodolfo Blank, que:

"...no queremos ser transformados por los mensajes que recibimos. Buscamos mantener nuestro equilibrio emocional y psicológico y por lo tanto construimos defensas alrededor de nosotros mismos".[2]

La posibilidad de transformación hermenéutica comienza con arrepentimiento por nuestra falta de deseo de crecer, por no querer conformarnos a la imagen de Cristo. Pero como la Biblia misma nos presenta la posibilidad de transformación, podemos afirmar que hay esperanza para nosotros. En Romanos 12 el apóstol Pablo habla precisamente de esta dinámica. Nos dice:

"No se amolden al mundo actual, sino sean transformados mediante la renovación de su mente. Así podrán comprobar cuál es la voluntad de Dios, buena, agradable y perfecta" (v. 2).

La primera característica de este pasaje que debemos notar es que hay un paralelismo entre las dos frases "No se amolden...

---

[2] Blank, *Hermenéutica*, 100-101.

sino sean transformados". En la gramática griega estos dos verbos son "pasivos imperativos". El concepto del verbo pasivo es que denota una acción que se hace sobre el sujeto del verbo, como por ejemplo, "fui levantado". El imperativo, por otro lado, denota un comando y es algo que el sujeto del verbo debe hacer. Por eso el "pasivo imperativo" parece ser un poco contradictorio. ¿Cómo puedo hacer algo que se me hace a mí? Es como decir: "Sé levantado". Lo más literal que podríamos traducir estas frases paralelas sería: "No se dejen ser amoldados... sino déjense ser transformados". Pero lo que primero parece raro tiene sentido después de todo porque Pablo está usando estas categorías a propósito. El comando es dejar una esfera en que un tipo de influencia está actuando sobre nosotros y entrar en otra esfera en la cual otro tipo de influencia podrá ejercerse sobre nosotros. Aunque el cristiano no se puede transformar a sí mismo, tiene no obstante la responsabilidad de no dejarse ser amoldado y de dejarse ser transformado.[3]

El contraste entre las dos esferas es muy rico. Aunque se presenta la posibilidad de ser como el mundo, este sólo puede amoldarnos. Pero si nos sometemos a la voluntad de Dios, no somos meramente amoldados. Somos *transformados*, lo cual es un concepto mucho más profundo e integral. La implicación parece ser que el mundo es algo débil en comparación con lo que Dios puede hacer. Aunque el mundo nos puede moldear, y eso es obviamente algo muy peligroso, el mundo no nos puede transformar. Creo que Pablo eligió esta terminología porque ya somos parte del mundo y por eso no nos puede transformar, pero el poder transformativo de Dios es algo sobrenatural que viene de otra existencia, otra manera de ser.

---

[3] C. E. B. Cranfield, *The Epistle to the Romans Volume II* (*La epístola a los romanos tomo II*), The International Critical Commentary, Vol. 11 (Edinburgh: T & T Clark, 1979), 607. Cranfield dice acerca del pasivo imperativo: "Mientras esta transformación no es algo que el Cristiano mismo hace pero la obra del Espíritu Santo, estos tienen de todos modos una responsabilidad concreta en el asunto —dejarse ser transformados".

Entonces, hay poder transformativo aquí. Podemos afirmar con Pablo la posibilidad de cambiar, de no ser meros productos de nuestro ambiente, de no ser completamente controlados por las formas de pensar que hemos heredado de nuestros antepasados o de nuestros contemporáneos. Dios, por medio de Jesucristo, está obrando esa transformación y continuará en esa labor si nosotros participamos con Él.

El espiral hermenéutico y contextualización

Esta interacción entre nosotros los lectores enculturados y el texto bíblico se llama el espiral hermenéutico. Cuando nosotros leemos el texto bíblico traemos, como hemos discutido, muchas ideas y expectativas que no tienen mucho que ver con lo que dice la Biblia. Al principio entenderemos poco del mensaje bíblico porque leeremos todo a la luz de nuestra cosmovisión mundana. Pero sería difícil enfrentarnos al texto de la Biblia sin experimentar cambio alguno. Algo del mensaje entra e impacta, especialmente si lo estamos leyendo con fe. Entonces hay una interacción entre el lector de la Biblia y el texto de la Biblia. El lector "cambia" el texto de la Biblia. Pero la Biblia también cambia al lector. Esta interacción se llama espiral porque cuanta más interacción hay entre el texto y el lector, más unidad hay entre el pensar del lector y lo que dice el texto. Estamos hablando de un proceso. La sabiduría bíblica viene de una profunda experiencia de la Biblia en la vida del lector. Por eso no debemos desanimarnos cuando leemos partes de la Biblia que no entendemos. Por eso también debemos ser pacientes con los que ven las cosas de modo diferente. Lleva tiempo ajustar nuestras vidas y nuestro pensamiento a la forma de pensar bíblica. No ocurre todo en un día y definitivamente no ocurre en el momento de nuestra conversión.

Otro concepto relacionado es el de contextualización. He resaltado que cada cultura y cosmovisión tiene diferentes aspectos pecaminosos que impiden el entendimiento y la práctica del mensaje bíblico. Pero no todos los aspectos de cada cultura humana son negativos. ¡Claro que no! Dios nos ha creado como seres comunitarios enculturados y es obvio que Él es un Dios de variedad. La meta del discipulado cristiano no es negar el valor de diferentes culturas y llegar, si fuera posible, a una experiencia que supera la expresión cultural. Esto no es posible. Al contrario, la Iglesia es un agente cultural, porque cuando los cristianos se unen y viven su vida común, surge una nueva manera de vivir y pensar; una nueva cultura. Pero esta nueva cultura no está completamente desligada de la cultura general en la que vive la Iglesia y el individuo cristiano. Nunca lo podría estar porque como cristianos vivimos en este mundo. Por eso la comunidad de cristianos en cada cultura tiene sus propias características. La Iglesia mexicana no es igual a la Iglesia peruana. La Iglesia en Haití no es igual a la Iglesia en Tailandia. Y esto está bien. Esta variedad es una bendición. Cada Iglesia y cada cristiano debe interpretar la Biblia en su propio contexto. Cada Iglesia debe aplicar lo que la Biblia dice a la situación específica en que se encuentra. Ahora, no podemos dejar que la situación cultural dicte lo que dice la Biblia. Pero tampoco debemos interpretar la Biblia sin relación al contexto.

En el último siglo muchos misioneros de Norte América y Europa llevaron el evangelio a los confines del mundo, y por eso estamos agradecidos a Dios. Pero muchas veces estos misioneros también llevaron con ellos su cultura y se dio por sentado que la manera de ser cristiano y de leer la Biblia que servía en el norte también serviría en el sur y en el este. El resultado fue, a veces, una teología muy abstracta que no tocaba las cuestiones de la vida cotidiana. Por ejemplo en África, tanto como en algunos lugares de Latinoamérica, la cuestión de los endemoniados es muy importante. Es parte de la experiencia de los cristianos en esa cultura. Pero en los países del norte esto no es una parte tan importante de la experiencia cultural. Entonces, en la teología africana las enseñanzas bíblicas acerca de demonios son muy importantes. Este es un énfasis que surge de la situación cultural. Igualmente, en América Latina la cuestión de corrupción es importantísima. ¿Es de cristianos dar una mordida? En otras culturas esto no es una cuestión urgente y por eso no recibe atención específica. Cada cultura debe leer la Biblia en su propio contexto y aplicar las lecciones bíblicas a su situación.

No es que la Biblia pueda querer decir diferentes cosas en diferentes contextos. La Biblia solo quiere decir una sola cosa, y lo que dice se puede discernir por medio de una buena hermenéutica, como ya hemos discutido. Pero algunas partes de la Biblia podrán ser entendidas y aplicadas más fácilmente en unas situaciones que en otras. También, la Iglesia en una situación puede alertar a la Iglesia en otra situación y señalar que no han atendido bien al mensaje bíblico. Muchos teólogos latinoamericanos han observado que en el contexto de nuestro continente es difícil ignorar que en la Biblia hay una opción preferencial para los pobres. La Biblia tiene mucho que decir acerca del cuidado de los pobres y también acerca de las condiciones que producen injusticia social. Pero en algunas teologías europeas y norteamericanas, cuyo contexto no incluye tanta pobreza, esta opción preferencial no es tan discutida.

Si combinamos el espiral hermenéutico con contextualización podemos ahora completar esta dinámica entre Biblia y cultura. La trayectoria del espiral hermenéutico no es solo que el lector se acerca más y más al mensaje de la Biblia. También hay un sentido en que mientras el lector se acerca a la Biblia, la Biblia también se acerca al lector porque es interpretada en su contexto. Es interpretada de una manera que solo el intérprete enculturado puede hacer. La revelación de Dios en Jesucristo fue una revelación enculturada, pues Él fue un ser humano en una situación particular. Esa verdad revelada en Jesucristo también debe ser reenculturada en cada nueva situación. Debe ser contextualizada.

La contextualización no es algo que afecta solo al individuo, sino también a la Iglesia en una cultura. Cuando el evangelio entra en una cultura nueva, al principio la cultura misma carece de los conceptos necesarios para comprender todo lo que quiere decir el evangelio. Lo básico sí se puede comunicar. Pero para que el proceso de transformación cultural profundice y penetre a los niveles de cosmovisión, tendrá que haber una trayectoria desde una cultura no bíblica hacia una cultura que refleje maneras de pensar bíblicas.

Poder transformativo

Regresando a Romanos 12, ¿cómo se accede al poder transformativo descrito aquí? Es por medio de la renovación de la mente. Esto parece, quizás, un poco raro porque estamos acostumbrados a pensar acerca de la transformación como algo relacionado más con lo espiritual que con lo mental. Pero Pablo aquí está enfocado en la mente, y nuestra mente es una parte esencial del proceso de transformación. Es más, debemos arrepentirnos como evangélicos de la manera en que hemos descuidado la mente en nuestro discipulado. En algunos ambientes la mente se considera algo carnal, resultado del mero esfuerzo humano. Pero esto es peligroso porque cuando ignoramos la vida intelectual, la mente no para por eso de trabajar. Nuestra cosmovisión todavía rige y todavía controla nuestra manera de pensar e ideas básicas todavía informan nuestras opiniones. Pero cuando se ignora el pensar cristiano, esas ideas no se confrontan y no se desvelan. La mente continúa trabajando, pero sin controles y sin la oportunidad de maduración.

Es por haber ignorado la mente del cristiano que hemos producido cristianos superficiales que van a la iglesia y no hacen más que cumplir varios requerimientos básicos de comportamiento. Para nuestro amoldamiento al mundo, o sea a las formas de pensar humanas, las partes de nuestra cosmovisión que nos alejan de Dios y de sus pensamientos, deben ser sometidas a Dios para ser renovadas. Luego comenzaremos a entender su voluntad, dice Pablo. En Romanos12 la voluntad de Dios no es "¿qué hago con mi vida o con quién me caso?" o ese tipo de cosa. La voluntad de Dios aquí significa la manera de pensar de Dios. Por medio de la transformación de la mente llegamos a pensar como Él.

¿Le sorprende que un tema tan académico como la hermenéutica pueda estar tan ligado al proceso de transformación cristiana? Pero lo es. En un sentido, todo lo que pensamos es interpretación porque todos tenemos ideas básicas que controlan nuestra manera de pensar. Teoría de interpretación no es solo algo que usamos cuando leemos. Nuestra hermenéutica personal es nuestra forma de "leer el mundo". Y esas maneras de leer (esos principios hermenéuticos) son las cosas más básicas acerca de nosotros que Dios quiere cambiar. Por eso es superficial pretender que la ética cristiana se puede resumir en una lista de comportamientos aceptados (no fumar, ir a la iglesia, trabajar duro, hablar en lenguas, leer la Biblia, etc.). La transformación que Dios quiere hacer es mucho más profunda que eso y cambios hechos a ese nivel profundo resonarán por todos los otros niveles de nuestras vidas.

Es un poco frustrante que Pablo no parece explicar esta dinámica más detalladamente. Nos dice nada más que seamos transformados: "por la renovación de la mente". Si Pablo fuera nuestro profesor en una clase levantaríamos la mano y preguntaríamos si puede desarrollar esto un poco más, pues no lo entendemos bien. Lo que sí está claro en el pasaje es que nos ponemos en un lugar de transformación al renovar nuestra manera de pensar. Pero creo que hay algunas pistas importantes en el contexto que nos ayudan a entender mejor lo que Pablo está diciendo. Resulta que el tema de conocimiento ya es muy importante en esta sección de Romanos, aunque puede ser que con una lectura superficial no lo viéramos. Pero comenzando desde "ahí" y yendo "arriba" tanto como "abajo" esta sección está repleta de palabras relacionadas a pensar y conocer. Después de describir la relación, un poco compleja, entre la Iglesia y la nación de Israel en Romanos 11, Pablo termina con una doxología que resalta la gran sabiduría de Dios demostrada en su plan de salvación. La primera parte de esta doxología trata del conocimiento de Dios. Su sabiduría y su conocimiento es rico y profundo (11:33), su juicios son impenetrables (11:34), y Pablo pregunta quién ha conocido la mente de Dios o le ha aconsejado. Luego, cuando entramos en el capítulo 12, Pablo nos anima a ofrecer nuestros cuerpos como sacrificios vivos a Dios porque esta es una adoración racional.[4] O sea, una adoración considerada que tiene sentido en relación a lo que Dios ha hecho. Luego es interesante que Pablo casi se esté contradiciendo porque aunque ya afirmó que los juicios de Dios no se pueden entender y que nadie puede conocer su mente, ahora nos dice en 12:2 que al transformar nuestra manera de pensar nosotros podremos discernir su manera de pensar (su voluntad). Todo esto se concreta en el versículo 3 cuando Pablo nos dice que no deberíamos pensar acerca de nosotros mismos de una manera más elevada de lo apropiado, sino pensar acerca de nosotros mismos con moderación y de acuerdo con los dones que Dios nos ha otorgado.

Otra observación interesante es el paralelismo entre Romanos 12:1 y 12:3:

"Por lo tanto, hermanos, tomando en cuenta la misericordia de Dios, les ruego que… ofrezcan sus cuerpos"(v. 1).

---

[4] Algunas versiones como la NIV dicen "adoración espiritual". Esto surge de una ambigüedad en el término, pero creo que vale la pena resaltar que la palabra usada aquí, *logikos*, era una de las palabras preferidas por los filósofos griegos para denotar una reacción apropiada (razonable, aceptable) a Dios, y por lo tanto esa reacción será espiritual también. Dijo el filósofo griego Epicteto: "Si fuera un ruiseñor cantaría como un ruiseñor, si fuera un cisne, como un cisne. Pero en realidad soy un ser racional [*logikos*], y por eso debo estar cantando himnos de alabanza a Dios". La cita, traducción mía, viene de James D. G. Dunn, *Romans 9-1 (Romanos 9-16)*, Word Biblical Commentary vol. 38B (Dallas: Word, 2002), 711.

"Por la gracia que se me ha dado, les digo a todos ustedes... no piensen demasiado alto de sí mismos" (v. 3).

El versículo 3, entonces, comienza con una aplicación más específica de lo que ya se ha señalado en forma general: que al cambiar nuestra forma de pensar, se transformará nuestra vida; que el ajustamiento de la mente resultará en transformación. El resto del capítulo 12 desarrolla lo que es esta vida bien pensada. La vida cristiana surge de una respuesta razonable a la misteriosa gracia de Dios, surge del pensar de una manera divina, de vernos a nosotros mismos de la misma manera en que Dios nos ve. De hecho es de esta manera de pensar divina de donde surge el carácter cristiano: servicio, gozo en sufrimiento, oración, ayuda a los necesitados, hospitalidad, armonía, humildad y muchas otras cosas desarrolladas en el resto del capítulo.

Pero si elegimos la otra opción, si dejamos que el mundo nos amolde, quedaremos atrapados en una manera de pensar mundana y pecaminosa, aun si somos cristianos. Claro, Pablo no nos avisaría de la necesidad de transformación si fuera algo automático. Es posible ser un cristiano e ignorar la voz de Dios. Es posible solo entrar en lo superficial, lo inicial y luego revestir nuestro mundanalismo con un traje cristiano de buen corte. Es posible leer la Biblia y estudiar las escrituras y preparar sermones sin experimentar el poder transformador de la palabra de Dios. Todo esto es posible si leemos la Biblia superficialmente, sin abrirnos a la totalidad de su mensaje; si dejamos que nuestra manera de pensar humana establezca las categorías básicas. Quizás nuestros padres nos dijeron: "Tú cuida lo tuyo. No le debes nada a nadie". Luego nos convertimos al Señor y hubo un gran cambio en nuestra vida. Pero esa idea no se convirtió. Esa parte de nuestra manera de pensar ya estaba establecida e introduce una distorsión en nuestra mente cristiana. O quizás por prestarle demasiada atención a los mensajes de las propagandas comerciales tuvimos desde chicos la idea de que la felicidad está vinculada a la posesión de los últimos y más sofisticados bienes. Al convertirnos, nos arrepentimos de muchas cosas pero no del consumismo. Ahora no fumamos y damos el diezmo, pero nuestros intereses básicos todavía son materiales y en el fondo egoístas. O quizás siempre hemos creído que nosotros no podemos. Es lo que nos dijeron en la familia y en la escuela. Otros sí pueden, pero nosotros no intentamos nada porque ya sabemos que no podemos. Y aunque Dios nos manda hacer esta cosa y la otra, nunca la hacemos porque esa manera de pensar mundana ya está establecida. La lista de ejemplos es tan larga como la lista de nuestras cosmovisiones y auto-decepciones. En un sentido el mundo ya tiene la ventaja porque ya nos tuvo en sus manos antes de venir a Cristo. Y si crecimos en hogares cristianos no pretendamos que no nos han afectado las ideas del mundo. Ya estamos amoldados. Pero Pablo afirma la posibilidad de transformación por medio de la renovación de nuestras mentes.

El apóstol usa la misma palabra que se usa en Romanos 12 para "transformación" en 2da Corintios 3:18: "Así, todos nosotros, que con el rostro descubierto reflejamos como un espejo la gloria del Señor, somos transformados a su semejanza con más y más gloria por la acción del Señor, que es el Espíritu". Aunque en la NVI se dice "reflejamos como un espejo" creo que una mejor traducción del griego, anotada al pie de página de esa versión, es que "contemplamos en un espejo" la gloria de Cristo; y esa contemplación nos transforma. En esta sección de 2da Corintios Pablo ya ha armado un contraste entre la ley de Moisés y la revelación de Cristo. Cuando Moisés hablaba con Dios, dice Pablo, su cara resplandecía de gloria. Pero ese resplandor se extinguía más adelante. En Cristo, por otro lado, el resplandor de la Gloria de Dios no se extingue. Al contrario, incrementa, porque a Cristo lo podemos contemplar cara a cara y nuestra posición en Él no se trata de algo transitorio como la revelación de Dios a Moisés. Eso tenía su gloria. Pero la gloria de la revelación de Jesucristo es superior. Es gloria que en vez de meramente tocarnos nos transforma.

Al final, entonces, regresamos al principio: la Biblia es el testimonio fiel y veraz a la revelación de la Gloria de Dios en Jesucristo y por eso es una revelación de la mente divina. Esa revelación ha entrado en nuestro mundo y lo ha cambiado. Si dejamos que su mensaje entre en nuestras vidas, encontraremos también ese poder transformador de Dios para nosotros mismos, para nuestras iglesias, y para nuestro mundo.

Printed in the USA
CPSIA information can be obtained
at www.ICGtesting.com
LVHW020858210724
785408LV00006B/21